无忧无虑的童年
与沙地为伴，与棍棒为伍
源自武术之乡的熏染

一条滹沱河是
羊群的天堂，鸟儿的王国
更是我放飞心灵的港湾

曾因发现地上的鸟窝而欢呼
也曾因与蛇的偶遇而哭泣

我崇尚自然，钟情绿色
喜欢自由，无拘无束
也因此，开启了中国漫游

本不想当老师
结果是桃李满天下
本不想从教
可研究得又很深入
任由性子，或叫独辟蹊径
美其名曰：欢乐教育

始自1998年，恰逢25岁
就这样一路欢歌
践行着欢乐教育

欢乐启航之歌

1=D 4/4　　　　　　　　　　　　　　　孙光峰 词
　　　　　　　　　　　　　　　　　　孙小成 曲
深情、憧憬地

05 | 3. 33 33 4 3 1 | 2 - - 05 | 2. 22 23 2 1 7 |
当 你 面带 疑虑 悄悄出 现， 可 曾 看到 高大 未扬的

1 - - 0 6 | 6. 5 6 7. 1 | 2 7 5. 4 5 |
帆， 热 情 期待 你 的 加 入， 笑

6. 5 4 3. 2 | 7 1 3 2. 5 5 |
脸 相 约 在 某 一 天； 你的

3 3 3 4 4 4 3 1 | 2 - - 0 5 5 | 2 2 2 2 3 2 1 7 |
选择 是 那样 毅 然， 你的 微笑 是 那样 灿

1 - - 0 6 | 6. 5 6 7. 1 | 2 2 7 5. 4 5 |
烂， 我 敞 开怀 抱 拥抱 着你， 请

6. 5 4 3. 2 1 | 7 1 2. 5 5 - | 5 - - - |
你 感 受 我的 无私 和 奉 献！

转1=G　快一倍　自信、豪迈地

5 3 3̲3̲ 3 2̲3̲ | 3 - - - | 5̲ 3̲ 3̲3̲ 3 2̲1̲ | 1 - - - |
伴随 扬起 的 风帆，　　笑看 天海 的 湛蓝，

2̲2̲ 2̲2̲ 2 3̲6̲̣ | 6̣ - - 6̲̣1̲ | 2 1 2̲ 3. | 2 - - - |
放飞 心灵 的 旷远，　　发出 共同 的 誓　言；

5̲ 3̲ 3̲3̲ 3 2̲3̲ | 3 - - - | 5̲ 3̲ 3̲3̲ 3 2̲1̲ | 1 - - - |
伴随 扬起 的 风帆，　　笑看 天海 的 湛蓝，

2̲2̲ 2̲2̲ 2 3̲6̲̣ | 6̣ - - 6̲̣1̲ | 2 1 2̲ 5. | 5 - - 4̲.5̲ |
放飞 心灵 的 旷远，　　发出 共同 的 誓　言。　启

6 - - 5̲.6̲ | 7 - - - | 6̲.6̲ 6̲6̲ 6 5̲6̲ | 3 - - 4̲.5̲ |
航，　启　航，　　航 向 理想，航向 希　望，　启

6 - - 5̲.6̲ | 7 - - - | 6̲.6̲ 6̲6̲ 5̲ 2̲ 1̇ | 1̇ - - - |
航，　启　航，　　航向 成功 殿　　堂，

6̲.6̲ 6̲ 6 | 5̲ 2̇ - 1̇ | 1̇ - - - | 1̇ - - 0 ‖
航 向 成功 殿　　　堂。

欢乐教育之道

孙光峰 著

欢乐教育团队成员

张　艳	吕桂兰	朱小红	邵文恰	赵延君
付立霞	孙小成	任苗霞	林彦君	宋耀辉
高　琴	雷　蕾	程平菊	孙世龙	韩坤邑
张玮妮	武海星	曾　珍	杨　爽	闵　梅
刘月民	李　骊	张曼莉	杜　会	王　鸿
雁韩燕	闵　梅	杨　爽	周紫薇	

河南大学出版社
HENAN UNIVERSITY PRESS

图书在版编目（CIP）数据

欢乐教育之道 / 孙光峰著. -- 郑州：河南大学出版社，2020.4
ISBN 978-7-5649-4213-7

Ⅰ.①欢… Ⅱ.①孙… Ⅲ.①学前教育－教学研究 Ⅳ.① G612

中国版本图书馆 CIP 数据核字（2020）第 054703 号

责任编辑 阮林要　孙小成
责任校对 林方丽
封面设计 郭　灿

出　版	河南大学出版社
	地址：郑州市郑东新区商务外环中华大厦 2401 号
	邮编：450046
	电话：0371-86059750（高等教育与职业教育出版分社）
	0371-86059701（营销部）
	网址：hupress.henu.edu.cn
印　刷	广东虎彩云印刷有限公司
版　次	2020 年 9 月第 1 版
印　次	2020 年 9 月第 1 次印刷
开　本	710 mm×1010 mm 1/16
印　张	21
字　数	344 千字
定　价	58.00 元

（本书如有印装质量问题，请与河南大学出版社营销部联系调换）

题　　献

　　我愿做一粒欢乐教育的种子，播撒到人世间的每一个角落，给人们捎去心灵的问候；我愿自己能够开心欢乐地发芽、生根、开花、结果，给人们带去吉祥、幸福、美满、如意；我愿成长为一棵参天大树，为人们净化空气、遮风挡雨，供人们乘凉倚靠、玩耍嬉戏；我愿叶子成为蔬菜，为人们补充维生素；我愿花儿成为茶叶，为人们提神醒脑；我愿果实成为食粮，为人们充饥解饿；我愿把我的一切奉献给人类！

　　仅以此书献给默默奉献在幼教工作前沿的学前教育工作者，大家辛苦啦！

序

孙光峰老师，是我的访问学者，于2017年2月至2018年2月在华南师范大学教育科学学院访学。访学期间，他的访学目标十分明确，学习态度非常端正，跟随硕士、博士生一起大量听课，积极踊跃参加各类学术活动，与学前教育学专业的研究生以及其他高访学者经常互动交流、分享，对于提升我团队的凝聚力、活跃学术气氛起到了重要的引领作用。在为期一年的访学过程中，他超额完成了访学计划预设的各项任务，更为可嘉的是他超额完成了读书、科研、教学等任务，取得了颇为丰硕的研究成果，为历届访问学者起到了榜样的作用。有这样的访问学者，作为导师深感幸运。

在访学期间，他也曾经作过两场关于"欢乐教育"的学术报告，受到了学前教育学专业研究生的高度认可和好评。我认为他这个"欢"字用得好，把幼儿的"活泼可爱、天真烂漫、活灵活现、欢蹦乱跳"等特性都凸显了出来。他的欢乐教育思想，源自18、19世纪西方著名教育家柏拉图、夸美纽斯、斯宾塞提出的快乐教育理论体系。他推崇的欢乐教育，就是能给幼儿带来开心和欢乐的活动课程；能让幼儿面带微笑、参与其中、尽情融入的感觉状态；力达师幼互动、融为一体、和谐共生的人生境界。

欢乐教育倡导幼儿主动参与、乐于探究、勤于动手的学习方式，教师为幼儿提供充分地自主学习的时间和空间、合作探究的平台和展现幼儿成果的舞台。具体目标体现在培养幼儿乐于读书，勤奋为乐；乐于服务，助人为乐；乐于锻炼，健体为乐；乐于交往，合作为乐；乐于参与，实践为乐；乐于开拓，创新为乐。

恰逢孙光峰老师的学术专著《欢乐教育之道》正式问世，我作为导师非常开心高兴，期待他的姊妹篇《欢乐教育之法》和《欢乐教育之术》也能尽快出版，这将是他献给学前教育专业在校学生、幼儿园教师、幼儿园园长、广大幼儿家长朋友们以及其他学前教育领域从业者的一份厚礼，最后祝福孙光峰老师的"欢乐教育之花"开遍世间的每一个角落，让普天下的孩子受益。

华南师范大学博士生导师、教授
袁爱玲
2020年8月9日

自　　序

亲爱的幼教同仁们，大家好！我是欢乐教育开创者孙光峰，从事学前英汉双语欢乐教育工作20多年，还开创了"欢乐教育教学法"。欢乐教育，简言之，就是教师开心欢乐地从事教育教学工作，轻松享受从教的全过程，师幼教学相长；也即幼儿幸福愉悦地感受和体验学习所带给他们的知识面的拓宽、逻辑思维能力的提升以及发现和解决问题能力的增强，等等。欢乐教育理念的课堂要求：轻松、活泼、开心、快乐；教学设计：童谣、游戏、表演、参与；互动环节：示范、体验、小组、个别；教学效果：听懂、明白、掌握、践行。

我尊重幼儿、大学生、学员和欢乐教育传承人，我会公平公正地对待每一个人，一般都会给予正面肯定、鼓励和表扬，从不讥刺、挖苦、训斥大家，我会努力为大家营造一个轻松、开心、欢乐的学习氛围，让大家都能感觉得到：学习，其实是一种享受。可以说无论是幼儿、大学生还是国培学员，大家都非常喜欢我的课程，基本上大家都能做到不玩手机，不交头接耳，专心记笔记，踊跃发言，积极登台表演。

我会把最具实用性和实操性很强的，能够学会就用，能起到立竿见影效果的很多知识内容以及教学方法技巧教给大家，对大家今后的工作极具指导意义和价值，大家也会觉得受益匪浅，也就会非常配合我的教学工作，我也非常感谢每一位大学生和学员，我从她们身上也学到了很多，是她们的种种反应和表现教会了我如何更能有的放矢地开展今后的教学工作，也为我今后的成长和发展指明了方向，她们永远是我的老师。

笔者曾举办北京启航欢乐英语教育研究中心，在中共中央办公厅警卫局、解放军后勤指挥学院、解放军总后勤部、海军、空军、航天机关、解放军总参谋部、兵种部、通信部等众多幼儿园开展幼儿英语教育教学研究工作。

曾举办北京启航欢乐英语教育研究中心、北京市东方培训学校、北京欢乐启航双语艺术幼儿园、北京欢乐启航技术开发中心、河北省河间市启航英语专修学校、河北省河间市欢乐启航双语艺术幼儿园（3所）、北京启航欢乐英语教育研究中心河北献县培训基地。

曾与河北献县职教中心、辽宁凌源市职教中心、山东德州女子学校、河北巨鹿职教中心等20多所中职学校联合办学，培养幼儿教师，共计培养三千多人，全部输送到北京市各大部队、机关、单位及社区幼儿园就业。

曾在首都师范大学科德学院、北京黄埔大学、北京国际经贸研修学院、北京翻译研修学院、渭南职业技术学院师范学院担任过学科带头人、副院长、院长、学前教育研究所所长等职务，目前就职于湖南省怀化学院。社会兼职：中国学前教育研究会会员，中国外语教育研究中心特约研究员，全国动画教育办公室副主任，国家育婴师职业资格培训高级培训师，国家早期教育指导师岗位能力培训高级培训师，国家学前教育专业技能大赛评审专家，陕西省幼儿园园长国培项目首席专家，北京育婴职业工作委员会会员，北京金牡丹艺术团副团长，渭南职业技术学院教学类项目评审专家，湖南省农村幼儿教师培训基地负责人、怀化学院卓越人才培养计划负责人等。

先后获得国家人力资源和社会保障部颁发的高级职业指导师、高级育婴师、高级职业园长、幼儿园园长、早期教育指导师及师资培训师等证书。

先后组织学前教育专业学生多次成功举办"我的幼儿园"专题画展，展出作品近万幅。指导新教师参加学院教师教学技能大赛，多次荣获各类奖项。主持师范学院教科研工作。担任《学前教育史》《幼儿游戏理论与实践》《幼儿园环境与创设》《幼儿园活动设计》等课程的教学工作。多次给毕业班学生进行就业指导和岗前培训，为毕业生入园见习、实习和就业铺平了道路。

2015年协助主持黄河金三角职教集团教育大类研讨会，连续多年撰写学前教育专业人才培养方案。2016年去厦门大学参加学院组织的管理干部高级研修班学习。2017年2月作为华南师范大学教育科学学院学前教育专业博士生导师袁爱玲教授的国内高级访问学者访学一年。2017年5月于延安干部学院学习。2017年9月受聘为沧州职业技术学院特聘专家。2018年4月受聘为泊头职业学院客座教授。2018年5月于中央财经大学学习。曾到华南师范大学、惠州学院、湛江幼儿师范高等专科学校、沧州职业技术学院、泊头职业学院、井冈山大学、丽水学院、六盘水师范学院、集宁师范学院、怀化学院等高校做《欢乐教育之道》的学术报告。多次到全国各地主持幼儿园教师、园长及学前教育专业在校学生的讲座、培训及幼儿园教师资格考前辅导等工作。

由中国人民解放军金盾出版社出版《幼儿欢乐英语》《启航欢乐英语乐园》《启航欢乐趣味谜语》《启航欢乐趣味游戏》《启航欢乐趣味童谣》《启航欢乐英语读写常识》,河南大学出版社出版《学前英汉双语游戏创编》《学前英汉双语五大领域教学》等20多部著作、磁带、光盘、挂图等。

参与国家级精品资源共享课《幼儿英语表演设计与教学》1项。承担重点科研课题《学前英汉双语游戏研究》1项,教改课题《学前教育专业课程建设研究》1项。主持国家级优质校建设项目、省级示范院校学前教育专业建设项目、省级一流专业学前教育专业建设项目、学院内部质量诊断与改进建设项目等。

发表学前教育相关论文《学前英汉双语欢乐教育探究》《学前英汉双语游戏研究》《幼儿教师英汉双语教学技巧解析》《浅析高等职业院校学前教育专业的欢乐教育研究与实践》《高等职业院校学前教育专业双语欢乐表演课程探究》《高等职业院校学前教育专业欢乐英语教学法初探》《高等职业院校学前教育专业课程建设的研究与实践》《试论"幼师国培"——2014陕西省公(民)办幼儿园园长高级研修项目》等40多篇文章,中国知网收录。

作为"陕西省2014公(民)办幼儿园园长国培项目"首席专家,对渭南市范围内770名幼儿园园长进行了7个批次的培训,给园长指明了今后努力和发展的方向。作为"陕西省幼儿园骨干教师浸入式培训项目"特聘专家,对渭南市120名骨干教师进行了培训和指导。作为"陕西省农村幼儿园教师访名园项目"特聘专家,对渭南市1 000多名幼儿教师进行了独具特色和有针对性的实操指导。

作为渭南市人社局2015年公需课培训专家,培训了2 000多名中小学在职教师及行政事业单位人员,主讲了《教你做好教学设计》《科研素养与科研方法》《执行力》和《情绪管理》4门课程。

参加学院教师教学技能大赛、课件制作大赛等多次获奖。2015年荣获陕西省先进个人称号。2016年带学生参加陕西省首届学前教育专业技能大赛荣获2个三等奖，个人荣获"优秀指导教师"称号。

亲爱的幼教同仁们，很高兴以这种方式和您见面！是你我的缘分和共同的幼教情结让我们相识，是幼教思想的火花让我们产生共鸣，是尊重生命、珍爱儿童的使命，让我们倍感肩上责任的重大，愿与您携手并进，开创中国幼教的灿烂篇章。

我是欢乐教育的使者，"让教师开心，让幼儿欢心，让园长省心，让家长放心"是我20多年来从事学前教育工作所秉承的理念和终生的追求。我愿做一粒欢乐教育的种子，播撒到人世间的每一个角落，给人们捎去心灵的问候；我愿自己能够开心欢乐地发芽、生根、开花、结果，给人们带去吉祥、幸福、美满、如意；我愿成长为一棵参天大树，为人们净化空气、遮风挡雨，供人们乘凉倚靠、玩耍嬉戏；我愿叶子成为蔬菜，为人们补充维生素；我愿花儿成为茶叶，为人们提神醒脑；我愿果实成为食粮，为人们充饥解饿；我愿把我的一切奉献给人类！

我热爱孩子，热爱学前教育事业，我愿意终生为了幼儿教育，为了幼儿教师的成长，为了幼儿园园长的专业发展，燃烧我的激情，沸腾我的热血，乃至奉献我的生命。

学前教育是根的教育，是地基的教育，是人生最伟大的成长开端，我愿意走得更加深入，更加执着，更加坚定，去探索生命的真谛和更多未知的秘密。

幼儿是天真烂漫的，是无比可爱的，是充满活力的，是生机盎然的，愿我们一同俯下身来，牵在手上，揽在怀里，放在身上，背在背上，同呼吸，共成长，向着阳光、幸福、欢乐出发！

幼儿教师是人类灵魂的工程师，幼儿教师是崇高的，是伟大的，是无私的；幼儿教师是呵护生命的使者，是陪伴成长的良师，是参与游戏的玩伴，是调解矛盾的律师，是解决纷争的法官，是创设环境的大师，是说唱跳演的明星，是人生的指路明灯……

我们骄傲，我们是幼儿教师，祈愿每一名幼儿都能健康成长，获得最佳的发展，有爱、有情、有义，懂得努力、感恩、回馈，成为社会最需要的人，为他人，为社会，为国家，为世界做出应有的贡献。

自　序

我们善于学习，努力拼搏，奋发向上，积极探索，用心总结，迅速提升，追求完美，把更好的自己展现在幼儿面前，为幼儿树榜样、立形象，指引幼儿茁壮成长。

我们敞开心扉，接纳、包容幼儿的一切，用我们独到的慧眼、特殊的方法、诱人的魔力，吸引、感召幼儿，沿着成功的轨迹顺利前行。

我们是百科全书，我们是十万个为什么，随时随地解答幼儿的疑问和困惑；我们是良师益友，我们是兄弟姐妹，时时刻刻指导幼儿的成长和发展。

我们高兴，我们是幼儿教师！

孙光峰于北京
2020年7月26日

目　录

001 / 【理论篇】

003 / 第一章　欢乐教育缘起
007 / 第二章　欢乐教育释义
046 / 第三章　欢乐教育的理论基础
066 / 第四章　欢乐教育理念
077 / 第五章　欢乐教育要素
080 / 第六章　欢乐教育乐园
086 / 第七章　欢乐教育技巧
092 / 第八章　欢乐教育秘诀
097 / 第九章　欢乐教育境界
106 / 第十章　欢乐教育经济学
116 / 第十一章　欢乐教育三十六计

125/ 【实践篇】

127 / 第一章　欢乐教育开启幸福童年
131 / 第二章　欢乐教育收获人生幸福
135 / 第三章　欢乐教育实践
141 / 第四章　欢乐教育实施
153 / 第五章　践行欢乐教育
159 / 第六章　欢乐教育实践模式
165 / 第七章　欢乐教育实施路径
182 / 第八章　欢乐教育管理策略
185 / 第九章　有效实施欢乐教育
190 / 第十章　共享欢乐教育

197/ 【应用篇】

199 / 第一章　欢乐教育之欢乐性格培养
204 / 第二章　欢乐教育之欢乐人生
210 / 第三章　欢乐教育之美术教学
213 / 第四章　欢乐教育之健康教育
217 / 第五章　欢乐教育之欢乐发展

222 / 第六章　欢乐教育之幼儿成长乐园
225 / 第七章　欢乐教育之幼儿发展
231 / 第八章　欢乐教育之欢乐英语教学
237 / 第九章　欢乐教育之表演游戏
241 / 第十章　欢乐教育之儿歌教学
244 / 第十一章　欢乐教育之音乐教学
249 / 第十二章　欢乐教育之赏识教育
253 / 第十三章　欢乐教育之家庭教育

259/ 【探索篇】

261 / 第一章　欢乐教育探索
268 / 第二章　欢乐教育探究
280 / 第三章　欢乐教育促幼儿欢乐成长
283 / 第四章　欢乐型生命教育
290 / 第五章　欢乐教育者的幸福人生

296/ **附录：欢乐教育儿歌 18 首**

314/ **参考文献**

【理论篇】

第一章　欢乐教育缘起

第二章　欢乐教育释义

第三章　欢乐教育的理论基础

第四章　欢乐教育理念

第五章　欢乐教育要素

第六章　欢乐教育乐园

第七章　欢乐教育技巧

第八章　欢乐教育秘诀

第九章　欢乐教育境界

第十章　欢乐教育经济学

第十一章　欢乐教育三十六计

第一章　欢乐教育缘起

缘，不因学习而改变
不因工作而逆转

相遇、情结、指点
就开启了缘

渐渐地，缘就成了生存的饭碗
人生的追求，事业的依托
生命的全部，立命的永恒

欢乐从教，欢乐成长
欢乐行事，坐享欢乐

>>>

我于1973年6月出生在河北省献县张村乡滹沱河边古今庄村的一个普通农民家庭，一条大河孕育了我的成长，我热爱自然，喜欢绿色，喜欢动植物，钟情于山水，爱好种植养殖，进而也铸就了我兴趣广泛、善于学习、热爱生活、崇尚自由的个性品质，从此，埋下了"欢乐教育"的种子。

农村的生活条件艰苦，师资水平有限，物质和精神上的匮乏使得我的童年和少年时光有着一些不愉快的记忆。父母对美好生活的追求和向往，带给了我巨大的学习压力，学习、学习、再学习，唯有学习才能改变一切。

最终，我如愿考上了大学，来到了首都北京，彻底摆脱了世代人"面朝黄土背朝天"的农村生活。我渴望"欢乐教育"，渴求开心欢乐、无忧无虑地享受学习的全过程。

大学毕业后，自己想干什么工作都可以，就是不想当老师，没有想到的是，时隔多年，朋友的一句话，会令自己人生逆转，"我要当老师，当一辈子老师"。180度大转弯，开启了我的欢乐教育之旅。

20世纪90年代，在与北京诸多幼儿园合作开办幼儿英语课程期间，我一个人，最多的时候，兼任了七所幼儿园的英语课程，每个幼儿园，每个班级，每周都要上1~2节英语课程。周一至周五奔走于不同幼儿园的不同班级，所教幼儿甚多，与各幼儿园园长、教师交流甚多，对幼儿园环境观察亦甚多。对于一个曾经的学前教育门外汉来说，增长了见识，增加了专业知识，增强了专业技能，使自己一步步由一个局外人变成了类似科班出身的专业人士。

因为要到各所幼儿园的各个班级授课，要和所有教师打交道，也因此认识了形形色色不同专业水准、不同能力素质、不同性格特征、不同人生追求的一线普通老师们，我非常理解她们每天工作的辛苦和不易。每天经常听到老师们说得最多的就是"每天回到家后，不想和父母、爱人、孩子多说一句话，不想做饭，不想吃饭，不想洗漱，只想倒头睡去！"

我也是老师，要带几所幼儿园众多班级小朋友的英语课程，说实话，我也很累！从早上到晚，每节课之间只有5分钟的过渡时间，有的时候上下午还在不同的幼儿园上课，上完一所幼儿园的课程之后，还要骑车赶往另一所幼儿园。但是，当一堂课上得非常成功，幼儿学得非常开心，与幼儿玩得火热、打成一片的时候，内心里比吃了蜂蜜还甜。当课堂教学内容没有足够的吸引力，小朋友们提不起兴趣，自己又无力驾驭课堂时，心里也会觉得郁闷、难受。有时三个平行班级，同样的教学方法，同样的教学内容，可教学的流程或教学效果会截然不同，因为不同班级幼儿的兴趣点、关注点、课堂常规、学习氛围、普遍的性格特征等都不一样。

我在思考，如何解决老师们同感头疼的工作压力问题？如何让自己开心欢乐地度过每一天？如何引导小朋友幸福、欢乐地学习、生活和成长？

记得，每当自己走进幼儿班级的时候，几乎班上所有的小朋友会一股脑地扑向自己，抱住我的大腿，大家紧紧地拥在一起，围个水泄不通。当我下课，准备离开，去下一个班上课时，孩子们又会上演同样的画面！当我离开幼儿园时，无论操场上，还是二楼或三楼楼顶平台上的孩子们，几乎是异口同声地喊"孙老师再见"！老师们同时会说"别喊了，喊一遍就行了"！可是，小朋友们热情的呼喊声根本止不住！孩子们会一直喊下去，什么时候孩子们看不到我的身影了，"孙老师再见"的声音才会消失。

我非常感动，感动于和孩子们在一起时的开心欢乐！为了可爱的孩子们，我会更加认真地备课，设计课程，创编游戏，我要让孩子们幸福欢乐地度过每一天。

20世纪末的最后一年，为了迎接儿子的降生，我回到了河北河间市。因为那时在北京还买不起房子，又想让儿子出生在一个相对宽裕的环境里。于是，我在河间市开办了启航英语专修学校，还承担了河间市第一实验小学4个学前班的英语课教学工作。刚开始，以为北京城市里的孩子才会好教、好带。其实不然，地方县级市的孩子们、中小学生们也一样可爱、好学、一样令人感动！我从此开启了一段辛苦的人生历程，周一至周四在北京的幼儿园上课，周四晚上赶回河间，周五至周日在河间市的幼儿园和自己开办的英语学校上课，周日晚上返回北京。

记得，每当自己周五早上骑着自行车进入河间市第一实验小学的时候，经常见到的一个画面是，无论在操场上哪一个角落正在玩耍的孩子们，都会一股脑地跑着奔向我，还把手里拿着的那个年代最好吃的膨酥棍、拉丝皮糖等往我怀里塞："孙老师，给你吃！"上演着和北京城里孩子同样的画面，令我、令所有看到这一幕的小学教师，甚至是主任、校长，都特别感动！甚至校长还有些费解和莫名"嫉妒"："孙老师身上究竟有什么魔力，让这群孩子如此喜欢他？""我都当了几十年校长了，从来没有孩子对我做出如此举动！"

清晰记得，当年的课堂上，自己尊重每一个孩子，公平公正地对待每一个孩子，不大的一间教室，坐满九十多个孩子，只有一条窄窄的小走廊，我的身体就是在走廊上往返穿梭，生怕有哪一个孩子听不到我的声音，或者看不清我的表情和动作。从来都是走动式、游戏化教学，声情并茂地带着孩子们进行表演、体验，从不讽刺、挖苦、体罚任何一个孩子，能够与孩子们开心欢乐地融为一体，打成一片！

上述种种现象，奠定也坚定了自己研究欢乐教育的动机和信心，我要用毕生的教育实践，探索一套方法，让幼儿喜欢幼儿园这个生命乐园，幸福、健康、茁壮地成长；让教师、园长也积极投入、融入，开心欢乐地从教，和幼儿一同体验和感受生命的成长历程，享受与幼儿一同成长的幸福和愉悦，把握和创造绚丽多彩的生命时空。

后来，大中专非学前教育专业毕业生的免费40天培训，再次证实了欢乐教育的魔力，速成班培养出来的老师，走进北京各区的合作幼儿园，承担英语课教学任务，一样收获了幼儿的喜爱、认可和尊重。

经历了2003年的"非典"，从五一假期开始，一直放假到第二年的3月份，被迫休假10个月，我完成了9本书的创作，也完成了一个自己生命历程的彻底转型，与全国各地学校联合办学，培养幼师中专学生，为北京各区幼儿园输送幼儿教师。到了2008年，又开始了学前教育大专、本科生的教学培养工作，实践再次证明欢乐教育深受中专生、大专生、本科生的喜爱！

从此，我更加坚定了做好欢乐教育的决心，历经20多年的欢乐教育实践研究，是时候推出欢乐教育体系了！

第二章　欢乐教育释义

欢，欢快、欢颜、欢乐
乐，欢喜、快活、快乐
欢乐，开心、高兴、快乐

教，教导、指导、训诲
育，孕育、生育、养育
教育，教导、启发、指导

欢乐教育
教师，开心欢乐地从教、乐教、享教
幼儿，幸福愉悦地求知、进步、成功

师幼是朋友，是伙伴，是亲人
紧密地联结在一起
师幼同学习，共欢乐
一同幸福成长

>>>

一、欢

（一）基本解释

（1）快乐，高兴：欢乐，欢庆，欢快，欢颜，尽欢而散。

(2) 喜爱，亦指所喜爱的人：心欢，新欢旧识。

(3) 活跃，起劲，旺盛：欢蹦乱跳，欢实，机器转得真欢。

（二）详细解释

欢，喜乐也。——《说文》。君子不尽人之欢。——《礼记·曲礼》。夫妇不得不驩。——《荀子·大略》。若果养乎？予果欢乎？——《庄子·至乐》。许子而大欢，彼将知君利之也。——《韩非子·说林上》。而大国与之懽。——《战国策·秦策》。饮酒则欢乐。——《庄子·渔父》。今日之欢。——《汉书·李广苏建传》。众宾欢也。——宋·欧阳修《醉翁亭记》。欢动一城。——明·高启《书博鸡者事》。合通国之欢心，建百世不迁之庙貌。——明·陈继儒《大司马节寰袁公（袁可立）家庙记》。奉一日之欢。——清·侯方域《壮悔堂文集》。闻其声，争交欢解。——《史记·游侠列传》。欢门（宋代酒馆、店铺用彩色纸帛装饰门窗，以招徕顾客，谓之欢门）；欢：广西壮族地区民歌的总称，部分地区叫西、卡、比、衣、喃等。

（三）康熙字典

《唐韵》《集韵》《韵会》《正韵》呼官切，音讙；《说文》喜乐也，《徐曰》喜动声气，故从欠，《礼·檀弓》啜菽飮水尽其欢；又《乐记》欣喜欢爱，乐之官也；亦作懽，《孝经·孝治章》故得万国之懽心，以事其先王；又作驩。《孟子》驩虞如也，《前汉·王褒传》驩然交欣；又合欢，汉殿名，《班固·西部赋》后宫则有合欢增成；又树名，《崔豹·古今注》合欢树似梧桐，枝叶繁，互相交结，树之阶庭，使人不忿；又竹名，《僧赞宁·笋谱》双稍竹出九疑山，笋长，独茎，及生枝叶即分为两梢，谓之合欢竹；又橘名，《广舆记》荆州江陵有合欢橘；又欢伯，酒也，《焦氏易林》酒为欢伯，除忧来乐；又《韵补》叶许元切，音暄，《魏韦诞·亲蚕颂》同硕庆于生民，发三灵之永欢，苞繁祐于万国，卷福釐以言旋；《集韵》或作孉，亦作〈女欢〉。

（四）词组如下

(1) 欢蹦乱跳：[dancing and skipping with joy] 形容活泼、健康、生命力旺盛。孩子们欢蹦乱跳地过年。

(2) 欢唱：[chortle] 高兴地唱或吟。尽情欢唱。

(3) 欢畅：[thoroughly delighted] 欢悦舒畅。

(4) 欢度：[spend joyfully] 愉快欢乐地度过。

(5) 欢歌：[happy sound of singing] 欢歌国庆；欢娱快乐的歌声。欢歌笑语。

(6) 欢咍 [hāi]：[be happy and cheerful] 欢快。咍，喜悦，欢笑。欢咍嗢噱。——清·黄宗羲《柳敬亭传》。

(7) 欢好：[happy and hamonious] 欢乐和好。

(8) 欢呼：[hail；cheer；acclaim；applaud] 欢乐地喊叫。他作为英雄而受到欢呼。这场战争尚未正式结束，民众已在欢呼。

(9) 欢聚：[happily get-together；have a happy gathering] 欢快地聚会。今天，首都各界代表在这里欢聚，共庆佳节。

(10) 欢快：[cheerful and light-hearted；lively] 欢乐痛快；欢乐轻快。一个欢快的故事。欢快的曲调。

(11) 欢乐：快乐。自叙少小时欢乐事。——唐·白居易《琵琶行（并序）》。一个欢乐的夜晚。

(12) 欢闹：这个城镇的人正在欢闹。沉湎于狂欢或喧闹之中。欢闹：[frolic] 充满高兴和欢笑的，一次欢闹的惊险活动。

(13) 欢洽：[happily and harmoniously] 愉快而和洽，备极欢洽。——《广东军务记》。

(14) 欢庆：[joyfully celebrate] 欢快地庆祝。欢庆丰收。一个值得欢庆的日子。

(15) 欢声：[cheers] 欢心地发出呼声。

(16) 欢声雷动：[cheers resounding like rolls of thunder；thundering applause] 欢呼的声音像打雷一样震动全场，形容极为热烈的欢乐场面。因此满城欢声雷动，降服数万人。——《水浒全传》。

(17) 欢声笑语：[cheerful chatting and laughing] 欢乐的说笑声。礼堂里洋溢着一片欢声笑语。

(18) 欢送：[seeing-off] 高兴地集合表示送别。欢送会、欢送仪式。

(19) 欢腾：[jubilation；rejoicing] 高兴得手舞足蹈；欢喜地奔跑、跳跃。喜讯传来，人们立刻欢腾起来。

（20）欢天喜地：则见他欢天喜地，谨依来命。——元·王实甫《西厢记》。亦作"喜地欢天"，欢慰，欣慰。

（21）欢喜：[joy] 欢乐欣喜。心中大欢喜。——《玉台新咏·古诗为焦仲卿妻作》。满心欢喜。欢喜：她欢喜地拉手风琴。[be fond of] 喜欢、喜爱。欢喜滑水。欢喜若狂：[exult] 感到极大的快乐；因胜利或自满而感到并往往流露出非常愉快的样子。全城人民载歌载舞，欢喜若狂。

（22）欢笑：[laugh heartily] 因欢乐而产生笑声。欢笑的人群。

（23）欢心：想博取欢心。[graces] 好感，内心喜爱。试图不失去雇主的欢心。

（24）欢欣鼓舞：[exhilarate；be greatly overjoyed and inspired] 心情高兴而精神振奋。在欢欣鼓舞之余，感到未来更加任重道远。

（25）欢欣若狂：当变法的诏书一道道地传来的时候，我们这些赞成变法的人，真是欢欣若狂。——吴玉章《辛亥革命》。亦作"欢喜若狂"。

（26）欢颜：[smile happily；beaming with happy smiles] 欢笑，开颜。大庇天下寒士俱欢颜。——唐·杜甫《茅屋为秋风所破歌》。

（27）欢宴：[cheerfully fete] 欢乐地宴请。欢宴来宾。

（28）欢迎：僮仆欢迎。——清·彭端淑《为学一首示子侄》。他们欢迎旅行的人们归来。[favorably receive] 诚心希望；乐意接受。张开双臂欢迎这个组的到来。

（29）欢娱：[happy；amuse oneself；enjoy oneself] 欢欣娱乐。

（30）欢愉：[delighted] 欢乐愉快。欢愉的笑容。

（31）欢悦：[happy；pleased] 喜悦；欢乐，欢悦的笑声。他俩心情欢悦，边走边唱。

二、乐

乐，常用于形容欢喜，快活；快乐，乐境，乐融融，乐不可支，其乐无穷，乐观（精神愉快，对事物的发展充满信心），乐天（安于自己的处境而没有任何忧虑）。

（一）基本解释

五声八音總名。象鼓鞞。木，虡也。

（1）使人快乐的事情：取乐，逗之乐。

（2）对某事心甘情愿：乐此不疲，乐善好施。

（3）笑：这事太可乐了。

（4）姓。

（二）详细解释

（1）喜悦；愉快。有朋自远方来，不亦乐乎。——《论语·学而》。并怡然自乐。——晋·陶渊明《桃花源记》。游人去而禽鸟乐也。——宋·欧阳修《醉翁亭记》。君游海而乐之，奈臣有图国者何？——《韩非子·十过》。似与游者相乐。——唐·柳宗元《至小丘西小石潭记》。熙熙而乐。——唐·柳宗元《捕蛇者说》。予既乐其风俗之淳，而其吏民亦安予之拙也。——宋·苏轼《超然台记》。避其凶焰，乐我丘园。——明·陈继儒《大司马节寰袁公（袁可立）家庙记》。

（2）又如：快乐（感到幸福或满意）、乐嘻嘻（喜悦貌）、乐悦（欢喜）、乐笑（欢笑）、乐胥（喜乐）、乐哈哈（形容喜笑的样子）、乐好（爱好）、乐志（愉悦心志）、乐心（心里快乐）、乐利（快乐与利益）、乐易（和乐平易）、乐郊（乐土）、乐处（快乐的所在）。

（3）安乐 [easy] 逝将去女，适彼乐土。——《诗·魏风·硕鼠》。又如：乐欣（安乐欢欣）、乐佚（悠闲安乐）、乐安（安乐）、乐郊（乐土，安乐幸福的地方）、乐居（安乐的住所）、乐国（安乐的地方）。

（4）乐于；安于 [be glad to；take delight in；be happy to] 英雄乐业。——《资治通鉴》。人未有不乐为治平之民者也。——清·洪亮吉《治平篇》。亦乐生焉。——明·刘基《诚意伯刘文成公文集》。

（5）又，先生乐游。又如：乐助（乐意助成）、乐用（乐于用命）、乐士（喜爱贤士）、乐育（乐于教育、培养人才）、乐业（乐于本业）、乐愿（乐意，情愿）、乐成（乐于成全）。

（6）感到快乐，享受 [enjoy] 不知太守乐其乐也。（第一个"乐"）——宋·欧阳修《醉翁亭记》。

(7) 笑 [laugh] 如：乐得合不上嘴、乐眼（犹笑眼）、乐哈哈（形容喜笑的样子）。

（三）相关词语

(1)【乐不可支】形容快乐到了极点：幽默大师卓别林的生动表演，常常让人笑得前仰后合，乐不可支。

(2)【乐观】精神愉快，对事物的发展充满信心，跟"悲观"相对：小王的性格很豁达，不管遇到什么事情总是很乐观，从不愁眉苦脸。

(3)【乐极生悲】快乐到了极点转而发生使人悲伤的事情：商店开张之后，生意兴隆，哪知乐极生悲，不几天，一场大火把商店烧掉了一半。

(4)【乐趣】使人感到快乐的意味：旅游的乐趣不仅仅是游山玩水，还可以了解风土人情，增长见闻，开阔眼界。

(5)【乐于】对做某事感到快乐：刘林特别乐于助人，同学们都很敬佩他。

(6)【乐得】某种场合恰合自己心意而顺其自然：主席让他等一会儿发言，他也乐得先听听别人的发言。

(7)【乐滋滋】〈口〉形容因满意而喜悦的样子。

(8)【乐而忘返】非常快乐，竟忘记回家。形容沉迷于某种场合，舍不得离开。

三、欢乐

欢乐，形容内心十分开心、高兴，语出《庄子·渔父》："饮酒则欢乐，处丧则悲哀。"

（一）详细解释

快乐。自叙少小时欢乐事。——唐·白居易《琵琶行（并序）》。

一个欢乐的夜晚。欢乐就是内心觉得愉悦，是一种感觉，觉得自己快乐。近义词：快乐。欢乐的六一儿童节。

（二）出处

《庄子·渔父》："饮酒则欢乐，处丧则悲哀。"唐·顾况《弃妇词》："家家尽欢乐，贱妾空自怜。"宋·吴曾《能改斋漫录·事始二》："唐太宗亦以降诞日，谓长孙无忌曰：'今日是朕生日，世俗皆为欢乐，在朕翻成感伤。'"明·冯梦龙《喻世明言》第一卷："假如墙花路柳，偶然适兴，无损于事；若是生心设计，败俗伤风，只图自己一时欢乐，却不顾他人的百年恩义。"曹禺《王昭君》第三幕："我来，是为了两家百姓的欢乐。"唐铙吹部七曲之一。明·胡震亨《唐音癸签·乐通一》："铙吹部七曲：一、破阵乐，二、上车，三、行车，四、向城，五、平安，六、欢乐，七、太平。"

（三）网络新解

网络用语，贬义词，指某人或某贴发生了戏剧性演变（如被揭穿谎言等）进而引起众人围观的现象。如：这人真欢乐。如今又发生了很欢乐的事。他今天很快乐。

四、教

教 [instruct；teach；tutor] 从子，不从孝（爻、子）从攵（攴，pū，戒尺打学生）。以攴施教，"教"使人孤独，孑然一身，哪个做学问的人不孤独。通效、敩、敩（xiao）。敩，从学从攴。教以学为敩，同效。教，从爻从子从攴（pu），上所施、下所效也。子承爻（天地万物变动、生生不息的规律）。言是传，身是教。身体力行是教，以身作则是教，正身明法是教，上行下敩（xiao，效）是教。教以学为旨。学，以臼、爻、冖、子结构，寓意上面对变化（规律）的磋磨（沉淀），孩子在下面稳定的建筑物里得到学习与成长。天命之谓性，率性之谓道，修道之谓教。——《礼记·中庸》。学然后知不足。知不足然后能自反也。按知不足所谓觉悟也。记又曰。教然后知困。知困然后能自强也。故曰教学相长也。

（一）汉字（多音字）

（1）jiāo，把知识或技能传给人。如教书、教小孩识字。

(2) jiào，①教导、教育，如因材施教、请教。②宗教。

（二）基本解释

（1）指导，训诲：教习，教头，教正，教师，教导，管教，请教，教学相长，因材施教。
（2）使，令：风能教船走。
（3）指"宗教"：教士，教主，教皇，教堂。
（4）姓。教姓。

（三）详细解释

教形声。字从攴（pū），从孝，孝亦声。"孝"义为"全天在家侍奉父母"，转义为"全脱产"。"攴"指"执行""力促"。"孝"与"攴"联合起来表示"全天听命于老师"。本义：全身心跟着老师（学习）。转义：老师全天授业。全职老师传授知识。转义的引申：培育学生成为对社会有用的人。说明："教"的造字本义表示"学生对待老师要像在家里尊奉父母一样"。旧社会有"一日为师终身为父"的说法，即视老师为父母。注意：教原本的写法是"敎"，左边不是"孝"，所以声旁也不是"孝"。在小篆里声旁的写法也和孝不同。

1. **教**（jiāo）【动】

（1）把知识和技能传授给别人。十三教汝织。——《玉台新咏·古诗为焦仲卿妻作》；教其不知，而恤其不足。——春秋·左丘明《左传》。又如：教课、教书、手把手教、教唱歌、教馆（教入塾）、教老者（方言，教员）、教率（教授引导）、教书匠（对教师的谑称）。
（2）使，令，让。
曲罢能教善才服。——唐·白居易《琵琶行》。

2. **教**（jiào）【动】

（1）会意。从攴（pū），从孝，孝亦声。"攴"，篆体象以手持杖或执鞭。在奴隶社会，奴隶主要靠鞭杖来施行他们的教育、教化。
（2）教育，指导。教，上所施下所效也。——《说文》。以教国子弟。——《周礼·师氏》。注："教之者，使识旧事也。"教也者，长善而救其失者也。——《礼记·学记》。教者，民之寒暑也。——《礼记·乐记》。

教，文之施也。——《国语·周语》。精华，教政之本也。——《春秋繁露》。君有此教士三万人。——《管子·小匡》。修教三年。——《韩非子·五蠹》。宁有政教。——《史记·货殖列传》。择师而教。——唐·韩愈《师说》。以教吾子。——唐·柳宗元《柳河东集》。昨日蒙教。——宋·王安石《答司马谏议书》。《传》曰："子之能仕父教之，忠亲之成其子也"——明·钱谦益《袁可立父淮加赠尚宝司少卿》。所以见教。又如：教治（教化、教育）、教禁（教化和禁令）、教读（教师）、教读老夫子（教书老先生）、教民（教育人民）、教迪（教育开导启迪）、教帖（古代公侯、大臣所下的手谕、命令）、教当（教唆）、教示（教导、训诲）、教戒（教导和训诫）、教告（教导、教诲）、教演（教练、演练）、教阅（操演、检阅）、教坊司（管理伎乐的机构，专司音乐、戏曲、舞蹈的教习、排练及演出等事宜）、教门儿（某种人，某类职业的人）、教引嬷嬷（教日常礼节的老年妇女）。

（3）叫，让。教我先威众。——《史记·陈涉世家》。教善才服。——唐·白居易《琵琶行（并序）》。教从何处。——清·袁枚《祭妹文》。又如：教令。

3. 教（jiào）【名】

（1）宗教。如：信教、教民（指信仰基督教的人）、教乘（指佛教、佛法）、教法（宗教的理论）。士去二正远，时以名教相厉。——明·黄道周《节寰袁公（袁可立）传》。

（2）教育，教材。五教，诗、书、乐、易、春秋也。——《礼记·经解》。明七教以兴民德；父子兄弟夫妇君臣、长幼、朋友、宾客也。——《礼记·王制》。又如：教刑（古时学校里使用的刑罚）、教席、教职（教师的职位）、教术（教法，教数，教育的方法）、教泽（教育的恩泽）、教象（教育规则的条文）。

（四）最新解释

教（jiāo）：

在不被问的情况下，强行主动告诉别人。注意："教学"的"教"字，有两种读音：

（1）当"教（jiāo）学"的"教"读作第一声（阴平）的时候，"教学"是动词，意思是教书，即教学生学习功课。这里的"教"是动词，意即把知识或技能传给人，如：教课、教唱歌、教小孩儿识字、师傅把技术教给徒弟。

（2）当"教（jiāo）学"的"教"读作第四声（去声）的时候，"教学"是名词，意思是教师把知识、技能传授给学生的过程。譬如"教学相长"一词，指的就是教师通过把知识、技能传授给学生的过程，不但使学生得到进步，并使自身也得到长进（提高）。

"教"读作第四声时，除作使令用词或作姓氏外，在现代汉语里一般不单独使用，通常需和其他语素一起构成合成词后方能表情达意，如：动词中的"教导""教育""教化""教诲""教改""管教""请教""受教""因材施教"等，名词中的"教师""教员""教程""教练""教头""教主""教徒""教案""教具""教参""教龄""教室""教堂""教益""有教无类"等。

"教授"一词中的"教"字，也有两种读法：

（1）"教（jiāo）授"，"教"读作阴平，作动词，与"授"字构成并列式合成词，专指讲授，如"教授物理""教授有方"。

（2）"教（jiào）授"，"教"读作去声，作名词，特指高等学校教师的最高专业职称，其下依次为副教授、讲师、助教。

（五）中华字源

"教"在现代汉语中是个多音字，当它读为去声"jiào"时，当"教育""宗教"等讲，当它读平声"jiāo"时，当"传授"等讲，如"教书"等。其实，它的本义就是"教育"。

从甲骨文字形我们可以看出，它的右边是一只手拿着一根教鞭（攴）；左下方是一个"子"字，表示小孩，"子"上是两个交叉符号（爻），表示鞭打的痕迹；整个字形"教"是会意一个人手持教鞭在教育小孩。金文、小篆的字形沿袭了甲骨文字形，其结构基本一致。楷书的字形"教"较甲骨文、金文字形有所变化，左边讹变成了"孝"字，变成了形声字。

《说文解字》里说："教，上所施下所效也。"意思是说"教"字的本义就是"在上面的施教，在下面的效仿"的意思。段玉裁注云："上施，故从攴；下效，故从效。""教"字当"教育""教导"义讲一直到今天还在使用，从其造字方法上我们似乎也可以窥见古代教育方法的某些信息。古人说"教不严，师之惰"，意思是说不严格教育学生是老师的过错。后来由"教育"义引申出"传授"义，如《左传·襄公三十一年》里说"教其不知，而恤其不足",意思是说,要传授给他所不知道的,要抚恤给他所不足的东西。在当"传授"讲时的"教"应读为平声"jiāo",特指传授知识、技能等。由"传授"后又引申出"使令"义,如唐代王昌龄《出塞》诗中"但使龙城飞将在,不教(jiāo)胡马度阴山"。这里的"但使"和"不教"是对语,"但使"是"只能使""只能让"的意思,"不教"就是"不能使""不能让"的意思。整句的意思是说只能让抗击匈奴的名将们驻扎在龙城,不能使匈奴的戎马度过阴山来。后来又由"教导""教育"引申指某种学术或某种学术派别,如郑玄《六艺论》里说:"虙(fú)羲作十言之教。"这里的"教(jiào)"字就是指学术派别。后由此又引申指"宗教",如《新唐书·后妃传上》里说:"佛,老异方教也。"这里的"教(jiào)"字就是指宗教。

(六)常用词语

(1)教案:[lesson plan]教员备课时写的教学方案,包括时间、方法、步骤、检查以及教材的组织等。[litigation against the foreign church in late Ching Dynasty]清末指因外国教会欺压人民而引起的诉讼案件或外交事件。

(2)教本:[textbook]教科书、课本。

(3)教鞭:[pointer] 教师在讲课时用来指点黑板、挂图等的细长棍儿。

(4)教材:[teaching material]供教学用的资料,如课本、讲义等。

(5)教程:[course of study] 指某一学科的课程。

(6)教导:[gospel;educate;instruct;teach, guidance;give guidance]教育指导、教诲开导、新的教导。

(7)教导队:[training unit]军、师两级轮训基层干部和培训班长的训练机构。

(8)教导员:[(battalion)political instructor] 政治教导员的通称。

(9)教范:[manual] 军事上在技术指导方面的基本教材,如投弹教范等。

(10)教坊:[office in charge of imperial music]古时管理宫廷音乐、舞蹈、戏曲的官署。名属教坊第一部。——唐·白居易《琵琶行(并序)》。

（11）教父：[godfather；sponsor] 在婴儿或幼儿受洗礼时，赐以教名，并保证承担其宗教教育的人。每个受洗礼的男孩应该有两个教父和一个教母。

（12）教改：[educational reform] 教学改革。

（13）教工：[teaching and administrative staff (of a school)] 泛指学校里的教员、职员和工人。

（14）教官：[drillmaster；military instructor] 军队、学校等团体内担任教练的军官的旧称。

（15）教管：[discipline] 教育、管理。教管儿童须从严。

（16）教规：[canon] 宗教规定信徒恪守的规则、法则、规定。

（17）教化：① [domesticate；civilize；educate；train in good manners] 使能从事、习于或适应家内生活。给受教化的女囚犯以家政教育。② [missionize] 从中指导传教或做传教工作。

（18）教皇：[Pope；pontiff；Holy Father] 天主教会最高领导人，驻在梵蒂冈。

（19）教会：[church；mission] 基督教各教派的信徒组织。

（20）教诲：[teaching] 教导训诫，其次教诲。——《史记·货殖列传》。谆谆教诲。

（21）教具：[teaching aid] 教学时用来讲解说明某事物的模型、实物、图表、幻灯等，直观教具。

（22）教科书：[textbook] 专门编写的供学生学习用的书。

（23）教练：[train；drill] 对他人进行专门训练使之掌握一定的技能。

（24）教练员：[coach；instructor；trainer] 从事教练工作的人。

（25）教龄：[length of teaching] 从事教学工作的年数。

（26）教令：[decree] 由宗教会议或有头衔的人制定的有关教义或教规的法令。罗马教皇的教令。

（27）教门、教门儿：① [Islam] [口] 指伊斯兰教。② [Buddhadharma] 佛教指佛的教法，因为佛的教法为入道的门户。③ [church；denomination] 教派。

（28）教名：[Christian name] 出生和受洗时取的名字，以区别于姓氏。

（29）教母：[godmother] 天主教、正教及新教某些教派新入教者接受洗礼时的女性监护人，也叫"代母"。

（30）教派：[sect] 一个宗教内的不同派别。

（31）教师：①[teacher] 担任教学工作的人员。②[master] 传授戏曲技艺或武术的人。武术教师。

（32）教士：[priest；clergyman；minister；Christian missionary] 基督教的神职人员。

（33）教室：①[classroom] 在中小学或大学里教师对学生正式讲课的地方。②[schoolroom] 对学生进行教学的房间。

（34）教授：①[professor] 高等教育机构的教师的最高级学衔。②古时设置在地方官学中的学官。③对私塾老师的敬称。教授不知，这厮夜来赤条条地睡在灵公庙里，被我们拿了这厮。——《水浒传》。④[instruct] 讲解传授知识、技能。

（35）教唆：[entice] 通过诱导唆使别人做坏事。教唆别人犯罪的人应负刑事责任。

（36）教唆犯：[fagin] 唆使别人犯罪的成年人，尤指唆使儿童盗窃的人。

（37）教坛：[educational circle] 教育界。蜚声教坛。

（38）教堂：[church] 基督教进行宗教仪式的建筑物，有多种风格，如哥特式、拜占庭式的。

（39）教条：①[dogma；creed；doctrine；tenet] 要求教徒绝对遵从的宗教信条。泛指要求人盲目信奉的僵化的原则、原理。②[dogmatism] 指教条主义。教条主义：不对具体事物进行调查研究，只是生搬硬套现成原则、概念来处理问题的思想作风。

（40）教廷：[the Holy See；Curia Romana；the Palacy；the Vatican] 天主教会的最高领导机构，设在梵蒂冈。

（41）教头：[drillmaster] 宋代军队中专门担任武术教学的人。后指一般传授技艺的人。

（42）教徒：[saint；believer（follower）of a religion] 宗教的信仰者。

（43）教务：[educational administration] 有关教学活动的行政事务。

(44) 教学：[teaching；education] 指教师传授给学生知识、技能。教学改革。

(45) 教训：①[lesson；moral] 指从错误或挫折中得到的经验。水灾的教训。②[education and training] 教育训练，自无教训。——《玉台新咏·古诗为焦仲卿妻作》。

五、育

育 [to give birth to；to raise or bring up；to educate]，本意是养子使作善也，同毓；也指按照一定的目的长期地教导和训练，《国语·晋语》有记载："至如今不育。""育"字在现代汉语中是个常用字，一般用来表示"教育""生育""养育"等义。

（一）释义

（1）会意。甲骨文字形，像妇女生孩子。上为"母"及头上的装饰，下为倒着的"子"。

（2）同本义 [to give birth to] 毓，生养，同育。每，草盛也。养之则盛矣。

作动词时，为如下解释。

（1）生育，养育 [rear] 按此字当别为正篆，训生养草木也。毓，长也，稚也。——《广雅》。以毓草木。——《周礼·大司徒》。园圃毓草木。——《周礼·太宰》。则孕毓根核。——《汉书·五行志》。丰圃草以毓兽。——班固《东都赋》。

（2）孕育 [be fraught with] 黩则生怨，怨则毓灾。——《国语》。

（二）中华字源

从甲骨文字形来看，它的左边是个"女"字（也有的字写作"母"字），右下方是个倒着的"子"字，表示胎儿头向下，"会意"胎儿刚生产下，倒"子"下面还有些"点儿"，表示胎儿刚出生时身上带的血水和胎液。整个字形就是会意母亲生育胎儿的形状。它是个会意字。金文字形与甲骨文字形大同小异，只是该字的左右结构换了个位置。这个字形也可以隶定位"毓"字,在《说文解字》里把"毓"看作是"育"字的异体。小篆的字形发生了一些演变,倒"子"形移到了上面,甲骨文、金文中的"女"(或"母")字变成了"肉"(月)字,由甲骨文、金文的会意字变成了从"肉"声的形声字。楷体的字形结构是沿袭了小篆的形体结构来的。

《玉篇》里说:"育,生也。"是其本义为"生养""生育",如《易·渐》里说"妇孕不育",意思就是说妇女怀孕了,但还没有生产。后来又引申出"养活""养育",《玉篇》里也说:"育,养也。"如《管子·牧民》里说"养桑麻,育六畜",这里的"养""育"是对文,都是"养活""养育"的意思。再如《史记·文帝本纪》中说"朕下不能理育群生",意思就是说我对下面不能管理养育百姓。《说文解字》里说:"育,养子使作善也。毓,育或从每。"意思是说"育"就是生育养子的意思,"育"字或从"每",作"毓",是"育"的异体字。"育"有时与"养"义同,现在有些方言里把"生孩子"说为"养孩子"。到后来"育""养"的含义就有区别了。再后来就又引申出"培养""教育"之义,如《孟子·告子下》里说"尊贤育才,以彰有德",意思是说要尊敬贤者,培养人才,表彰有道德的人。

(三)基本字义

(1)生养:育龄,节育,生儿育女。

(2)养活:育婴,哺育,培育,抚育,养育。

(3)按照一定的目的长期地教导和训练:德育,智育,体育,美育,教书育人。

(四)详细字义【动】

(1)根据隶定字形解释。会意。字从云(变形),从肉。"云"字从二从厶。"二"指"再""复"。"厶"指"自我"。"二"与"厶"联合起来表示"自我复制""自我拷贝""自我繁殖"。"肉"指"肉身""身体"。"云"和"肉"联合起来表示"身体的自我复制"。本义:人的(社会学意义上的)复制。辨析:生和育。"生"指生物学意义上的人类的自我复制。

"育"指社会学意义上的人类的自我复制。人类具有生物性和社会性这两重属性。光有生物性而没有社会性,那也不称其为人。比如,孩子出生以后把他丢弃在原野上,结果被狼群收养,他就成了"狼孩",吃食和狼一样，要把生肉丢在地上，他才肯去吃，而且是像狼那样光用嘴吃，绝不会用手把肉拿起来送到嘴里。后一种吃法是人类社会里人的习惯吃法。"狼孩"在生物学意义上是"人"，在社会学意义上是"狼"，是狼群养育了他，教会他狼群社会的习俗和规则。所以"狼孩"不是完整的人，只能算是半个人。所以，对生物学意义上的人孩，必须用人类社会的习俗和规则加以培养，这就是"育"的意思。

（2）同本义 [to give birth to] 育，生也。——《广雅》。无遗育。——《书·盘庚》。至如今不育。——《国语·晋语》。子孙蕃育之谓也。——《国语·周语》。妇孕不育，失其道也。——《易·渐》。

（3）又如：节育（节制生育）、育孕（怀胎足月以至分娩）、生儿育女。

（4）抚养；教育 [raise；bring up；foster] 育，养子使作善也。——《说文》教育子。——《虞书》。载生载育，时维后稷。——《诗·大雅·生民》。

（5）又如：育女（养女）；育材（育才。培养人才）；育德（培养德行）；德育（政治思想和道德品质的教育）；智育；体育。

（五）常用词组

（1）育才：[train men for profession] 培养人才。

（2）育雏：[brood] 孵育幼小动物。

（3）育肥：[fatten] 肥育。使变得肥胖或丰满。

（4）育林：[cultivate forest] 植树造林。搞好育林工作。

（5）育龄：[child-bearing age] 适合生育的年龄。育龄妇女。

（6）育苗：[grow seedlings] 培育秧苗。

（7）育秧：[raise rice seedlings] 培植幼苗。苗圃育秧。

（8）育婴堂：[foundling hospital；baby farm] 旧时收养弃婴的机构，又称"育婴院"。

（9）育种：[seed cultivation；breeding of seeds] 用人工方法选育动、植物的新品种。

（10）杭育：叹词，集体干重活时为协调动作而呼喊出的有节奏的声音。

六、教育

教育是教育者有目的、有计划、有组织地对受教育者的身心发展进行教化培育，以现有的经验、学识推敲于人，为其解释各种现象、问题或行为，以增长能力经验。其根本是以人的一种相对成熟或理性的思维来认知对待，让事物得以接近其最根本的存在，人在其中，慢慢地对一种事物由感官触摸而到认知理解的状态，并形成一种相对完善或理性的自我意识思维，但同时，人有着自我意识上的思维，又有着其自我的感官维度，所以，任何教育性的意识思维都未必能够绝对正确，而应该感性式地理解其思维的方向，只要他不偏差事物的内在；教育又是一种思维的传授，而人因为其自身的意识形态，又有着另样的思维走势，所以，教育当以最客观、最公正的意识思维教化于人，如此，人的思维才不至于过于偏差，并因思维的丰富而逐渐成熟、理性，并由此走向最理性的自我和拥有最正确的思维认知，这就是教育的根本所在。

教育也是一种教书育人的过程，可将一种最客观的理解教予他人，而后在自己的生活经验中习得自己所认为的价值观。教育，是一种提高人的综合素质的实践活动。教育过程开始于一个人的出生并持续终身，对人产生持久而深刻的变化。有些人甚至认为教育可以开始得更早，一些父母通过外部的言语和音乐来影响子宫里成长着的胎儿，进行胎教，希望给孩子以积极的健康的发展。

（一）"教育"一词的来源

"教育"一词来源于孟子的"得天下英才而教育之"。拉丁语 educare，是西方"教育"一词的来源，意思是"引出"。社会根据受教育程度选拔人才，人通过受教育实现社会地位的变迁。教育伴随着人类社会的产生而产生，随着社会的发展而发展，与人类社会共始终。

（二）不同看法的教育定义

对教育的定义，各国学者认识不同。美国的杜威说："教育即生活。"英国的斯宾塞说："教育为未来生活之准备。"中国的李壮认为"教育是强迫或引导被教育者接受特定的知识、规矩、信息、技能、技巧等"。孔子非常重视教育，他把教育、人口和财富作为立国的三大要素。他认为老百姓应该受教育，这些思想又比奴隶制时代前进了一大步。孔子承认知识和道德都是要靠学习培养出来的，教育是形成人的个别差异的重要原因，因而他说："性相近也，习相远也。"他的"有教无类"主张，也是从"性相近"的思想源出的。陶行知先生说"生活即教育"，他不仅在理论上进行探索，又以"甘当骆驼"的精神努力践行平民教育。聂圣哲先生认为：优秀是教出来的，家庭教育尤为重要，其实，家庭教育是一个人将来能否立足社会的根本。从人生的教育总量来讲，家庭教育的重要性占80%的比重。家庭教育没有那么复杂，就是劳动教育，两件事情：做家务，学吃苦，先从养活教育开始。孔子："大学之道，在明明德，在亲民，在止于至善。"鲁迅："教育是要立人。"儿童的教育主要是理解、指导和解放。蔡元培："教育是帮助被教育的人给他能发展自己的能力，完成他的人格，于人类文化上能尽一分子的责任，不是把被教育的人造成一种特别器具。"陶行知："教育是依据生活、为了生活的'生活教育'，培养有行动能力、思考能力和创造力的人。"黄全愈："教育重要的不是往车上装货，而是向油箱注油。"钟启泉：教育是奠定"学生发展"与"人格成长"的基础。秦文君："教育应是一扇门，推开它，满是阳光和鲜花，它能给小孩子带来自信、快乐。"

（三）语源

汉语始见于《孟子·尽心上》："君子有三乐，而王天下不与存焉。父母俱存，兄弟无故，一乐也；仰不愧于天，俯不怍于人，二乐也；得天下英才而教育之，三乐也。"许慎在《说文解字》中解释，"教，上所施，下所效也""育，养子使作善也"。"教育"成为常用词，则是在19世纪末20世纪初的事情。19世纪末，辛亥革命元老中国现代教育奠基人何子渊、丘逢甲等有识之士开风气之先，排除顽固守旧势力的干扰，成功创办和推广新式学堂。随后清政府迫于形势压力，对教育进行了一系列改革，于1905年末颁布新学制，废除科举制，并在全国范围内提倡新式学堂。1909年，地方科举考试停止以后，西学逐渐成为学校教育的主要形式。现代汉语中"教育"一词的通行，与中国教育的现代化联系在一起，反映了中国教育话语由"以学为本"向"以教为本"的现代性转变。

在西方,"教育"一词源于拉丁文 educate,前缀"e"有"出"的意思,意,为"引出"或"导出",意思就是通过一定的手段,把某种本来潜在于身体和心灵内部的东西引发出来。从词源上说,西方"教育"一词是内发之意,强调教育是一种顺其自然的活动,旨在把自然人所固有的或潜在的素质,自内而外引发出来,以成为现实的发展状态。

(四)教育内涵

教育有广义和狭义之分。广义的教育泛指一切有目的地影响人的身心发展的社会实践活动。狭义的教育是指专门组织的教育,即学校教育,它不仅包括全日制的学校教育,而且也包括半日制的、业余的学校教育、函授教育、刊授教育、广播学校和电视学校的教育等。它是根据一定社会的现实和未来的需要,遵循年轻一代身心发展的规律,有目的、有计划、有组织、系统地引导受教育者获得知识技能,陶冶思想品德,发展智力和体力的一种活动,以便把受教育者培养成为适应一定社会(或一定阶级)的需要和促进社会发展的人。

(五)教育本质

(1)内涵:所谓教育本质,就是指教育作为一种社会活动区别于其他社会活动的根本特征,即"教育是什么"的问题。它反映出教育活动固有的规定性,也即其根本特征。

(2)关于教育本质的四种观点:上层建筑说、生产力说、特殊范畴说、多重属性说。

(3)关于教育本质的第五种观点"意识替代说":唐震认为,文化教育的本质也许可以概括为,用我们已经掌握了的关于我们的对象及对象关系的知识,教给新的个体以应付对象的方式方法。它以一种意识改变另一种意识,以意识之间的碰撞、磨合、渗透及变革为目的,是一种意识覆盖以至消除另一种意识的、令个体可能产生痛苦的过程。由于任何两个个体所面临的对象均有不同,从不同对象中得来的意识之间就具有差异性或冲突性,文化教育活动的受体也就具有一定的排斥性。现实社会中,人们为了减弱受体的排斥心理,一是让教育活动主要在长幼之间进行。年长者(或者先得知识者)一般居于教育者地位,年幼者(或者后得知识者)知识匮乏，像个白板，因而是被教育者。二是通过功利等方式加以诱导。比如古代有"学而优则仕"，今天有"知识就是财富"等教育目标的召唤，使得教育活动能够正常地开展下去。

文化教育通过改变个体的意识空间来改变个体的选择指向。人类通过文化教育增大了个体的意识空间，从而找到了教给个体选择对象的方式方法的捷径。人类的文化成果通过教育者附着在个体的意识当中，塑造了新的个体，为个体关于未来的指向提供了透视器和显微镜。

（4）人类的教育有社会性、目的性，这与动物的本能教育有本质区别。人类教育本质是有目的地培养人的社会活动。主要表现在以下三点：第一，教育是人类所特有的社会现象；第二，教育是有意识、有目的、自觉地对受教育者进行培养；第三，存在教育者、受教育者及教育影响三种要素关系之中。

（六）教育功能

教育功能，即指教育活动的功效和职能，就是"教育干什么"的教育问题。教育的功能大致可分为个体发展功能与社会发展功能。教育的个体发展功能故可分为教育的个体社会化功能与个体个性化功能两方面。社会活动的领域主要包括经济、政治和文化等方面，因而教育的社会发展功能又可分为教育的经济功能、政治功能和文化功能。教育的主要功能如下：

（1）教育的最首要功能是促进个体发展，包括个体的社会化和个性化。

（2）教育的最基础功能是影响社会人才体系的变化以及经济发展。现代社会重教育的经济功能主要包括：为经济的持续稳定发展提供良好的背景，提高受教育者的潜在劳动能力，形成适应现代经济生活的观念态度和行为方式。

（3）教育的社会功能是为国家的发展培养人才，服务于国家的政治、经济发展。

（4）教育的最深远功能是影响文化发展，教育不仅要传递文化，还要满足文化本身延续和更新的要求。

（七）远古教育的产生

远古社会教育的产生，与人们所处的自然生态环境直接相关。它直接发源于上古先民最切近的谋生方式之中，故其内容涉及社会生活的各个领域。《尸子·君治篇》有一段关于原始氏族社会生活实况的记载："燧人氏之世，天下多水，故教民以渔；宓羲之世，天下多兽，故教以猎。"渔猎是人类最古老的谋生方式之一，在中国新石器文化遗址中，保留了这方面的大量痕迹。将传说中的远古教育与谋生技术的传播与应用结合在一起，有助于说明远古教育的特征。同时，传说中的远古教育也反映了当时区域性氏族文化的主要特征，以及氏族部落之间、氏族内部知识文化传播交流的主要形式。

一个生活在山林茂盛地带的部落，会较早发明和掌握狩猎的技术；一个生活在平原地带的部落，会较早发明和掌握农业生产技术；而生活在洪水容易泛滥成灾地带的部落，则会被迫去摸索治理水害的办法。传说中被任命为农师、负责向各部落人民传授种植黍稷等农作物技术的后稷，其所属部落便居住于土地肥沃、适于黍稷生长的黄土高原；而治水的大禹，其所属族人又生活在常年洪水泛滥成灾的黄河流域。其他如契、羲、和、夔等负责某类教化的远古人物，实际上都是代表了具有某种文化专长的氏族部落。这种区域性文化的显著特征，反映了中国史前文化的多元性和不平衡性，而不同区域之间以物易物的贸易接触、氏族部落的迁移、族外婚姻的出现与发展等各种交往，成为氏族部落间技术文化交流的重要渠道。这种交流的方式衍生出上古时代的所谓"教化"，其重要的原因是，中国最早的教化观念，不仅包括黄河中下游地区中原文化向四夷的扩散与传播，而且包括周边少数民族部落团体对华夏族类的臣服与归化。因此，战争与征服也被赋予了推广教化的功能。

《吕氏春秋·召类》便称舜征伐苗民，是为了移风易俗；禹攻伐曹、魏、屈骜、有扈等部落，是为了推行其政教。这种带有浓厚美化色彩的说法，反映了原始氏族社会中教育所具有的广泛含义和功能。

（八）教育概念

上述教育定义既能反映教育的本质，又可将教育活动同其他活动，如学习、训练、宣传等区别开来，可视作教育的基本概念。但是，与人们时常挂在嘴边的"教育"相比，该定义涉及的范畴显得窄多了。传统上，人们把学习培养、教育培养、训练培养、资助培养等都看作是教育，这表明在人们的意识里，还另有一种大得多的教育概念，即宏观的教育概念。它既包括了基本概念的教育、训练、学习等可以直接影响人的素质、能力的一类活动，还包括那些虽然不能直接影响人的素质、能力，却可以对前一类活动的进行起到帮助、促进作用的活动，这也就是人们所说的培养活动。宏观的教育其实是等同于培养的，那么，培养的定义也就是宏观教育的定义。在上述基本的教育定义基础上，去掉能区别学习、训练等活动的"种差"，就成为宏观的教育（培养）定义：着眼于人的素质、能力而进行的活动。

宏观的教育的唯一特征是"着眼于人的素质、能力"，这表明判别某个活动是不是教育不在其结果如何。现实中，不是所有的教育活动都能达到预期的效果，有的甚至会失败。而有些活动，如研究活动、宣传活动虽然可以影响人的素质、能力，却并不是人们所公认的教育活动。当人们持不同的立场着眼于人的素质、能力时，能从正反两方面来对待人的素质、能力，正向的去开发、加强人的某些素质、能力，反向的则去削弱、抑制人的某些素质、能力。人的素质、能力有先天和后天之分，先天的与其他动物一样，是大自然长期进化造就的。后天的又分为两种情况，其一为人们不经意间获取的，或非刻意成就的；其二是人们刻意造就的，宏观的教育就概括了所有刻意针对人的素质、能力而进行的活动。

"教育"一词存在多种概念的状况由来已久，《现代汉语词典》中对"教育"一词的描述（定义）就包括了两个方面。其一，表达的是宏观的教育概念——"培养新生一代准备从事社会生活的整个过程"。但其在描述教育概念时用到了"培养"一词，而它在表述"培养"概念时又使用了"教育"一词——"按一定的目的长期地教育和训练"，有循环描述（定义）的嫌疑；其二，表达的是基本的教育概念——"教导，启发"，但同时它对"教导"的表述是——"教育指导"，又有循环描述（定义）的嫌疑。在定义时，定义项中不能直接或间接包括被定义项，否则就形成了循环定义的错误。这方面，《新华词典》中对"教育"一词的描述就不存在循环定义的问题。《新华词典》中对"教育"一词的描述也分为两个方面：其一是"以影响人的身心发展为直接目的的社会活动"，显而易见这里表达的是宏观的教育概念；其二是"使明白道理"，该表述把教育同训练活动区别开来了，想来是要表达教育的基本概念。但是，这么表述是不能把教育同学习、研究、宣传等活动区别开来的，因为这些活动也可以使人明白道理。因此，这样表述教育的基本概念是值得商榷的。

《新华词典》《现代汉语词典》中描述的教育宏观概念，也被称为广义的教育。与之对应，狭义的教育一般指专门组织的教育。学校教育中包括了教育、训练、学习、资助等各种培养活动，因此学校教育也是属于宏观教育的范畴。像教育这样，集多种概念于同一领域，势必使其难以形成一个统一的定义。因此，人们在不同场合、语境中运用或理解教育一词时，就需格外注意其确切的含义。

（九）读书教育

人的一生不可以不学习，而读书是受教育的一个重要途径。接受教育有多种多样的形式，但其根本目的是做人，然后才是做事，这是中国人文经典中最重要的道理。

如今的社会、学校和家庭，最为缺乏的就是人文教育，仿佛这个时代只有经济利益的驱动，使得人在快节奏中无暇顾及读书给人带来的人文精神的提升，让人看到的只是金钱和物质的消费，很难领略到人文科学的发展魅力。一个人和一个地方的发展到最后都是归根于人文的提高和品位的提升上。学校课堂里缺少的就是人文教育，这其中包括人的人性和灵性。人性教育讲究的就是做人的基本道理和情感，而灵性开发追求的就是人类最了不起的原创性和思想性。人文教育的缺失将会导致科学越发达人类越野蛮的可怕后果，这就是在异化人性，扼杀灵性。

当前的中小学过分重视智力培养，忽视了情感教育，是一种严重的本末倒置，让人发现今日的学生很聪明，却在聪明中难以获得道德和情感的东西。他们的贪婪和掠夺表现得尤为强烈，他们如何做人和爱人、尊重人和帮助人的意识已经逐渐淡去，这不能不使人担忧和感到后怕。

一个人缺失了感情或没有情感，便没有健全的人格人性。没有健康的人文教育，其知识和技能只会成为危害社会和人类的东西。因此，教育应当面向人文和人性，面向爱的真善美。一个社会经济水平的提高，同时也给人文科学的发展带来了新的契机，人文教育理当更人文地在经济建设活动中获得发展的资源和发挥积极广阔的作用。从历史的角度看，工业的迅速崛起，不仅给人类生活带来繁荣，也为社会带来了经济的发展。商人的活动也由此更加频繁，在这活动中文化的传播也结出丰硕的果实。

要永远做学生，是因为学习能改造生活，提升品位。现代社会生活节奏快是源于人的工作太忙，学习太累，诱惑太多。本该安分的人不安分了，本应健康的人不健康了。

如果教育不能从人性出发，不能以追求幸福和自由为根本，不能给人以真善美和体现对人的尊重，失缺了人最本质的人文情怀，那么所有的教育都是失败的。尽管人有天大的本事和拥有再多的财富，都将是有害的，而且还不自觉，还不认为如此贪婪毫无意义。这种自私和恶性，一旦养成惯性，危害的不仅是个人，恐怕更会殃及社会，贻害后世。——选自叶千华《心灵夜语》第352页。

（十）教育的逻辑起点

教育的逻辑起点自然是人类社会的产生。从猿到人的转变是由于生产劳动，猿在劳动中逐渐形成以大脑和手为核心的主体机制。大脑可以思维，手可以操作，这就使人区别于一般动物而变成"高级动物"。有了主体机制才有可能成为具有实践认知能力的主体人，人类才能把自己提升为认识和改造客观世界的主体，从而把客观世界变成人类改造和认识的客体。而要认识和改造客观世界是需要有主体能力才可以的。人类社会是人类在社会实践中创造出来的自身存在形式。

（十一）教育定义

"教育"是以知识为工具教会他人思考的过程，思考如何利用自身所拥有创造更多的社会财富，实现自我价值。在教育学界，关于"教育"的定义多种多样，可谓仁者见仁、智者见智。一般来说，人们是从两个不同的角度给"教育"下定义的，一个是社会的角度，另一个是个体的角度。苏联及我国一般是从社会的角度给"教育"下定义的，而英美国家的教育学家一般是从个体的角度给"教育"下定义的。从社会的角度来定义"教育"，可以把"教育"定义区分为不同的层次。

（1）广义的，凡是增进人们的知识和技能，影响人们的思想品德的活动都是教育。把"教育"看成是整个社会系统中的一个子系统，分配着且承担着一定的社会功能。对教育最本质性的理解，就是社会对人们思想的知识灌输和行为指导：一，教育的对象是人；二，内容必须是良性的有意义的，从而使人民去改造社会。

（2）狭义的，指个体精神上的升华。这种定义方式强调社会因素对个体发展的影响。从个体的角度来定义"教育"，往往把"教育"等同于个体的学习或发展过程。

（3）更狭义的，主要指学校教育，指教育者根据一定的社会或阶级的要求，有目的有计划有组织地对受教育者身心施加影响，把他们培养成一定社会或阶级所需要的人的活动。这个主要指中国校园的应试教育。

教育是在一定的社会背景下发生的促使个体的社会化和社会的个性化的实践活动。如果围绕教育活动的基本要素来定义，可以把教育定义为教育是指人有意识地通过若干方法、媒介等形式向他人传递信息，期望以此影响他人的精神世界或心理状态，帮助或阻碍他人获得某种（些）观念、素质、能力的社会活动。处于前者角色的称为教育者，处于后者角色的称为教育对象。这样定义符合所有的人类教育活动，可以作为教育的基本定义。

当代诗人、文化学者张修林在《谈教育》一文中有如下解释：所谓教育，应当是对社会文化的传授、传播。而社会文化，包括文理学科，应当包含三个层次的内容。第一层次是指高层次文化，即抽象的、看不到存在的，比如社会心理、美学和价值；第二层次指从第一层次具体下来的，尽管看不到具体存在，但能切实感觉到它的结构与活动方式存在，比如政权及其机构；第三层次指表面文化，既看得到又摸得到的，物品或物质的文化。简单地说，就是精神文化、精神的物化文化以及物质文化。教育的目的，说是教化育人，其实就是让人接受各种有用的知识，以期将这些知识吸收、融会，能够将其直接作用于社会，或者把这些知识作为基础，升华出新的知识，即发现和发明。前者像物理变化，接受的人如同一个盛东西的容器，接受的几种东西还是那样的几种东西，不过是换了个地方，有了些混杂，这大概就是常说的实用型人才——技术或技艺的人才；后者则类似于化学反应，已经生成了不同的、另外的东西，这类人才能够很好地掌握第一层次的文化，容易形成自己特有的治学思想、理念和方法。这就是创造型人才。一个国家和民族，在世界上的文化影响，主要就是第一层次的文化、创造型人才的影响。人类高度发达的神经系统是教育产生和发的物质基础和前提。它提供了感受、记忆、联想、想象、推理等完整的思维功能，使人的意识能够相互影响并得以传播。

（十二）教育价值

基础的九年义务教育，价值在于解决受教育人群德育、智育、体育、美育、劳动教育、科学教育等的原始启蒙，促使和帮助受教育人群具备接受和接纳社会生活的基本技能。

随后的中专、大学等中高等教育，价值在于使受教育人群具备基本的科研、实践、实验、试验、仿制、创新启蒙，促使和帮助受教育人群具备和接纳科学发明创造等专业化、工业化、标准化、信息化等生产实践的基本技能。

职业化教育和培训，价值在于为社会工业化、产业化、经济发展提供源源不断的技能型人才保障。促使和帮助受教育人群懂得岗位作业工艺、培训后上岗就业、接受和应聘各类职业岗位，获得岗位作业基本技能。

中国有句俗语：十年树木，百年树人。其揭示了教育的根本价值，就是给国家提供具有崇高信仰、道德高尚、诚实守法、技艺精湛、博学多才、多专多能的人才，为国、为家、为社会创造科学知识和物质财富，推动经济增长，推动民族兴旺，推动世界和平和人类发展。

（十三）教育过程

教育过程自出生开始并持续终身已被广泛接受。有些人甚至相信教育可以开始得更早，一些父母让子宫里的胎儿听音乐和故事，希望对孩子发展产生影响。"教育"一词来源于拉丁语 educare，意思是"引出"。教育具有多方面功能：保证人类延续、促进人类发展的功能，促进社会发展的功能，选择功能。

社会根据受教育程度选拔人才。人通过受教育实现社会地位的变迁。教育伴随着人类社会的产生而产生，随着社会的发展而发展，与人类社会共始终。

（十四）教育类型

1. 幼儿教育

幼儿教育主要指的是对3~6岁年龄阶段的幼儿所实施的教育，幼儿教育是学前教育或说早期教育的后半阶段，前面与0~3岁的婴儿教育衔接，后面与初等教育衔接，是一个人教育与发展的重要而特殊的阶段。"重要"指的是它是一个人发展的奠基时期，许多重要能力、个性品质在这个时期形成基本特点；"特殊"指的是这个阶段是儿童身心发展从最初的不定型到基本定型，转而可以开始按社会需求来学习并获得发展的过渡时期。

2. 正规教育

社会、群体或私人开设课程教育人们，通常是年轻人。正规教育比较系统完整。正规教育体系传授理想或有价值的知识，但有时会出现滥用情况。

3. 成人教育

终身教育或成人教育在许多国家已经非常普及。成人教育经常称为成人学习或终身学习。成人教育意义是负担成人社会角色人进行有系统持续的学习活动。其目的在促进知识、态度、价值和技巧上的改变。成人教育早期曾被认定为一种扫除文盲，教导民众基本读、写、算术技能的活动，后逐渐拓展至以应技术变迁的需要而提升个人知识能力为目的的活动。

4. 高等自学教育

针对在职人群，因工作需要用学历而没时间去进行脱产学习，在工作期间自学通过国家统考的教育方式。

5. 开放教育

以学生和学习为中心，取消和突破对学习者的限制和障碍，对入学者的年龄、职业、地区等方面没有太多的限制，学生对课程选择和媒体使用有一定的自主权，在学习方式、学习进度、时间和地点等方面也可以由学生根据需要决定，在教学上采用面授、多种媒体教材和现代信息技术手段等。

6. 远程教育

远程教育是通过互联网等方式进行授课的方式。

7. 教育实施

"教，上所施下所效；育，养子使作善也"，语出东汉许慎《说文解字》。教的方法，就是上行下效。比如家长教孩子孝道，自己就要身体力行，孩子自然也会做到。推而广之，要教别人首先自己要先修身，先做到，然后再用身教言教去影响人，甚至达到不言而教的效果。育，老祖宗认为教书育人的首要目的是使孩子做一个善人，而不仅仅是学习知识和专业技能。那什么是善？善的标准是什么？假如做教育的人心中都不知道标准，那教育一定不会是圆满的；假如他知道善的标准，就能够把握住每一个教育的机会。

（十五）教育观

从19世纪40年代起，马克思和恩格斯的许多著作就提出了马克思主义教育观的初步原理（比如《资本论》第1卷，第13章；《德意志意识形态》第1卷，第1部分；《哥达纲领批判》第4部分；《共产主义基本原理》）。正是在这一基础上逐步形成了较系统的教育理论。十月革命及其对马克思主义教育实践的需要，大大推动了这一理论的发展（列宁、克鲁普斯卡娅、勃朗斯基、马卡连柯）。实际上，马克思主义的教育理论基本是一种实践的理论。对此做出贡献的一些重要人物有倍倍尔、饶勒斯、蔡特金、李卜克内西、葛兰西、郎之万、瓦伦、塞夫。许多研究者当前正致力于进一步发展这一理论。

该理论的主要组成部分有以下几点。

第一，对所有儿童一律实行义务免费公共教育，以确保消灭文化或知识的垄断，消灭教育的种种特权。在最初的表述中，这只能是一种由各种公共机构所办的教育。当时之所以这样提，是防止工人阶级恶劣的生活条件阻碍儿童的全面发展。后来，明确地提出了其他目标，比如必须削弱家庭在社会再生产中的作用，必须根据平等的条件来培养儿童，必须利用社会化的群体力量。无疑，最成功的革命教育实验，从马卡连柯学校到古巴的学校，都是按照社会的方案来进行的。

第二，教育与物质生产相结合（或用马克思的话来说，就是把智育、体育和生产劳动结合起来）。这里所包括的目标，既不是进行较好的职业训练，也不是反复灌输职业道德，而是通过确保人人充分了解生产过程来消灭体力劳动与脑力劳动之间、观念与实践之间的历史形成的差距。这一原则在理论上的正确性虽然为人们所广泛承认，但其实际运用却遇到了许多问题（许多半途夭折的或只是部分获得成功的试验就证明了这一点），这在科学技术迅速变革的条件下，尤其如此。

第三，教育必须确保人的全面发展。随着科学与生产的重新结合，人能成为完全意义上的生产者。在这一基础之上，所有的人无论男女，其潜力都能得到施展。这样将出现一个能够满足普遍需求的世界，使个人在消费、娱乐、文化的创造和享受、社会生活的参与、人际交往以及自我实现（自身创造）等社会生活的各个方面充分施展才能。这一目标的实现，特别需要改变社会分工，而这是一项艰巨的任务，迄今仅处于开创阶段。

第四，社会在教育过程中被赋予新的巨大作用。学校的内部集团关系的这种改变（从竞争转向合作和支持）意味着学校与社会之间的关系将变得更为开放，并以教与学的相互促进和积极配合的关系为前提。

以上所概述的理论并没有终结。对上述原则的解释或依据上述原则所进行的实践，还存在许多进退两难的问题。在马克思主义者之间以及在马克思主义者与非马克思主义者之间，正在对下列问题进行辩论：人的个性问题，"本性与教养"的问题，学校和教育在流行的社会决定论范围内创新的可能性，以及教育的内容、方法、结构在促进社会变革中的相对重要性。

（十六）教育历史

欧洲：在西方，教育的起源受到宗教组织的巨大影响，神父们认识到教育的重要性，建立起学校体系。在欧洲，许多最初的大学都有天主教背景。苏格兰宗教改革之后建立了新的国立苏格兰教会。

中国：中国教育开始于中国古典著作，而不是宗教组织。早期中国任用受教育的官员管理国家，用来选拔官员的科举考试制度建立于隋朝，唐朝的唐太宗完善了科举制度。19世纪末，何子渊、丘逢甲等先贤开风气之先，成功创办雨南洞小学、同仁学校、兴民中学、石马两等小学等新式学校，为后来风起云涌的辛亥革命和国家建设培养了大批宝贵人才。随后中国现代教育体系不断得到完善和加强。20世纪90年代，中国的教育体系又有了较大变化，私人资本重新进入教育领域。

日本：日本教育的起源与宗教密切相关。学校是培养想要研究佛教、成为僧侣的年轻人的庙宇。后来，想要学习的孩子就要去"Tera-koya"（意为庙宇小屋），学习如何读写日文。

印度：印度的制度化教育已有很长的历史，据考证在佛教兴起之前印度已经有了完善的教育制度。其教育的现代化可以分为殖民地时期和独立后两个大的发展阶段。殖民地时期是印度教育现代化的启动阶段，包括：传统教育向现代教育的过渡时期（1498～19世纪初）；殖民地印度教育体系的形成时期，即印度教育的西方化时期（19世纪初～20世纪初）；民族教育的兴起和发展时期（20世纪初～1947年独立）三个时期。1947年独立以后，印度教育进入全面发展阶段。

（十七）教育理论

普通教学论、教育学、教育革新、教育价值、教育哲学、教育基本理论、教育法学、教育管理学、信息技术教育、教育技术学、育工学、教育工艺学、教育经济学、教育心理学、教育社会学、教育未来学、学校卫生学、比较教育学、教育统计学、教育传播学、教育效益学、教学科技、学前教育、教育评价学等。

（十八）教育分类

生命关怀教育、孝悌教育、道德教育、胎教、学龄前教育、少儿教育、经典教育、初等教育、中等教育、高等教育、计算机教育、义务教育、终身教育、职业教育、成人教育、开放教育、继续教育、干部教育、远程教育、函授教育、工读教育、数学教育、语言教育、阅读教育、科学教育、资讯教育、社会科学教育、艺术教育、家庭教育、特殊教育、资优教育、补习教育、一对一教育等。

（十九）教育法律

《中华人民共和国未成年人保护法》《中华人民共和国预防未成年人犯罪法》《中华人民共和国国家通用语言文字法》《教育行政法规》《全国中小学勤工俭学暂行工作条例》《国务院征收教育费附加的暂行规定》《扫除文盲工作条例》《幼儿园工作条例》《学校体育工作条例》《学校卫生工作条例》

《禁止使用童工规定》《教学成果奖励条例》《残疾人教育条例》《教师资格条例》等。

（二十）教育行政规章

《幼儿园工作规程》《小学管理规程》《特殊教育学校暂行规程》《流动儿童少年就学暂行办法》《中小学图书馆（室）规程》《中小学校实验室工作的规定》《普通中小学教材出版发行管理规定》《普通中小学音像教材出版复录发行管理规定》《中小学校电化教育规程》《中学班主任工作暂行规定》《中小学校园环境管理的暂行规定》《普通高级中学收费管理暂行办法》《中小学校财务制度》《教育督导暂行规定》《示范性高级中学评估验收标准》《中小学教师继续教育规定》《中小学校长培训规定》《小学教师职务试行条例》《中学教师职务试行条例》等。

（二十一）读经教育

开篇——提倡儿童读经缘由。祖宗虽远，祭祀不可不诚。子孙虽愚，经书不可不读。废经废伦，治安败坏根由。贪瞋痴慢，人心堕落原因。欲致天下太平，须从根本着手。图挽犯罪狂澜，唯有明伦教孝。误根本为枝末，认枝末为根本。求为解决问题，反倒制造问题。君子唯有务本，本务邦国自宁。

俗云，"教儿婴孩，教妇初来"，儿童天性未污染前，善言易入，先入为主，及其长而不易变，故人之善心、信心，须在幼小时培养。凡为父母者，在其子女幼小时，即当教以读诵经典，以培养其根本智慧及定力；更晓以因果报应之理，敦伦尽分之道。若幼时不教，待其长大，则习性已成，无能为力矣！

三字经曰，"养不教，父之过；教不严，师之惰""教之道，贵以专"。故一部经典，宜读诵百至千遍，苏东坡云："旧书不厌百回读，熟读深思子自知。"教学，坏在盲目博与杂，且不重因果道德及学生读经、定力之培养，至有今日之苦果。企盼贤明父母师长，深体斯旨，此乃中华文化之命脉所系，中华子孙能否长享太平之关键，有慧眼者，当见于此。

（二十二）教育方法

通常所说的教育，都是指校园教育，具有通用的区域或国家标准教材，有指定的教师，进行课堂口授讲述，辅之以板书和作业，结合测验、抽查考试、期中和期末考试，加上升学考试，再进入职业生涯。至于案例教学，则是职业教育中比较成功的手段。借助信息化，把教育中可能遇到的种种技术和管理问题，更加精确地描述，让更多的人才在先进的教育技术条件下更快、更多地学习接受科学知识。

（二十三）教育差异

西方教育大都是基于人文思想而展开的，从小开始培养人的实践和分析能力。鼓励思想的自由，并对自己的言行负责。教师起的作用，主要是指引者，往往好像朋友一般和学生一起去探讨问题，对于学生的疑问，经常指向图书馆，让学生自己去寻找资料，自己做出判断，尽可能地不去影响学生的自主思考。欧美国家的小学生常做的家庭作业就是实验报告，你研究了什么，怎么做的，观察到了什么，有什么结果和结论，参考了哪些文献。研究的对象和问题很小，常常只是一支铅笔的滚动、糖和盐的溶解等（重要的不是大和小，而是方式方法）。它最大可能保护了人类创造力的根源——思想的自由和自主。（我认为，人类之所以在这个世界处于统治地位，就是因为人类的创造力！人类创造工具并使用它，在已知的生物中，只有人和黑猩猩有创造工具的行为）这也就是为什么近代和现代绝大多数发明和发现出现在西方的主要原因。同样，它也有缺点，有局限性。它注重分析，缺乏综合思考能力的培养。分析就好像一条射线一样，确定了方向，就一步一步地走下去，很少去反思出发点。它"喜新厌旧"，重视个体的创新，常忽略个体对已有知识的累积。美国教育部长也说"我们国家的教育是彻底失败的，我们把人教成了肉机器"，就是出于西方教育缺乏综合思考能力和横向思维能力的培养而说的（横向思维——人与电脑的根本区别，例：有十块钱和一块钱，拿哪个？答拿十块或拿一块的，即纵向思维；答都拿或都不拿的，即横向思维）。

历来中华教育的主体是通过儒家思想表现出来的，因为儒家有"忠孝"的思想，所以当权者就把教育工作主要交给儒家来负责，以便统治，而国家行政是否也以儒家思想为标准，是另一码事（汉、唐皆是"内用黄老，外尊儒术"；宋朝尊敬文人，但不以儒家思想为唯一的行事准则；元朝是外族入侵，血泪斑斑；明朝遵循的是程朱理学，是儒家思想的分支；不在这里讨论清朝）。这种教育注重综合，讲究内在，对已知的知识不断累积，故有"温故而知新"，又善于多方位进行思考，"功夫在诗外"就是这个意思。它的不足之处就是对思想的自由有一定的禁锢，使人缺乏创造力，条理性、系统性不强，不够精确，学生往往好高骛远，眼高手低，认为已经了解了事物的总纲，其他的也就那么回事，不肯脚踏实地地研究分析事物的细节。这也是宋朝之后再没有什么大的发明、发现出现的一个原因。

近代中国的教育经受了西方教育方式的冲击，出现了对立并存的情况，或者说，这是中西方思想的一次强烈碰撞，教育方式的不同只是其中差异的体现。故有"以夷制夷"，有"拿来主义"。坚持自我，也是一条路，在台湾、在东南亚，都有使用中华传统教育而非常成功的例子，他们一贯坚持德育，同样培养出很多优秀人才。（培养出大多数优秀公民的教育才是成功的教育，而不是凤毛麟角地出几个名人或科学家，国家是否强大，取决于大多数国民本身的素质。）但是中国现行教育体制问题仍旧存在，尤其是在大学阶段，其素质教育的本质还是不能很好地体现出来，更多的还是以一种应试教育的形式体现。

（二十四）义务教育

1986年4月我国颁布了《中华人民共和国义务教育法》（简称《义务教育法》）。这是我国首次把义务教育用法律的形式固定下来，也就是说适龄的儿童和少年必须接受九年义务教育。《义务教育法》的制定标志着我国基础教育发展到一个新阶段，虽只有18条，但"国家实行九年制义务教育"从此成为法定义务。

最新的《中华人民共和国义务教育法》已由中华人民共和国第十届全国人民代表大会常务委员会第二十二次会议于2006年6月29日修订通过，自2006年9月1日起施行。经过两年的过渡，中国已于2008年秋季在全国范围内实施名副其实的义务教育。

义务教育是根据法律规定，适龄儿童和青少年都必须接受，国家、社会、家庭必须予以保证的国民教育。其实质是国家依照法律的规定对适龄儿童和青少年实施的一定年限的强迫教育的制度。义务教育又称强迫教育和免费义务教育。义务教育具有强制性、免费性、普及性的特点。

《义务教育法》规定的义务教育年限为九年，这一规定符合我国的国情。我国的义务教育学制的实际情况主要有"六三制"（即小学六年制、中学三年制）、"五四制"（即小学五年制、中学四年制）和"九年一贯制"三种学制。其中还有少数地区实行"八年制"（即小学五年制、中学三年制）的义务教育，但这些地区也正在抓紧实现由八年制向九年制的过渡。从我国学制状况看来，九年制或八年制的义务教育包括了初等义务教育和初级中等义务教育两个阶段。适龄儿童、少年按规定在义务的教育学校完成了九年或八年的义务教育学习，即可达到初中毕业的文化程度。

（二十五）教育目的

教育目的是由人提出和制定的，体现着人的主观意志。由于人们对教育持有不同的价值观，在制定教育目的的依据等问题上便形成了不同的主张。从一般教育理论层次上来说，教育核心目标就是激发学生的内在潜能，使其各方面得到最充分的发展。

（二十六）养成教育

为孩子们提供上进、融合、坚忍、友爱、感恩的氛围教育，志在为中国子女打造健康、独立的性格，培养孩子优良的学习、生活习惯，帮助其构建正确的人生观、价值观和健全的人格。

（二十七）职业教育

职业教育的本质包含四个方面：一是以人为本，二是因材施教，三是科学管理，四是文化塑造。职业教育的核心内容包括：一是以终身教育理念为基础，强调职业教育体系的包容性、开放性、灵活性；二是从促进国家经济发展的角度出发，强调职业教育体系的劳动力市场适应性；三是从学习者的角度，以提高质量和促进流动性为核心，强调各层次职业教育间及职业教育与其他类型教育间的衔接沟通，为学习者提供畅通、便捷的教育转换和晋升路径。

七、欢乐教育

欢乐教育，顾名思义，就是教师开心欢乐地从教、乐教、享教，幼儿幸福愉悦地求知、进步、成功。师幼是朋友、是伙伴、是亲人，紧密地联结在一起，同学习，共欢乐，师幼一同幸福成长。

（一）欢乐教育概念

欢乐教育概念界定为：欢乐教育的主体是幼儿和教师，客体是幼儿园、家庭和社会。欢乐教育是一个主体不断得到满足并产生价值贡献，客体享受价值贡献并持续供给条件的良性循环机制。

欢乐教育，就是能给幼儿带来开心和欢乐的活动课程，能让幼儿面带微笑、参与其中、尽情融入的感觉状态，师幼互动、融为一体、和谐共生的人生境界，感悟累，并欢乐着，痛，并幸福着的生命真谛！

欢乐教育即教师乐教，幼儿乐学，幸福愉悦的体验贯穿欢乐教育始终，整个过程人人和谐、自然，心情舒畅，幼儿的身心及社会适应健康水平不断提升，幼儿得到生动、活泼、主动的全面发展，追求幸福欢乐的教育。

欢乐教育，是指教师正确运用适合幼儿年龄特征的教育方法、手段，营造与家庭相似的幸福、欢乐的环境，以人性的教育激发幼儿兴趣和内在发展需要，促使幼儿在和谐发展的基础上感受欢乐，体验欢乐。

欢乐教育就是一种用欢乐的学习环境去唤醒幼儿的学习经验，激活幼儿情思的教育。欢乐教育的艺术，是唤醒幼儿天生的好奇心并在未来满足它的艺术，而好奇心本身的鲜活及益处与内心的满足及欢乐成正比。

欢乐教育是教师有目的、有组织地在教育教学活动中发展幼儿的学习兴趣，要把幼儿的欢乐与幸福作为教育核心，启发幼儿学习的自发性，主动适应现代化建设的要求，增强幼儿的积极体验来培养幼儿的积极品质。

（二）欢乐教育内涵

欢乐教育是以幼儿愉快发展为本的教育，强调幼儿园一切工作的出发点和归宿点都是为了全体幼儿全面和谐、主动、生动活泼、终身持续的愉快发展。在欢乐教育研究中，要注重把握内涵，对它进行辩证理解，特别在认识上明确两个问题。

第一，欢乐教育不是不要刻苦学习。

从心理学角度来分析，欢乐与刻苦属于两个不同的心理品质，欢乐属于情感的心理品质，刻苦属于意志的心理品质，两者没有对立的矛盾关系。从本质上讲，学习是一种艰苦的劳动，需要付出时间和精力，很难真正轻松、舒服。同时，学习也是一种欢乐的劳动，因为幼儿通过学习掌握很多新的知识，不断加深对奥秘无穷的自然界和人类社会的认识，使自己的聪明才智得到发展，从而体验成长中的欢乐。刻苦的动力有很多种，有的人志存高远，想成就一番大事业。有的人想做成一件事，因为有目标，所以投入极大的精力、付出艰苦甚至是长期的努力。幼儿年龄比较小，还谈不上有远大的理想，也少有为实现目标而自觉地表现出坚强的意志。因而，实施欢乐教育要从培养幼儿的学习兴趣入手，使幼儿感受到学习活动过程经过他们自觉地刻苦学习而增知增智。简言之，欢乐教育追求的是刻苦学习、欢乐体验。

第二，欢乐教育绝不是放松管理。

幼儿的成长需要教师、家长的积极引导和严格要求。欢乐教育对幼儿严格要求主要体现在引导幼儿学习做人方面，要让幼儿能够体会到严格要求是自己成长的需要，只有严格要求才利于自己成人、成长，从而用积极的心态面对与接受管理，并能够感悟到经别人指出缺点，及时加以改正，是最大的欢乐。在欢乐教育的实施中要通过长期严格的要求、反复训练让幼儿养成良好的学习、生活习惯，使幼儿终身受益。

（三）欢乐教育观

欢乐教育倡导幼儿主动参与、乐于探究、勤于动手，培养幼儿搜集和处理信息的能力、获取新知识的能力、分析和解决问题的能力以及交流与合作的能力。教师在进行教育活动设计时要充分体现幼儿为主体、教师为主导、活动为主线的新理念，从培养幼儿学习的自主性角度出发，由教师讲解转向采用自主、合作、探究的学习方式，掌握知识，培养能力，引导幼儿自主学习，促进幼儿学习方式的转变。教师在教育活动设计中应着重在如何组织、引导幼儿学习上下功夫，创设问题情境，给幼儿提供充分的自主学习的时间和空间，给幼儿提供合作探究的平台和展现幼儿成果的舞台。

欢乐教育蕴含着和谐的师幼关系，欢乐教育的和谐是指幼儿乐学，教师乐教，师幼在教育活动中充满生命和谐的律动和双方生命情感碰撞的愉悦情感体验。

（四）欢乐教育目标

欢乐教育主张从情感入手，促进幼儿愉快发展。其具体目标概括为六句话：乐于读书，勤奋为乐；乐于服务，助人为乐；乐于锻炼，健体为乐；乐于交往，合作为乐；乐于参与，实践为乐；乐于开拓，创新为乐。这六句话，具有三个层次的含义。

第一，它突出了幼儿在幼儿园教育教学活动中要获得积极的情感体验。"乐于……"是一种行为，"以……为乐"是一种认识。在幼儿的行为和认识中，始终贯穿着积极的情感体验。

第二，它渗透着幼儿园教育教学活动对幼儿积极的生活态度的一种导向。欢乐不仅仅是一种心情，还是一种认识和行为，一个欢乐的人才是最具有创造力的人。

第三，在幼儿的发展上，读书、勤奋，服务、助人，锻炼、健体，交往、合作，参与、实践，开拓、创新等，涵盖了对幼儿在德、智、体等方面全面发展的要求，引领着幼儿乐观向上、身心健康、全面发展。

（五）欢乐教育精髓

欢乐教育精髓指课堂设计，灵活随机；导入形式，富有新意；律动穿插，动静交替；组织教学，充满游戏；师生互动，真情传递；开心快乐，永恒主题。

（六）欢乐教育宗旨

欢乐教育宗旨指通过教育让每一个幼儿追求幸福人生，要求教育不仅关心幼儿今天的学习，更要关心幼儿未来的发展；不仅关注幼儿园教育，还要关注家庭教育和社会教育。欢乐教育是以幼儿园教师和幼儿开心欢乐为导向的教育，是能够较快检验教育能否使人达成幸福目标效果的教育。

（七）欢乐教育工程

欢乐教育是一项系统的育人工程，不仅要引领幼儿学习知识，还要教会幼儿养成良好的品德习惯，学会生活，学会做人。因此，幼儿的欢乐除了要体现在教学活动这一主阵地以外，还应落实在欢乐教育的每一个环节上。

（八）欢乐教育的组织与实施

欢乐教育的组织与实施是提高幼儿整体素质的重要途径，让幼儿成为课堂上的欢乐天使。欢乐教育将人的主体活动和在这种活动中的体验即情意因素提到了它应有的重要位置上。幼儿掌握知识的过程，实质上是一种探究、选择和创造的过程，必须拆除阻隔幼儿园与社会、课程与生活之间融会贯通的藩篱，使幼儿由被迫接受学习转而以学习为乐并形成积极主动的学习态度，培养其积极健康的情感，引导幼儿学会学习、学会合作、学会生存、学会做人，在欢乐学习中关注幼儿的全面发展，培养幼儿具有社会责任感、健全人格、创新精神、实践能力、终身学习的愿望和能力以及良好的信息素养和环境意识。

（九）欢乐教育意义

在欢乐教育活动过程中，幼儿积极愉悦的情绪体验既可以提高其身体的免疫能力，促进其生理健康，还能提升幼儿与教师配合、交流沟通、情绪控制等体验欢乐、追求欢乐的能力，维持和促进其心理健康。同时，在教师引导下积极应对各种挑战，将大大促进幼儿的身体健康和社会适应能力，调动幼儿的学习积极性和主动性。

（十）欢乐教育的构成要素

欢乐教育的主要构成要素包括：教师、幼儿、活动（活动区、活动内容、活动形式等）。教师是主导，是欢乐教育作用发挥的关键因素；幼儿是主体，是欢乐教育的核心，幼儿综合素质发展状况始终是检验欢乐教育效果的一面镜子；活动是连接教师和幼儿的纽带和桥梁，是欢乐教育实施的主要平台。

欢乐教育要依赖其各要素及其相互配合才能发挥综合教育效能。幼儿是学习的主体，教师是学习的主导，教育的艺术魅力主要展现在教育活动过程中，教育活动的意义和价值又远远超出其本身，因为教育活动过程教学相长，富有创造性，大量生成性教学资源往往也产生于此过程。师幼在教育活动过程中合作、共享、共担，创设和营造愉悦、幸福、和谐的教育教学环境，以丰富多彩的教学内容和形式多样的活动充分发挥欢乐教育的综合影响力。

（十一）欢乐教育的影响因素

欢乐教育受多种因素、障碍的制约，它们影响着欢乐教育各构成要素作用的发挥，也降低了各要素间相互配合的教育效能，主要表现在如下方面。

其一，对欢乐教育内涵理解有偏差，表现为单纯地营造一种表面热闹的气氛，刻意追求幼儿的欢声笑语，单纯地为欢乐而欢乐，缺乏通过自身努力体验发自内心的欢乐。教育离不开欢乐，但欢乐不是教育的最终目的。

其二，教育功利化思想的存在是严重影响教育和谐的障碍，表现为急功近利、拔苗助长，根本不考虑教育规律和幼儿的身心发展规律，生搬硬套，直接影响幼儿学习积极性以及身心健康发展。

欢乐教育有着鲜明的时代特征，要求教师高度关怀幼儿的心理感受，使每一名幼儿都有一个欢乐的童年生活，促进幼儿生动活泼、主动地发展以及综合素质的提高，推进幼儿教育质量的全面提升。

践行欢乐教育的理念，营造欢乐教育的时空，将尽情、尽兴地表演、讨论、讲解、示范等融为一体，与幼儿打成一片，真正走进幼儿的心灵世界！

第三章　欢乐教育的理论基础

教育，源自内心的欢乐
欢乐，源自幼儿的童趣

正当师幼尽兴同乐之时
恰逢斯宾塞快乐教育

自此，欢乐教育
犹如插上了腾飞的翅膀
点燃了燃料的火箭
开启了一路欢歌笑语

＞＞＞

18、19世纪是近代教育蓬勃发展的时期，涌现出了一大批杰出的教育家，斯宾塞是西方快乐教育理论的真正创建者，他接过前人特别是英国传统乐趣教育的接力棒，鲜明提出并构建了与兴趣教育密切相关的快乐教育理论体系，使最早由柏拉图提出、夸美纽斯初建的愉快教学观达到一个前所未有的境界。从柏拉图到夸美纽斯，再到斯宾塞，标志着西方快乐教育思想发展的"三级跳"。斯宾塞基于自然主义教育心理学和功利主义幸福快乐论，在英国传统乐趣教学的基础上，创造性地形成了体系完备、理论与实际结合的快乐教育思想。

赫伯特·斯宾塞（Herbert Spencer，1820~1903），英国著名实证主

义哲学家、社会学家和教育家，近代自然科学教育运动的倡导者。著名教育学家杜威称他为"教育史上的一座纪念碑"。其快乐教育理念像一阵春风为教育带来新的生命力，对后世影响深远。

斯宾塞是英国一位对多学科建设有突出贡献的综合哲学家，正如他自己所说的"我曾以大半生的岁月留下了数十卷著作，从地理学到天文学，从生物学到心理学，从伦理学到社会学"，还有"有关教育的思考"。

斯宾塞可谓天才，他没读过大学，靠自学成才，曾获诺贝尔奖提名，他未婚无子，办学、教学经历也很有限，但却十分熟悉近代教育理论，写出了影响巨大的《教育论》和深入浅出的《快乐教育书》。也许正是这样的特殊经历，才使他在学习、教育上特别强调个人自学、实用科学和兴趣快乐。

斯宾塞是教育改革的先导，他认为，世界上最好的教育本质上都是快乐的，他极力倡导快乐教育，反对无视学生身心发展规律的教育方式。他主张从情感入手，以情感为动力，以人为本为出发点，激发学生的学习兴趣，唤起学生的自觉性、主动性和创造性，并且能够体验成功的快乐。他的快乐教育，具有富于人性的教育思想和奇妙的开创性的教育方法，在他的精心培养下，他所抚养的孩子小斯宾塞获得了剑桥大学的博士学位。斯宾塞深切地了解孩子的天性，了解他们的喜怒哀乐，所以他能够在妥善驾驭孩子天性的同时，做到真正的寓教于乐。

综观斯宾塞的学术思想和教育观点，大致说来，他在哲学上信奉实证主义，在伦理学上倡导功利主义，在社会学上主张进化论，在人生目的和教育目标上追求幸福快乐和完美生活，在知识学习和课程上是有用价值论和科学论者，在教学原理上是自然和心理论者，在智育和教育方法上提倡自我教育和兴趣快乐。

斯宾塞最早在《智育》中表达了对快乐教育的基本观点，其中最有名的一句话是："教育当使其愉快，而一切教育当使其有趣。"他在晚年又将其一生的教育观点和经验概括为"快乐教育"，并汇集在《斯宾塞快乐教育书》。在这本札记自传体的、西方第一本快乐教育专著中，他探讨了"快乐教育和自我教育的一些原理"，并宣称"快乐教育是我所主张的""应当以快乐的方法来教育青少年"。此外，斯宾塞的有关文章还引发过教育界、宗教界及公众对"快乐教育"的争论，并"曾成为英国的一件要事"。

斯宾塞提倡实科教育并非常强调实用、自主和兴趣等教学原则。他提出快乐教育的理念，"教育的目的是让孩子成为一个快乐的人，教育的手段和方法也应当是快乐的"。斯宾塞反对传统教育中的强迫和灌输学习，主张帮助儿童掌握自主学习的能力，尊重儿童的兴趣爱好，并采用鼓励等方式，引导儿童探索知识，寓教于乐，寓教于做，把快乐融入教育的全部过程之中。此外，斯宾塞还十分注重对儿童的家庭教育，强调家长教养素质的提高。在他看来，对儿童的教育过程本身也是父母不断进步的过程，家长应当像学习工作技能一样认真地学习教养子女的知识。

一、斯宾塞快乐教育论的基础

（一）自然主义教育与心理学

自然主义教育思想奠基于夸美纽斯，集大成于卢梭，后发展于裴斯泰洛齐、福禄贝尔和第斯多惠等，其显著特点是"引证自然"，工业革命后转向寻求心理学论证方式的支撑。特别是对斯宾塞有较大影响的裴斯泰洛齐倡导"教学过程心理学化"，掀起"教育心理学化运动"，给19世纪西方教育者起到了"洗礼"作用。斯宾塞的快乐教育论及早先的赫尔巴特以"多方面兴趣"为基础的教育目的论和课程教学论等，都是在这种背景下产生的。

如果说赫尔巴特找到了"兴趣"，那么斯宾塞则得到了"快乐"。斯宾塞指出，随着工业革命的发展，"我们逐渐认知心理的发展有其自然的程序，我们不应采用不自然的方式，强加之于正在发展的心能。心理学告诉我们以供求的定律，我们若要避免因错误而致害，就应遵循这一定律"。其中，"在这些改变中，其关系最为重大的，是一种方兴未艾的愿望，要使求知成为愉快而非苦恼的事件。""所以我们选择学科的程序和方法时，必须使学者能够发生兴趣。这样，就是顺从自然的命令，而使我们的进程符合于生命的规律。如是，我们已接近于往昔裴斯泰洛齐所宣述的主义了。"

《斯宾塞快乐教育书》中明确指出，"我倡议孩子快乐地写作，就与倡导对孩子进行快乐教育那样，皆是源于孩子自然属性所提出来的。以我来看，没有一种教育方法能超过顺应孩子自然的兴趣更有益、更有效了"。

为此，他批判了旧式教育中的独断教条、严苛训练、烦琐限制、虚伪禁欲以及过于人为的方法，强调要适应儿童心智发展顺序，按照从简单到复杂、从粗略到精确、从具体到抽象、从现象到理论、从经验到推理、从传授到自学的规则进行教育教学。

（二）功利主义教育与快乐论

19世纪上半叶在英国出现的以边沁、穆勒和斯宾塞等为代表的功利主义者，发展了自古希腊以来的快乐主义或幸福主义，认为人类行为的动因是趋乐避苦，人生目的在于追求幸福快乐，反对禁欲主义、宗教道德和仁爱的道德说教。其中斯宾塞在教育中的影响最大，他将功利主义快乐论引入教育过程，强调完美生活、幸福快乐和个人生存、人皆利己的人生价值和衡量标准。他说，在宗教盛行时代，人们根据"禁欲自苦的原则"行事，认为拒绝满足儿童欲望愈甚，则认为其道德愈高，而亦为最好的教育。"今则不然，快乐幸福已认为人类应有的目的……儿童的欲望应该予以正当的满足，儿童的运动亦有鼓励的必要。而他们正在发展的心理倾向，并不是如所设想的那样恶魔似的。"在他看来"凡天然的生物，都有一定的规律，需要的满足，必生愉快。而使这种愉快又成为求得满足的刺激"。这一规律运用于教育，"就是在每一年龄阶段，凡儿童所爱好的求知活动，都是健康的，反之则否。现在有一种广泛的见解，认为儿童爱好某种知识的时候，亦就是他正在发展的心灵适宜于吸收这种知识，以满足其生长需要的时候。反之，当他厌恶这种知识的时候，亦就是标志着这种知识非教之过早，即是教之不得其法，而为儿童所不能接受。所以幼儿教育当使其愉快，而一切教育当使其有趣"。

（三）英国传统的乐趣教学观

从英国教育思想发展中不难发现，自近代弥尔顿特别是洛克以来的教育家们大都重视"绅士教育"，在教育目的上历来将"有学问"或"有知识"排列在身体健康和有德行、有智慧、有礼仪之后，强调良好心智、风度、性格的养成和心理发展。即便是知识、学问的教学，也都要求传授时代需要的有用、实用或有价值的东西，并侧重培养学生对这些知识、学问的爱好、尊重和求知方法的掌握。

在教学法上,有着锐意革新和提倡乐趣教学、游戏教学的一贯传统。其可谓既是典型的"形式教育论",也为有明确功利取向的"实质教育论"。比如,洛克主张智育不在多学,而重在乐学、爱学、会学,因为他以为有知识而无德、无智,不但没用,反而更坏,况且教给儿童的(如拉丁文、逻辑等)还是一辈子也不怎么用的知识或玄奥理论。在教学过程中他十分关注儿童心理意向,重视乐趣教学,强调注意把握儿童喜好和兴趣上的有利时机,甚至希望把学习过程变成游戏或娱乐过程。所以,"很多评论家都呼吁人们注意洛克对观察幼童游戏,把游戏当作一种教学方法以及依据幼童的兴趣进行教学等问题的关注",并声称"洛克是儿童中心论教育的首创者之一"。

斯宾塞早年曾发表过对洛克《教育漫话》的评论,而且他的论述中也留下不少洛克的痕迹,无疑是受其思想影响的。又如,英国导生制倡导者皮兰斯(J. Pillans,1778~1864)也主张用适合儿童的方法使学习像玩耍一样快乐,并在乐趣教学中发展心智。斯宾塞明确说,他提出"用快乐的原则进行教育"受到了皮兰斯的启发。因此,我们不妨将英国传统的乐趣教学观视为斯宾塞快乐教育思想的一个基础或背景。应该说,斯宾塞既继承了这个传统,又创造性地发展了它,使之形成系统的快乐教育理论。

二、斯宾塞快乐教育论的主要观点

(一)快乐在教育上的重要意义

关于快乐或愉快在教育教学中的作用问题,斯宾塞前后的教育家都有不少论述,但他的观点最为全面和深刻。总的来看,斯宾塞在人生哲学和伦理道德上几乎将快乐与幸福等同看待,在教育上基本将快乐与兴趣视为一致,并将其作为教育、学习乃至人生的一个重要命题,非常重视快乐的重大意义,主要有以下几点体现。

1. 快乐是走向成功成才的重要因素

一个人的成功与其说是知识多或智力高,不如说是个性品质好,特别是那些有德行、有志向、无功利、快乐做事的人,往往能战胜困难,脱颖而出,达成目标。对此,斯宾塞也感同身受,看重"内心的品质",特别是"快乐地付诸实践的人"。他说,"那些迫切培养孩子心智而不顾及儿童生理特点的成人,他们都忘记了:在社会上获得成就,依靠强行灌输知识的较少,而依靠一个人的兴趣、精力的较多"。

2. 快乐是最佳学习效果的重要前提

"教学的效率显然是与学生从事那件工作时所得到的满足程度成正比的。"要明白怎样教育儿童,首先要清楚他们在什么情况下学习最有效。斯宾塞说,"经过我数年来对小斯宾塞的教育以及大量心理学的探究,我认为在快乐状态下孩子学习效果最佳"。从求知来讲,"儿童只能在自由、安逸而快乐的情绪中,头脑才能吸取知识"。从智力和人格上看,"当一个儿童处于非快乐的情绪当中,他的潜能难以发挥,智力就会降低"。而且这样下去"自信心会锐减。此时,尽管是一名伟大的教育家在面对孩子,也不会有什么好方法。唯一的方法,是先把儿童的情绪调节到快乐、专注、自信,接着才开始学习"。

3. 快乐是良好习惯养成的重要保障

"孩子的习惯产生于重复和快乐。"好习惯一生受益,但要有效养成好习惯,最好要合乎其愿、内外统一、发自内心。斯宾塞认为,习惯来自重复,也来自诱导。"人生最初的教师就是诱导,它总将外在的目的与被诱导者内心的需求与兴趣结合起来,它深深懂得所有人天性中对快乐的需求与对痛苦的排斥,它深深明白鼓励和惩罚、赞誉与批评对人造成的影响。正是由于诱导的原因,让所有习惯开始了它的初次,接下来第二次和第三次……"

4. 兴趣是快乐的源泉和原动力

斯宾塞认为,"兴趣与满足总可以带来快乐。所以,当我教给小斯宾塞某方面的知识时,先让他产生兴趣,接下来的工作就事半功倍了"。他说,"兴趣是求知和学习最大的动力""是儿童对事物的主动选择""孩子兴趣盎然,全神贯注,尽管汗水顺脖颈往下直流,甚至脊背被烈日晒脱了皮,儿童也毫不在乎,这便是兴趣的力量"。可以说,"任何东西都比不上满足孩子兴趣更具有吸取力,也没有任何东西比兴趣更可以使孩子做到自觉地忍受,即使是受累受苦"。

5. 快乐可以成就自我、实现终身教育

斯宾塞说,"教育之应成为自学的过程,并因此教学成为愉快的过程,其最后的理由,那就是愈能做到这样,教育就愈不至于立刻在学校时停止。倘若求知的事,素为学生所厌恶,则一旦离开了父母和教师的强迫,势必将放弃学业。倘若求知的事,素为学生所爱好,则昔日在督促下而自行教育,今日虽无督促,亦必能学而不辍了。此乃是必然的结果。"这是因为心理联想的定律——"引起痛苦回忆的事物和场所,人常恶之。引起愉快回忆的,人常喜之"。所以,"予以继续不断的快感,则从幼年开始的自我教育必将继续至终身了"。

6. 快乐有利于健康心智和性格的养成

斯宾塞强调,"还要考虑日常功课习惯引起的愉快或痛苦,有严重的道德后果"。在他看来,一个学有兴趣、学得快乐的人,因成功满足致使心智、脾气和健康等都得到好处。相反,一个厌恶学习而缺乏能力者,由于冷眼、威吓、惩罚而苦恼,因危险产生永久的沉闷、胆怯甚至体质上的忧郁,以至与教师及其所有教育计划发生对立。

(二)快乐的教育目标和评价标准

1. 快乐的教育目标

快乐的教育目标是帮助孩子成长为一个自治、自省和自我教育的人。斯宾塞把幸福快乐作为教育的一个有意义、有价值的目标,又将其视为人类应有目的和合法目标。他说:"长期以来,快乐总是被禁欲主义者当成人生的奢侈,可他们忽略了快乐本身,同样是正常有效的心智活动的一种前提。快乐于己于人,也是具有意义和价值的一种目标。"所以,"我们如果不是要回到禁欲的道德,就必须承认保持青年的快乐本身就是一个有价值的目标"。

此外,他还强调:"不管才是管教的目的。最高的教育目标,应当是培养一个能自治、自省和自我教育的人。"也就是说,"除传授知识以外,教育的目的之一即是培养儿童的自助能力。要清楚,传授知识,比起一个有机的生命完善自我、求知再综合为生命的思维而言,要简单得多"。

首先,斯宾塞认为,自由和自由地运用能力是天下人幸福的要求,也是人类和儿童的权利,但条件是:"每个人都有做一切他愿做的事的自由,只要他不侵犯任何他人的同等自由。"前者可用快乐表示,后者则意味着自制能力。他还指出,不能"靠牺牲品质来给予知识",虽然比传授知识重要得多的"发展智力是最困难的问题之一",但"能够靠教育实现的无论什么样的道德上的利益,都必须靠一种情感的而不是智力的教育去实现……只有通过反复唤醒适当的情感才能使性格发生变化。仅仅由智力接受的观念,如果没有得到来自内心的响应,对于行为是完全不起作用的,在进入实际生活后很快就会被忘记"。而且,"快乐的情感状态是比冷淡或厌恶的状态远远有利于智慧活动",在他看来,快乐情感(包括兴趣和欲望)必然带来智能(包括自我教育和自学能力)等方面的较大发展,各种知识的习得可以靠传授、训练、告诫或灌输,但知识变为能力、智慧,特别是道德能力的养成,则更多依赖快乐情感和行为习性。因此,以快乐为主的情感目标与以自助能力为主的智力目标的结合,是实现这种完美统一的智育和教学的最有效形式。

其次,应把这两个教育目的放在斯宾塞的教育目的论体系中考察。他把人看作自然的一部分,向着进化的目标——每个人的"完满生活"或幸福快乐而不断前进。教育工作在于为完满生活做准备,"即家长教师应该看到的目标是准备年轻人生活中的责任""以便最终使儿童成为具有均衡与和谐天性的人——这既是父母的也是教师的目标"。这种人也就是他在不同场合表述的有"个性"或"性格"的人(他说过,"教育的一个主要目的是培养性格。遏制不受纪律约束的倾向,唤醒沉睡的情感,加强认识力和培养鉴赏力,鼓励这种感情而压抑那种感情"),或"快乐之人""能自治、自省和自我教育的人"等。这些或许也可以理解为总目标下衍生出的一个个具体(如德育或智育的)目标或目的。只有在上述意义上理解和把握,才不至于走向极端和片面。

2. 快乐的评价标准

快乐的评价标准是能否引起孩子内心的愉悦。目标与评价总是紧密联系的,既然快乐被确定为教育的一个目标,那么它必然是课业内容选择和教育效果评价的一个准绳。所以,斯宾塞说:"如同人们对食物会有所选择,对知识人们也应当有所选择。食物选择的标准除爱好之外,还需要考虑到身体的健壮。与此一样,选择知识除了出于兴趣,另一方面还要考虑到为实现人生幸福的目的。"他进而指出:"作为评判任何培养计划的最后考验时,应该提出这样一个问题:它是否在学生中间造成一种愉快的兴奋。在拿不准一种特殊方式或安排是同上述的各原理协调,还是同某种其他原理更协调的时候，稳当的办法是依靠这个标准。"甚至说，"某个做法似乎最好，但如果它不引起兴趣或比其他办法引起较少的兴趣，我们就应该放弃它，因为儿童智慧的本能比我们自己的推进更可靠"。

斯宾塞将快乐兴趣引入课程教学和教育评价，作为判别教学成效和选择知识的重要指标，这在教育史上具有开创性意义，并为后来教育心理学和教育测验运动的先驱者桑代克所发展。桑代克提出和研究"兴趣的标准"，认为"学科与活动的抉择"还要"估定兴趣的影响和价值"，"若其他情形相等，即须选择于儿童最有兴趣的教材或活动"，"如此，儿童对于他最有兴趣的活动自然乐于参加了"。不仅如此，被誉为"现代教育评价和课程理论之父"的泰勒接受了进步教育关于"以对学生兴趣的研究作为选择教育目标的基础"的主张，并且"把兴趣看作是一种目标"。由于泰勒在阐述教育评价基本原理时常拿"兴趣"作例子，所以实际上他也同时阐述了课程与教学中学生兴趣的评价程序。

（三）快乐教育和兴趣原则

斯宾塞在课程内容上注重知识的价值选择，偏重于实用原则，这是因为人生短暂而知识无限，"合理的课程"应该符合有利于"完美生活""人生幸福"。而在智育和教学过程中，他更多地强调兴趣快乐和自动自发的原则，希望"使求知成为愉快而非苦恼的事件"，使教育"成为自学的过程，并因此使教学成为愉快的过程"。也就是说，"对孩子早期智力的培养，应当与在青少年时期同样，是一种快乐教育与自助学习结合的过程"。在他看来，这种快乐主要指"内心快乐"，即"不单单是由于得到外在奖励而快乐，而是活动本身就是愉悦的"。

关于教育的兴趣原则，自从卢梭第一次明确提出之后，一直为近代教育家（如裴斯泰洛齐、赫尔巴特和第斯多惠等）所重视和采用，也对斯宾塞产生了重大影响。他说："孩子快乐学习，需要兴趣诱导……有句古老的格言今天和将来都不会过时：兴趣是求知和学习最大的动力，这不单单是一种方法，而且包含人类获取知识的一个充满智慧而古老的法则。"所以，教育专家（张焕庭等）认为斯宾塞看重个人利益和学习兴趣，"非常强调实用、自动和兴趣等教学原则"，是不无原因的。

不仅如此，斯宾塞在《智育》中将兴趣与快乐紧密联系起来，还鲜明提出了与兴趣原则相一致的快乐原则和自学原则:"对于同为最重要而却被人所忽视的两个原则,必须再反复讲述:即自幼年以至成人,全部教学的过程必须自学;及所引起的心理活动,必须始终具有内部的快感……若前者包含着心理发展的科学的通则,则后者就是培育心理发展的艺术的要义。"其中,"用快乐的原则进行教育的间接优点并不少于它的直接优点……这不止在理论上有充分根据,在经验上也有实践证明"。

(四)快乐教育方法

斯宾塞说:"我始终认为,快乐的方法和氛围,比其他方法更有效。""每个儿童都会对不一样的事物产生不一样的兴趣,每一种兴趣都对应某一潜能(假如潜能得到充分得表现,即是特长)。我也能够毫不怀疑地告诉所有的家长与学校教师:没有笨孩子,只有方法运用不当的家长与教师。"并且他指出,"日常经验很明显地表明,引起兴趣的,甚至引起快乐的方法是经常可以寻得的,而这种方法又经常可用其他各种试验证明是正确的"。对此,《快乐教育书》有着详细介绍,这里简要选取其中几条。

1. 快乐地做一名教育工作者

这样教学效果好,还能更多地看到儿童的优点。在这方面不仅不少家长缺乏学养,就连教育专业人士也有不足,"哪怕是编写一套有趣味的教材,也无法做到。大量的教材枯燥乏味,似乎不这样不足以表现出教育专家们的学术地位和专业水平。更可怕的是他们在出考试题目时也如此"。

2. 和善、友好的鼓励是快乐教育的最好办法

教师要喜爱、尊重和公正对待所有儿童,注重营造鼓励儿童的氛围,以激发其自信心和使命感,进而使其有自我成就感和实现感。

3. 引导孩子获得有目标的快乐

虽然儿童的兴趣快乐各式各样,但多数没有目的,特别是社会目标,所以"应先使孩子们快乐起来,接着再给出具备可行性的目标",因为"一有目标,小斯宾塞的兴趣就更浓了。假如说一开始孩子仅仅感到好玩,那么,现在孩子还感到有意义有价值了"。

4. 学习应选择最有价值的科学知识

为学习快乐,更为将来的幸福生活,应选择最有价值的知识,特别是科学知识,"把生活所需的基本知识教给孩子"。假如生命无限,那一

切知识皆有价值；可人生有限且人事纷繁，所以须审视所学知识对将来人生的价值。

5. 用兴趣让孩子快乐地去求取知识

"应当说每种兴趣对儿童求知而言，皆有价值（除非那些已明显表现出有违社会道德、伦理的兴趣），明智的家长总可以利用这些兴趣将孩子引向丰富知识的殿堂，而且培养出儿童求知的良好习惯"。

6. 一切快乐都只有付出劳动才能获得

"没有任何快乐可以比得上孩子通过自己努力而证明的哪怕是只是一点的能力。"因此，"给孩子灌输知识不如让孩子发现知识"，他们经过自己心智和意志活动而获取的知识印象深刻、记忆持久，便于转化能力、培养意志和个性品质，"另外，这一办法也是可以引起孩子内心快乐的办法"。

7. 真正的自然教育是充满欢乐的

自然是"最伟大的老师"，自然教育特别关系到个人的品性和智慧，"某个人在今后生活中，是不是感到快乐幸福，也一定和自然有关"。"以我来看，没有一种教育方法能超过顺应孩子自然的兴趣更有益、更有效了"。因此，要在大自然中开启悟性，学会写自然笔记，扩大实物教育范围，从生活中开始自然教育，制订一份自然教育的计划等。即便是惩罚也是自然惩罚，因为"自然惩罚的方法，能让家长与孩子都不易愤怒"。

8. 每天都让孩子进行一些有利于快乐学习的快乐运动

"这项活动跟生理和心理直接有关，而与传授知识完全无关，其效果十分神妙"，它是儿童热爱生活、河川和故乡的一个重要原因。"事实表明，小斯宾塞在每一次运动以后，学习的兴趣不仅不会减弱，而且大大增强了。在传统教育中，因为过度教育给儿童带来的生理上的伤害，并未发生在幸运的小斯宾塞身上"。

三、斯宾塞快乐教育思想概述

斯宾塞的快乐教育思想主要包含以下几个方面。

（一）快乐的教育胜过一切教育

斯宾塞主张以轻松愉快的手段对儿童进行教育，他认为"孩子在快乐时,学习任何东西都比较容易,相反,在情绪低落、精神紧张的状态下,他的信心会减弱,这时即使一个伟大的教育家也不会有任何办法。许多被认为没有天赋、天生比其他孩子差的孩子,其实并非如此,只是教育者的方法不得当而已"。在斯宾塞的快乐教育理念下,家长充当着引导者的角色,依照循序渐进的原则,引导儿童独立探索和推理,摒弃灌输和强迫学习的方式,为儿童营造宽松和谐、充满童趣的教育环境。

(二)父母是世界上最重要的老师

古今中外的很多教育家都强调家庭教育对儿童发展的重要性,斯宾塞对此用了一个形象贴切的比喻:"对于孩子的教育,学校好比是白天,而家庭就是夜晚。不要忘记,夜晚会发生很多看不见的变化。细心观察一下就会发现,种子总是在夜晚发芽,人总是在夜晚长高的。"学校教育以传授系统的知识技能为主,教育过程直观、目标明确、系统全面,有比较科学的评价标准。家庭教育的内容则涉及儿童发展的方方面面,涵盖了儿童一生的所需,例如行为习惯的养成、性格的形成等,并渗透于日常生活中。正如家长的一个眼神、一个细小的动作,都会对儿童产生影响。另外,我们很难像在学校一样用某个客观的标准评价儿童所接受的家庭教育的成效。家庭教育的这种"润物细无声"的特点,使它很容易被人们忽略。但也正是这种"渗透"对儿童的影响更为深刻。

(三)多样化的教育内容

斯宾塞认为教育的目的应当是"为完满生活做准备"。他提出的教育着眼于儿童身心全面发展,既有智力和学习潜能的培养,也兼顾儿童习惯和能力的养成以及健康心理、品德等的塑造。培养儿童的观察力是发展儿童智力和学习能力的先决条件,观察是儿童探索和获取知识的基础。培养儿童的多种能力,首先要尊重他们的权利。自尊是什么?就是对自我的认同、肯定,为自己灵巧的手指欣喜,为自己表达情感和思想的语言而高兴,为身体跳跃的能力而自豪……

正是这种自我认同,使一个人不甘落后,积极求知。不扼杀孩子们的天赋和权利,才能培养出他们的能力。培养儿童的多种能力,是家长送给孩子的一笔巨大财富,它们给孩子无穷的可能性,给孩子更有力的臂膀去迎接未来的生活。如果把人生比作一艘航行的巨轮，知识和能力好比是船身，那么积极的情感和高尚的品德就是巨轮的动力系统。没有了动力，也许船能够继续航行，但是走得不远不快，只有拥有了乐观的情感和高尚的品德，人生的巨轮才能破浪前行，所向披靡。

四、斯宾塞快乐教育思想的内涵及基本观点

快乐教育的理念贯彻于斯宾塞教育实践的始终。斯宾塞非常认同一句名言"教育应该在厌倦之前结束"，并把其作为快乐教育的指导思想，通过自身的教育实践经验的总结，把快乐教育的理念系统化。所谓快乐教育，其实就是遵循学生的身心发展规律的教育，也就是以人为本的教育。在此基础上，结合斯宾塞对快乐教育的阐释，笔者把快乐教育界定为：明晰学生想要的快乐，如拥有知识、自助能力和爱的情感等，通过愉悦的方式把学生培养成为快乐的人，为完满的幸福生活做准备。

（一）教育目的

斯宾塞认为，教育的目的是把学生培养成为一个快乐的人，是为将来完满的生活做准备。他认为，学生的快乐是多样的、缤纷的，它们大多数是不包含社会目的的，教育的功能是要引导学生获取"有目的的快乐"，让学生们快乐起来，然后再给出可行的目标。此外，斯宾塞认为，"教育的目的之一除了传授知识，就是培养学生的自助能力""教育的一个重要目的，还在于培养学生爱的情感，唤醒他身上沉睡的爱的情感"。由此可见，斯宾塞快乐教育的总目的，是让学生得到快乐；要让学生得到快乐，他需要具备一定的知识、自助能力和爱的情感。

（二）教育内容

斯宾塞快乐教育的主要内容包括身体教育、自助学习与自我教育和爱的教育三个方面，它们相互促进、相互提高，使得学生最终得到快乐。

1. 身体教育

斯宾塞认为，身体教育非常关键，其重要性不亚于心智教育。根据学生身心发展的规律来看，学生在婴儿期、童年期和少年期这三个时期中，

身体的生长应该居主要地位。他把小斯宾塞带到河边的运动归属为身体教育的一部分，认为每天都应该有一点令人感到愉悦的运动，这项运动跟知识的传授没有关联，却跟学生的身体发展与情绪稳定相关，它的效果是神奇的。身体教育是基础，只有拥有健康的体魄，进而拥有良好的情绪，才会有心智的健康成长。

2. 自助学习与自我教育

斯宾塞用幼鸟学飞的故事说明自助学习和自我教育的重要性。鸟妈妈在训练幼鸟学飞一段时期后，就不再管它了。剩余的时间让幼鸟自己练习，从高处飞向低处，从一棵树飞到另一棵树，飞过一条小溪，越过一个草坪。一只幼鸟如果长成大鸟后还需要其他的鸟来帮助它起飞，这种教育是不成功的，同理，在学生的教育工作中，一个非常重要的任务就是要培养学生的自助学习和自我教育的能力。他认为，自助教育对于培养学生独立思考的习惯是大有好处的。

其一，自助教育会让学生懂得因果联系的概念，让学生在遇到事情时学会去分析导致这样结果的原因是什么。

其二，自助教育会让学生学会用自己的方法去找到这种原因，而不会直接把某本书、某个人所提出的观点作为权威而接受下来。自助学习让学生学会独立思考的习惯，而自我教育则帮助学生学会在独立的基础上审视自己的习惯和行为。

3. 爱的教育

斯宾塞认为，快乐教育的一个重要组成部分是感恩教育和爱的教育。一个不会感恩的人，总是会把自己得到的或者别人付出的当作应该的，总是忽略别人对他的善意，相反，他更容易记住别人对他的一点点过错和冒犯。此类人总是欢乐少于痛苦，感动少于怨恨。而一个不懂得爱的人，也不会用心去体味别人给予的温暖，用一种温暖来偿还另一种温暖。斯宾塞还认为，爱是一回事，让学生感受到这种爱又是另外一回事。学生若能感受到这份爱，会激发他身上相应的积极的情感。因此，爱的教育首先应该是爱的传递、爱的榜样，让学生在爱中感受，在爱中不自觉地报答这种爱。

（三）教育方式

斯宾塞认为，快乐教育的目的无疑是想让学生成为一个快乐的人，要达成此目标，教育过程的方法和手段也应该是快乐的。就像一根细小的芦苇管，你从这一头输进去的如果是苦涩的汁水，在另一端流出的也绝不会是甘甜的蜜汁。这启迪我们，想要学生在教育中拥有快乐，也必须要让教育过程和教育的方式变得快乐。快乐的教育方式体现为让学生在快乐的心境下学习，要学会理解和尊重学生、正确对待学生的过失、给予学生积极的暗示和帮助学生形成正确的荣誉观。

1. 要在快乐的心境下学习

斯宾塞认为，教育过程应该是快乐的，学生在轻松、愉悦的状态下学习是最有效的。当一个学生处于不快乐的情绪中时，这种不快乐的情绪会大大降低他的智力和潜能。哪怕是严格管束，甚至是呵斥与指责，也不能让学生发挥其最好的潜能。因为学生只有在快乐的状态下，才容易接受所学习的内容；在不开心或者情绪抵触时，学习的内容很难走进学生的内心。

2. 要学会理解和尊重学生

斯宾塞认为，很有必要了解学生在想什么，他可能遇到哪些问题。他曾说，学生的内心世界就像一个藏满秘密的盒子。在这个盒子里，有动物、有人物、有梦境、有情绪，杂乱无章地塞在里面。如果不经常打开来看看，有一天你不经意地打开时，也许会从里面跑出一只老鼠来，吓你一大跳。可见，学生的内心世界是多么丰富和需要被理解。此外，斯宾塞指出，家庭教育和学校教育的本质，除了传递知识、培养学生的道德品质以外，还应该培养对学生的尊重。若不懂得这一点，任何苦心孤诣的教育都不会成功。从来没有得到过爱和尊重的人，在遇到事情时，也不会主动去爱和施以尊重。

3. 正确对待学生的过失

在斯宾塞对小斯宾塞的教育中，他认为友好、鼓励的方式是快乐教育的最佳方法。哪怕是学生做错事情，也要尽量使用自然惩罚而非人为的惩罚。自然惩罚是只局限于事情本身的惩罚，比如说学生乱扔玩具，自然惩罚是要学生自己收拾玩具，不然下次就不让玩；人为的惩罚通常是不许学生吃饭，给学生布置其他作业，等等。学生有过失时惩罚学生做作业，只会让作业成为学生的对立面，只会让学生更加讨厌作业。此外，斯宾塞认为，要明确道德问题的界限，不要把知识传授问题、技能习得问题等当作是道德问题。只有当学生存在的问题归属道德问题时，才需要惩罚学生。

4. 给予学生积极的暗示

不可否认的是，学生很在乎成人的评价，一方面，因为他们自己还没有建立起完善的价值观念；另一方面，因为在学生的心里，成人尤其是亲人都是学生的榜样。斯宾塞认为，积极的暗示会产生良好的激励作用，尤其当这种暗示来自学生信任的人时，肯定会对学生在心智发展和心理健康方面产生积极的效果。他在书中指出，马丁的研究调查也表明，90%表现突出的人，在未成年时都接收到来自亲人的积极暗示。暗示的作用是巨大的，成人的积极暗示也会让学生从心理上积极暗示自己，从而有助于他们解决所面临的问题，变得更加快乐。

5. 帮助学生形成正确的荣誉观

要得到真正的快乐，还要学会处理自己的失败。斯宾塞指出，失败也是生活的一部分，不要坐着对月亮咆哮，改变生活，需要的是行动。当学生没有做好某件事时，鼓励学生下次会做得更好；当学生产生悲观情绪时，告诉学生不顺利的阶段是积攒能量最多的时期；当学生开始怨恨时，启迪他看到别人身上的优点以及自身的不足，宽容待人，才能生活快乐。总之，要鼓励学生用行动去改变现实的处境。只有帮助学生形成正确的荣辱观，学生才能够正确地处理自己所遇到的问题，从而获得健康成长的快乐。

五、斯宾塞快乐教育理念的诠释

（一）快乐教育定义

所谓快乐教育，其实就是遵循学生的身心发展规律的教育，也就是以人为本的教育。更大众化层面的意思则可以理解为能把死教材讲活的教育就是快乐教育。心理学研究表明：人们从事的任何活动，人们追求的任何目标和价值，大都希望从中获得快乐。文学泰斗钱钟书说"希望快乐来，希望快乐留，希望快乐再来"，这三句话概括了人们追求快乐的愿望。人的五种需要层次学说的创立者——著名心理学家马斯洛指出："永无休止地寻求越来越大的快乐是人的天性。"快乐教育需要教师花费很多精力和具有很强的责任心，还要倾注极大的热情以及社会力量的支持。快乐教育的根本目的在于全面提高学生的素质，教会学生做人，使每个学生的童年幸福快乐,都能得到生动活泼的发展。快乐教育主张从情感入手,以情感为动力,激发学生的学习兴趣,唤起学生的自觉性、主动性和创造性,并且能够体验成功的快乐。快乐教育的倡导者赫伯特·斯宾塞认为,世界上最好的教育本质上都是快乐的。

(二)快乐教育特点

1. 以快乐为本

学生在快乐的状态下学习是最有效的。学生的快乐是多种多样的,大多是没有社会目的的,教育则是要引导学生得到有目的的快乐。因此,对于教育者来说,应该先让学生们快乐起来,然后再给出可行的目标。《斯宾塞的快乐教育》提倡自由性地开发儿童智力,让孩子在自由和快乐的教育氛围里学习,既关注了儿童的智力因素,又关注了儿童的品德、情感、习惯等非智力因素。真正有成效的快乐教育不是一个简单的概念,而是一系列完整的教育方法和观念。只有快乐教育才能最大限度地调动起求知欲、创造欲和自信心。快乐应该是学习的真谛,是人生的真谛。

2. 以解放为本

快乐教育要求学校教育必须从传统的教育束缚中解放出来,使儿童成为教育的中心。儿童中心成为传统教育转向现代教育的重要标志。快乐学习的理念提出以后,将人发展机制的重点转向学习者自身,注重学习者自身的主体性。快乐教育其实是肯定了学生的基本人权。可见,快乐教育以解放为本,实际上体现了受教育者的"为自己存在"。著名教育家陶行知的话给了我们深刻的启示,他说对孩子要坚持六个解放,即解放他们的头脑,让他们自己去想;解放他们的双手,让他们自己去干;解放他们的眼睛,让他们自己去看;解放他们的嘴巴,让他们自己去说;解放他们的空间,让他们到大自然、大社会中学习更丰富的学问;解放他们的时间,让他们干他们自己喜欢干的事情。

3. 以人为本

以人为本,是科学发展观的本质和核心,体现了马克思主义的基本观点。在教育上,以人为本的关键在于学校和教师要真正做到尊重学生,理解学生,关心学生。尊重学生的人格尊严,激励学生的进取精神,充分发挥他们在自身道德成长中的自觉性、积极性和主动性。理解学生的压力和困难，关心和维护学生的精神需求，坚持从学生自身的实际出发推进学校教育的发展。赫伯特·斯宾塞曾这样说："爱，真的需要说出来。美好的情感当你说出来时，也会唤起别人同样美好的情感。所以，当孩子失败的时候，告诉他：一切都可以重来；当孩子遭遇不公的时候，告诉他：这不是你的错；当孩子悲观的时候，告诉他：你已经开始走向成功了；当孩子怨恨时，告诉他：每个人都会出错的，宽容一些，对大家都有好处。"这样的富于人性的教育打破了传统的束缚，是对人的综合素质的培养。因此，以人为本，是学校教育的基础。只有尊重学生，理解学生，关心学生，才能使他们在合法权益得到保障的条件下，轻松愉快地学习。

六、斯宾塞快乐教育思想对家庭教育的启示

（一）树立正确的儿童观

儿童观是人们对儿童的总的看法和基本观点，它是教育观的依据，有什么样的儿童观，就会有什么样的儿童教育观。正确认识儿童是进行家庭教育的基础。有的家长认为孩子很小，错误的习惯和行为不需要纠正，长大了自然而然就好了。有的家长认为跟孩子讲道理没有用，只有训斥和惩罚才能起作用。更有甚者，认为孩子只是家长的附庸，任凭父母随心所欲。这些错误观点指导下的家庭教育极大地危害了儿童的健康发展。我们要树立正确的儿童观，把儿童看成具有独立人格的、有巨大发展潜能的、具有个体差异和个性特点并具有主体性的人。

（二）理解、尊重幼儿独特的年龄特征

面对儿童的问题，不能一味指责，要理解并尊重儿童的心理特征，尊重儿童的人格，尊重儿童的意愿，不将父母的意愿强加给儿童。相信儿童的发展潜力和天赋，根据儿童的具体特点因材施教，杜绝非打即骂的教育方式，更不能忽视对儿童的教育，要多鼓励、多引导，关注儿童的身心健康，让儿童在无忧无虑、充满关爱的环境中快乐成长。

（三）重视家庭教育，提高家长教育素养

家庭教育具有启蒙性，对儿童良好习惯的养成、性格的形成、社会性的发展等都起着举足轻重的作用，对儿童的影响会伴随其一生。现实中，许多家长缺少完备的知识、充足的准备，也很少接受先进的教育理念，而以经验和情感支配着自己的教育方式。好的家庭教育需要家长深入了解孩子，并保持极大的耐心和信心。家长不断提高自身的教育素养，才能科学地教育孩子。

1. 提高家长的理论素养

理论素养主要指关于教养孩子的理论知识和技能。例如：儿童的敏感期、每个年龄段的身心发展规律和特征、如何和儿童沟通等。正如斯宾塞所说"很难想象，一个商人不懂得运算和簿记的后果会怎么样；一个人没有学习过解剖学，就开业进行外科手术的后果又会怎么样；也很难想象，一个对孩子身体、道德、心智方面了解甚少的父母，如何去指导孩子"。家长可以通过阅读教育类书籍、参加家长课堂或听教育讲座的方式，学习国内外先进的教育理念并了解孩子的身心发展特点，以此作为指导。

2. 完善家长的心理素养，培养家长的耐心和信心

教育孩子需要整个家庭付出长时间的努力，教育过程也不是一帆风顺的，也许孩子达不到家长预期的水平，也许孩子在发展过程中会出现停滞甚至倒退的现象，也许家长会充满了挫败感……这些都需要家长有积极的心态来应对家庭教育中的种种困难和不易。在遇到问题时多一些冷静思考，少一些冲动；多一些沟通交流，少一些独断专行；多一些鼓励支持，少一些责备惩罚。

（四）采用合理的教育方式

同学校教育一样，在家庭教育中也需要充分发挥儿童的主体作用。多为儿童提供探索知识的工具和条件，对于儿童遇到的困难和疑惑，家长可以引导儿童继续思考，或带着儿童一起查阅资料解答问题，这既能让孩子体会到学习的成就感，又能调动起孩子探索知识的乐趣，还可以增进父母和孩子的情感。以斯宾塞的家庭教具为例，为了训练小斯宾塞的记忆力、描述能力、形象思维与抽象思维相结合的能力，他制作了"地图纸"，每

去一个地方，斯宾塞都会请小斯宾塞把所走的路线和一路上的事物、见闻记录下来画成地图详细标注，并不断完善。他认为，地图和词汇同样具有描述功能，但地图更直观形象，更符合儿童的认知发展。

父母是孩子的榜样，家庭中良好的学习氛围需要家长和孩子共同营造。父母不妨每天阅读书籍，陪伴孩子一起学习，潜移默化地创造出看书学习的家庭传统，让孩子不再产生学习是任务的心理，而把学习作为一种乐趣和生活必需。经常与孩子沟通，一方面可以增进父母与孩子间的感情，促进亲子关系的和谐，另一方面有助于家长走进孩子内心，了解孩子的心理。亲子间的交流应当是平等轻松的，家长和孩子间可以分享彼此的情感、对某个问题的看法，家长遇到困难也可适当地向孩子寻求帮助和解答。对于教育的问题，家长试着听听孩子的想法，双方共同探讨出一种合适的教育方式，让孩子感受到尊重与关爱，也意识到学习和生活都是自己能够决定的事，增加孩子的责任感和自信心。

孩子的教育不是一朝一夕的事，不可能一蹴而就，也不是学校单方面的责任和义务，需要父母和老师、社会和家庭持之以恒的努力。在这个过程中，家庭的作用更为深远。在学校教育不断完善的今天，家长教育意识的提高和教育素养的提升还有很长的一段路要走，但我相信在不久的将来，我们一定会看到这样一种场景：家庭科学地担负起了应尽的教育职责，学校、社会和家庭真正实现了教育合力。孩子的脸上都洋溢着幸福的笑容，每一个家庭都幸福美满。

第四章 欢乐教育理念

欢乐教育,带给幼儿开心和欢乐
让幼儿面带微笑,参与其中
尽情融入,师幼互动
融为一体,和谐共生
累并欢乐着
痛并幸福着

欢乐教育以教师和幼儿的开心欢乐为导向
培养幼儿追求幸福人生

欢乐教育
课堂设计,灵活随机,导入形式,富有新意
律动穿插,动静交替,组织教学,充满游戏
师幼互动,真情传递,开心快乐,永恒主题

践行欢乐教育理念
营造欢乐教育时空
与幼儿尽情尽兴地
表演、讨论、讲解、示范
融为一体,打成一片

欢乐教育
志在走进幼儿的心灵世界

欢乐教育是希腊和罗马时代的一种重要的伦理思想，其欢乐主张值得被引进我们的教育，用来思考当代学前教育。欢乐和幸福是几千年来人们一直追求的理想，人类的一切活动归根结底都是为了追求欢乐和幸福。

教育的根本目的是实现人生价值，其真正意义在于使人幸福。在追求幸福的教育过程中，欢乐是教育的重要特性，是成功实现教育目标的重要条件和精神状态。欢乐教育是使幼儿获得所需要的专业知识、技能和道德的教育，同时也是努力使幼儿实现生活幸福的教育。因此，充分认识和科学利用欢乐教育中的欢乐条件，形成欢乐教育的欢乐状态，对于实现欢乐教育的幸福目标有着重要的意义。

一、欢乐教育理念

（一）欢乐教育概念

欢乐教育概念界定为：欢乐教育的主体是幼儿和教师，客体是幼儿园、家庭和社会。欢乐教育是一个在主体不断得到满足并产生价值贡献，客体享受价值贡献并持续供给条件的良性循环机制。欢乐教育，顾名思义，就是教师开心欢乐地从教、乐教、享教，幼儿幸福愉悦地求知、进步、成功，师幼是朋友、是伙伴、是亲人，紧密地联结在一起，同学习，共欢乐，师幼一同幸福成长。

欢乐教育，就是指能给幼儿带来开心和欢乐的活动课程；能让幼儿面带微笑、参与其中、尽情融入的感觉状态；师幼互动、融为一体、和谐共生的人生境界；累，并欢乐着，痛，并幸福着的生命真谛。

（二）欢乐教育宗旨

欢乐教育宗旨是指通过教育让每一个幼儿追求幸福人生，要求教育不仅关心幼儿今天的学习,更要关心幼儿未来的发展;不仅关注幼儿园教育,还要关注家庭教育和社会教育。欢乐教育是以幼儿园教师和幼儿开心欢乐为导向的教育,是能够较快检验教育使人达成幸福目标效果的教育。

(三) 欢乐教育精髓

欢乐教育精髓指课堂设计,灵活随机;导入形式,富有新意;律动穿插,动静交替;组织教学,充满游戏;师生互动,真情传递;开心快乐,永恒主题。

践行欢乐教育的理念,营造欢乐教育的时空,尽情、尽兴地表演、讨论、讲解、示范,与幼儿融为一体,打成一片,走进幼儿的心灵世界!

二、欢乐教育的主体及其需求

在欢乐教育的概念范畴里,因为欢乐满足的是人的需求,教师和幼儿都是欢乐的主体,同时又是欢乐教育价值的贡献者,所以要实现教育的欢乐,首先应了解欢乐主体的需求,然后来探究满足需求的各种途径和方法。

(一) 幼儿的欢乐需求

与其他类型的教育相比较,幼儿在兴趣需求、尊重需求、成功需求、目标需求上的个性特点尤为突出,这是欢乐教育特性与幼儿特点综合作用下形成的。

兴趣是入门的向导,是一个人积极探究活动所表现出来的特殊个性倾向。因此,幼儿园的课程设计、园本教材、教学方法的选择、领域活动等都要围绕幼儿的兴趣培养来开展。幼儿园可通过形式新、效果好、奖励广的德育活动、竞赛活动、创新活动等,采取广维度、全过程、多层次的评价方式来满足幼儿的尊重需求和成功需求。针对目标需求,引导幼儿树立阶段目标意识,通过终身教育理念使幼儿形成强烈的持续发展目标意识。

(二) 教师的欢乐需求

与普通中小学教师及高校教师相比,幼儿教师存在较明显的职业倦怠现象。换句话说,幼儿教师的欢乐需求常常得不到满足,因此幸福指数不高。

成就感、专业发展、社会地位、工资待遇等都是幼儿教师的普遍需求，但目前其获得满足的程度远远不够。幼儿园通过组织开展多形式、全覆盖的教师技能竞赛，可以有效激发教师的荣誉感和成就感；通过完善培训机制、丰富园本培训内容、提供深造机会等方式，可满足幼儿教师的专业发展需求。同时，应根据幼儿园特点，改革、完善教师的评价考核机制和职务、职称晋升机制，建立、健全激励机制来提高幼儿教师的社会地位和工资待遇。

三、欢乐教育理念发展

欢乐教育理念是西方古代一种较为重要的哲学和伦理学说，其理论的起源最早可追溯到古希腊"昔勒尼"学派创始人亚里斯提卜的欢乐论。亚里斯提卜以感觉论哲学为基础来阐明"善"的概念。他认为欢乐就是"善"，且肉体的欢乐优于精神的欢乐。

使欢乐教育理念形成显赫一时学说的是古希腊伟大的哲学家伊壁鸠鲁。他认为人以"趋乐避苦"为人生准则，即人的目的就是追求欢乐，欢乐就是人生的最高的善，欢乐是人生的起点，也是人生的终点。伊壁鸠鲁所说的欢乐，是指"身体的无痛苦和灵魂的无纷扰"，是一种持久的、高尚的"自然的心灵的欢乐"。

19世纪早期，哲学家边沁又把欢乐教育理念推向了新的高峰。边沁从经验论出发，以"苦乐"原理作为伦理理论的基石，提出了影响深远的"最大多数人的最大幸福"原则，把利己的欢乐主义转向了利他的欢乐主义。

教育是人类文明进步的显著标志，乐与苦，只不过是一种受某些理念支配的情感体验罢了。因此，幼儿要想实现欢乐学习，教师就要反思、转变、革新当今现行的学前教育理念，践行欢乐教育，让幼儿体验学习所带给他们的开心和欢乐。

（一）欢乐教育理念对新时代学前教育的启示

欢乐教育理念作为一种延续上千年并广泛影响欧美国家人们生活的伦理思想，带给我们更多的还是可供借鉴的知识财富。结合欢乐教育理念思考我们当代的学前教育，使我们由对教育的"苦"转变到对教育的"乐"，欢乐教育理念对我们当代学前教育具有的思考价值如下。

1. 重视情感体验

伊壁鸠鲁认为欢乐是一种要用心灵去体验的情感体验。当我们感觉痛苦时，就会感到需要欢乐。然而，当代学前教育却恰恰忽略了幼儿的情感体验，过多地强调理性的思考，带有明显的理性主义倾向。其突出表现：重认知，轻情感，注重对知识的死记硬背，理性知识教育几乎完全占领了学前教育的各个领域。

人本是一个理性的及非理性的统一体。人是一个有血有肉的完整而不可分割的生命整体。当今缺陷的教育使人失去了自我，变成了只会逻辑运算、呆板停滞的计算器，使人身感深重、苦涩难言。今天的学前教育迫切需要用欢乐教育理念来反思学前教育的价值。我们的学前教育目标应当是培养感情丰富、理解欢乐、追求人生意义和价值的完整的人。

2. 欢乐贯穿人的幸福一生

伊壁鸠鲁认为欢乐是幸福生活的开始和目的，幸福生活是天生的最高的善，一切取舍都从欢乐出发，最终的目的是得到欢乐。由此可见，欢乐既是过程，也是结果。然而当代学前教育却只关注教育结果的幸福，忽略了教育过程也应当是欢乐幸福的。更有人认为教育过程应当是苦难的，只有经历了苦难的过程，结果才会欢乐。不妨转变思维，换一个角度来看教育，让欢乐教育真正成为孩子们的乐土和乐园，让老师们也怀着欢乐的心情、用欢乐的方式向幼儿传递欢乐的事情。其实，我们不一定非要先苦而后甜，我们完全可以换一种欢乐的活法，先甜后更甜。

3. 人人都有自己特殊的欢乐

在肉体和精神欢乐之间，大多数欢乐主义者更注重身体欢乐，认为身体的健康是感受欢乐的条件，也是精神欢乐的前提。正如伊壁鸠鲁所说，欢乐的最高境界是"身体的健康和灵魂的无纷扰"。每个人都有着自己特殊的欢乐，成人的欢乐代替不了幼儿天性的欢乐，教师在关注自己欢乐的同时，应多照顾一下每个幼儿的特殊欢乐。在这样一个到处都充满欲望的世界中，对于什么是欢乐、最高的欢乐是什么、怎么去获得欢乐这些问题，教师应有正确认知。一些教师将欢乐简单等同于肉体欢乐或是物质上的满足，从而忽略了精神上的欢乐。也有些教师全盘否定欢乐，认为提倡欢乐就是提倡庸俗。

（二）普遍欢乐主义原则

边沁（J. Bentham，1748~1832），主张欢乐的原则是"最大多数人的最大幸福"。整个社会的欢乐幸福是由个体的欢乐幸福所组成的。每个个体在追求欢乐幸福时，就自然而然地增加了社会的整体欢乐幸福，同时最大多数人的最大幸福也是政府机构决策正确与错误的衡量标准。此主张是从个人出发，从下到上，以由己推人的方式来处理个人与他人、个人与集体的伦理关系。

反思当代教育，我们追求的教育目标只注重一端，要么注重大多数人的幸福，却忘了人的大多数幸福，要么注重大多数幸福而忘了大多数人的幸福，像精英教育、大众教育就是最好的例证。精英教育强调教育的高质量，目的是为少数精英的未来幸福生活做准备，然而这种教育却忽视了大多数人之幸福。大众教育却刚好相反，它强调多数人之幸福，却忽视了教育的高质量，最终并没给大家带来完满幸福。我们的教育能否办成大众的精英教育，既注重教育对象的广度，又能注重教育内容的高质量？我们德育的方式也应当参照一下欢乐获取的方式，让受教育者能由己推人，能从内心感觉到为他人欢乐而欢乐。教育的实质就是培养人的社会活动。关注教育，首先应关注受教育的社会个体，让这些平凡的个体能在教育的历程中感受到成长的欢乐、收获的欢乐、为人的欢乐。

四、欢乐教育理念的意义

兴趣是最好的老师，欢乐教育是培养幼儿学习兴趣最好的方式。幼儿只有开心了，才能主动地学习，才能体验到学习的乐趣和意义，学习效果才能事半功倍。从教育现象学的视角谈论欢乐学习的体验、主题及其意义，重点在于让幼儿真正感受到学习的欢乐与自由，在欢乐中学习，在参与中成长。

（一）自由的环境能激活幼儿的灵感

这种自由不仅仅是身体上的自由，更是心灵上的自由。心灵的自由以身体的自由为基础。幼儿就像小精灵一样,只有将他们放出活动室的牢笼,让他们切身地感受自然,才能激发他们的想象力和创造力。如果把他们整天关在活动室里,让他们两耳不闻窗外事地去学习,他们的身心又怎能健康成长呢?

(二)走进幼儿生活,聆听幼儿生命的呼唤

教师只有先从行动上走近幼儿,才能从心理上融入幼儿。教师要真实地走进幼儿的生活,聆听幼儿生命的呼唤。幼儿非常善于模仿,教师在与幼儿接触时的一颦一笑、一举一动都将深深牵动和影响幼儿。如果教师在园期间一直板着面孔、缺少微笑和师幼间的灵活互动,那她就很难博得幼儿的欢心。作为一名优秀教师,应能与所有幼儿密切接触,并站在每一位幼儿的立场,了解他们的内心需求,也只有这样,教师才能顺利地走进幼儿的童心世界,也才能够更好地影响和教育幼儿。

(三)采取玩中学、学中玩的教学方式

玩是每一个幼儿的天性,没有哪个幼儿生下来就爱学习、爱读书并且乐此不疲。幼儿热爱读书、喜欢思考的好习惯需要教师在班级里营造良好的吸引幼儿的活动区角,通过多种游戏的综合运用,引导幼儿在玩中学,在学中玩,体验学习的开心和欢乐。

(四)教师的表扬是幼儿学习的原动力

教师多用欣赏的眼光去看待幼儿的学习过程,对幼儿的学习行为多多给予肯定,呵护幼儿的学习热情,引导幼儿体验学习成功所带来的满足。赏识幼儿应是教师长期的教学行为和教学态度,教师对幼儿的赞赏不能是一时的,更不可以是随随便便的,不能想起来就赞赏几句,忙起来或者不高兴的时候就吝啬对幼儿的赞赏。教师对幼儿的赏识恰似阳光普照,温暖和哺育幼儿的健康成长,教师千万别吝啬,及时向幼儿散发出这样的阳光,在教师欣赏的目光下,幼儿的欢乐会更纯粹、更持久。

五、欢乐教育理念的根本问题

欢乐教育理念的根本问题是培养幼儿的学习兴趣。在幼儿的学习过程中,对幼儿学习兴趣的发现与培养极为重要,这也是实施欢乐教育的第一要素。事实上,幼儿如果对一件事情特别感兴趣,那他在做这件事情的时候肯定会特别欢乐、认真和专心。

幼儿年幼的生命稚嫩、脆弱,容不得哪怕是极其轻微的伤害。幼儿教育必须秉持尊重与顺应、呵护与善待、理解与包容的态度和立场,并贯穿于学前教育的全过程,从而构建出保障幼儿感受欢乐、表达欢乐、释放欢乐的文化场景与氛围。

(一)幼儿的欢乐既是感性的又是深刻的

尽管幼儿的欢乐时常表现为欢笑乃至雀跃式欢呼,但判断幼儿欢乐与否绝不仅仅取决于幼儿某种外在的欢乐言行或表情。幼儿参与活动时的专注、安静甚至严肃,如果是出于好奇、兴趣、主动,就一样会有深刻的欢乐体验。如果教师只是为了追求教学形式的翻新或活动现场的热闹,而并非是对幼儿心灵与情感世界的真切关照,那么,此时的幼儿即使看上去是欢乐的,那也是一种短暂而肤浅的欢乐表象。幼儿真正持久且深刻的欢乐体验只存在于教育活动过程与幼儿精神世界完美和谐的交融统一之中。

(二)幼儿的欢乐实现于其天性与童真的解放与表达

幼儿的欢乐根植于其内在的自由。幼儿那种浪漫主义的童话意识,天马行空的奇思妙想,真真假假的游戏装扮,泛灵主义的思维方式,毫不掩饰的喜怒哀乐,均是其天性本真的特有表达,也是其童年欢乐体验的不竭源泉。

在教育活动过程中,幼儿欢乐意味着幼儿可以驰骋想象涂涂画画,而不必在刻板的临摹中一味追求技能的精巧;幼儿可以用自己的语言表达自己的意识和逻辑,而不被成人简单否定,更不是只得出一个所谓的标准答案;幼儿可以轻松游戏或自主操作,而不是被限定于静坐中的聆听或对抽象符号的机械识记;幼儿可以在亲近大自然或社会的探索中产生对于世界的种种感觉，而不是被束缚于狭小的活动室空间接受程序化的学科训练。

　　幼儿的欢乐体验源于教育对于幼儿心灵世界的敬畏和对于童年文化的捍卫。欢乐只能源于自由，或者说欢乐体验即自由体验。只有在自由自主、不受压抑与束缚的体验中，幼儿的需求与愿望、好奇心与兴趣才能得到满足，幼儿的尝试与探究、意识与行动才是独立和开放的。当然，幼儿的欢乐与自由并不意味着学前教育的纵容和教化职责的放弃。只有当幼儿内在的自由与外部的活动常规和秩序统一时，幼儿才会真正产生欢乐的体验。因此，那种对幼儿百般娇宠和一味满足，任由幼儿为所欲为所制造的欢乐体验不仅肤浅而且虚假，其最终结果很可能会导致幼儿的自我膨胀和人格异化。

（三）幼儿的欢乐有赖于不良情绪的消解、释放

　　教师应当任由幼儿表达自己的情绪情感，不必掩饰，更不必压抑。教师应当以足够的爱心、细心、耐心和责任心，去呵护、关怀、安抚、温暖以及接纳每一颗成长的童心。

　　在教师的日常教育行为中，一个温暖的拥抱或许就可以安抚幼儿的焦虑和悲伤，使幼儿感到欣慰与安全；一个友好的微笑或许就可以化解幼儿的紧张和疑虑，向幼儿传递一份亲切与温馨；一句热情的鼓励话语或许就可以消除幼儿的胆怯与退缩，倍增幼儿的信心和勇气。

（四）信任是幼儿欢乐的源泉

　　幼儿小的时候，家长会担心孩子吃不好、长不高、输在起跑线上，大一点了就又开始担心孩子成绩不好、迷恋游戏、早恋、考不上大学，再往后，又开始担心孩子找不到工作，找不到对象……总之，这一切担心都有一个冠冕堂皇的理由，那就是一切都是为了孩子好。

　　孩子其实是无辜的受害者。因为过于担心，家长眼中的孩子总有这样那样的问题，所以，要这样那样地矫正孩子。于是，家长与孩子之间陷入了一场纠缠不清、没有终点的战争。

　　事实上，不要总以为是自己的孩子有问题，有问题的恰恰是家长自己，如果说孩子有问题，那么这种种问题也是由家长操纵出来的。幼儿作为一个有灵性的生命个体，最遗憾的莫过于无法活出有灵性的生命体验。每个

幼儿都如同一粒种子，种子发芽、成长需要条件，除了阳光、空气和水，最重要的是一个自由的空间。

这个空间若足够充分，种子自然就能发芽、开花、结果，从而最大限度地发挥出自己的潜能。至于孩子会犯错误，会遇到困难，那是成长过程中再正常不过的事了。有一个词叫破土而出，土壤不被破坏，种子怎么能发芽呢？人类的生命正是经由挑战而获得成长的。

如果一个教师没有真正地成为过自己，也不曾有过自由发展潜能的机会，那么他就会不相信生命中潜能的存在，甚至根深蒂固地认为自由是有害的，自然也不允许孩子自由发展。能信任幼儿的教师要有内在力量，有健全独立的人格，能把幼儿当作一个独立的生命个体来对待。

教师对于幼儿的态度只有一点，那就是信任，无条件地信任，相信每一个生命个体都是一个独特的灵魂，他们有自己的生命轨迹、生命目标，教师应该给予幼儿足够的关爱与尊重，而不仅仅是期望与压力。教师应允许幼儿自己去探索，让幼儿像草原上奔跑的小鹿那般尽情地去冒险，去寻找，去体验这个世界，而教师只是远远地看着，默默地关注，不会因为任何原因让幼儿失去亲身体验这个世界的机会。

（五）在游戏玩耍中，培养幼儿的学习兴趣

幼儿喜欢玩，玩是他们的天性，老师要善于在玩中发现和培养幼儿学习的兴趣。幼儿童年的欢乐是其一生幸福的基础。欢乐的孩子内在人格健全，独立性和自信心强。欢乐是幼儿教育的首要原则，践行欢乐教育可以使幼儿每天都喜欢上幼儿园，能够增加幼儿之间的情感，使他们懂得什么事能做，什么事不能做，什么事必须天天做。逐步培养幼儿尊敬老师、爱戴长辈、团结小朋友的优秀品质。

（六）在师幼欢乐共享中，发展幼儿的学习兴趣

尊重和热爱幼儿是幼儿教师最重要的素质，教师应发自真心地像妈妈（爸爸）一样去疼爱幼儿，关心幼儿，帮助幼儿，及时准确地了解幼儿的心理需求，最大限度地满足幼儿的合理要求，热情、细心、耐心地照料好每一名幼儿，与他们多交流，了解他们的性格、语言表达习惯，建立起亲情联系。教师应认真倾听幼儿说话，对他们所说的内容及时做出积极的反

应，或点头，或摇头，或微笑，或抚摸他们，尽量体现出与他们融合、亲近的姿态，把自己融入幼儿中去，幼儿就会亲近教师、喜欢教师、与教师一起共享欢乐！幼儿的欢乐是感性的，常表现为欢笑，实现于其天性与童真的解放与表达，教师的信任是幼儿欢乐的源泉。

让我们信任幼儿吧，不要再以爱的名义影响幼儿的欢乐成长和自由发展。可以说，幼儿欢乐体验的多少是衡量现代学前教育质量高低的重要标尺。当学前教育真正成为不断增进幼儿童年欢乐体验的教育时，就一定会为幼儿创造出无比美好的未来。

第五章　欢乐教育要素

欢乐，是生命的第一追求
是幼儿成长过程中的第一需要

教师为幼儿创造获得欢乐的机会
让幼儿体验到尽可能多的欢乐

欢乐教育倡导
师幼愉悦合作的教育氛围
丰富多彩的教育活动
友爱融洽的人际关系
文明优美的教育环境
统一协调的家园共育

\>\>\>

　　欢乐是生命的第一追求，是幼儿成长过程中的第一需要，教师要做的，就是给幼儿创造获得欢乐的机会，尽可能多地让幼儿感受到欢乐。

　　在20多年的欢乐教育实践中，我力求发挥幼儿园教育的整体效应，从影响幼儿成长的诸多因素考虑，构建了欢乐教育体系，它包含如下五个要素。

一、愉悦合作的教育氛围

在幼儿园五大领域教育活动中,通过情感的共融交流,师幼都会感到愉悦和欢乐。教育活动过程是教与学的双边活动,是教师与幼儿、幼儿与幼儿的互动过程,教育活动本身应体现教师与幼儿、幼儿与幼儿之间的合作。愉悦合作的教育氛围主要体现在师幼关系的和谐之乐、教师的善教之乐以及幼儿的学习之乐中。

二、丰富多彩的教育活动

幼儿喜闻乐见的五大领域教育活动是欢乐教育体系的主要部分,适合幼儿的年龄和心理特点。幼儿乐于参与贴近他们生活的儿童化、多样化的创意美工、英语、歌舞、郊游、采摘、趣味运动会、童话剧表演等主题教育活动。在幼儿的行为养成教育中,注重行为养成自律化,把"知、情、意、行"作为一个整体来研究,让幼儿明白从小讲文明,养成好习惯与长大后做中国好公民的内在联系。将幼儿园常规要求编成儿歌,使幼儿熟记于心。

三、友爱融洽的人际关系

友爱融洽的人际关系主要体现在热爱、敬爱和友爱之中。热爱:教师对幼儿不仅要有爱的情感和行为,还要具有爱的能力,做到以情感人、以理服人,激励幼儿健康成长。敬爱:幼儿对老师的尊敬之爱。由于教师对幼儿给予了无限的师爱,换来了幼儿对教师的爱,他们自觉接受教师的帮助教育,体贴教师的辛苦,尊重教师的劳动。友爱:幼儿之间要充满爱。大家心里想着他人,彼此尊重、相互理解、取长补短。

四、文明优美的教育环境

文明优美的幼儿园环境是幼儿生存发展的阳光和空气,它潜移默化地影响着幼儿,在欢乐教育实践中要花大力气建设符合幼儿身心健康所需要的智慧的、艺术的、童趣的、高雅的幼儿成长乐园。

五、统一协调的家园共育

家园共育的主要体现：设立家长委员会，请家长参与幼儿园管理；设立园长信箱、园长接待日；开办家长学校；举办趣味亲子运动会；开放家长半日观摩，等等。通过这些渠道使广大幼儿园家长朋友能够随时了解幼儿园的阶段性目标、教育内容与重大活动，并积极主动地与幼儿园、教师合作，协同教育好孩子。

同时，幼儿园应积极与社会各界进行沟通，创造使幼儿广泛接触社会、开阔眼界、增强体验和锻炼实践操作能力的机会。

第六章　欢乐教育乐园

欢乐教育
以幼儿愉快发展为根本
幼儿愉快发展
是欢乐教育的灵魂

幼儿愉快发展
是全体幼儿的发展
是全面且和谐的发展
是自动自发的发展
是生动活泼的发展
是终身持续的发展

欢乐教育旨在营造
宽松、和谐、乐学的氛围
引导幼儿，面对成绩，欣喜而不自傲
面对挑战，迎接决不退缩

欢乐教育培养幼儿
积极参与，情趣盎然
发现欢乐，体验欢乐
在欢乐的心境中学习成长

欢乐教育引领幼儿
情感积极，兴趣广泛
不怕困难，努力进取
乐观向上，主动探究

欢乐教育是以幼儿愉快发展为根本的教育，强调幼儿园一切工作的出发点和归宿都是为了幼儿愉快发展。幼儿愉快发展是欢乐教育的灵魂，它贯穿在欢乐教育过程的每一个环节之中。幼儿愉快发展中的"愉快"，是指幼儿参与多种类的、多层次的、积极的情绪体验，是幼儿发展的情感动力，是生动活泼、主动发展的外在特征，是持续发展的基础，也是幼儿发展中追求的目标。"发展"，是指全体幼儿的发展，是每一个幼儿的全面且和谐的、主动的、生动活泼的、终身持续的发展。

五大领域活动是幼儿实现认知发展的过程，同时也是幼儿经历各种情绪体验的过程，其中既有成功的欢乐，也有遇到困难、挫折时的艰辛。欢乐教育不仅要求幼儿园和教师减轻幼儿过重的学习负担，营造宽松、和谐、乐学的氛围，还要求幼儿园和教师引导幼儿正确对待学习上的成绩、困难和挫折，面对成绩欣喜而不自傲，面对困难和挫折知难而上，决不退缩。

欢乐教育要让幼儿在各种教育活动中都能积极参与、情趣盎然、发现欢乐、体验欢乐，在欢乐的心境中学习成长，成为具有积极的情感、广泛的兴趣、不怕困难、积极进取、乐观向上、主动探究的未来国际型人才。所以，幼儿愉快发展是欢乐教育的本质特征和根本目的，愉快和发展互为动力与目标。

一、开展欢乐教育要处理好两个关系

在欢乐教育开展的过程中，有人提出，现在的幼儿大多数是独生子女，娇生惯养，本来就缺乏勤奋努力的精神，搞欢乐教育，不免令人担忧：现在的孩子没事自己还娇惯自己呢，进行欢乐教育，他们得成什么样呀？针对上述议论，就需要搞清楚以下几个概念上的关系，以便更加坚定开展欢乐教育的信心和决心。

（一）欢乐教育与刻苦学习的关系

从心理学角度分析：欢乐与刻苦是两个范畴，欢乐与痛苦对立，是一种心理情感的体验；而刻苦与懒惰对立，是一种心理意志的体验，是行为态度的反映。因此，欢乐教育与刻苦学习是相一致的。引导幼儿以苦为乐，战胜挫折，这种自觉的刻苦学习才是持久的。

从哲学角度分析：苦与乐的统一是辩证唯物主义动机与效果的统一，是一个过程的不同阶段，欢乐教育是就教育目标的提出和实现而言，而刻苦学习是就教育的过程或目标的实现方式途径而言，它们本身是统一的，幼儿付出的辛苦越多，目标实现时就越欢乐。苦与乐又是相对的，没有苦的对立，就无乐的存在，正是有苦的前提才有乐的期望和结果。

从历史角度分析：中外历史上不少著名教育家在提倡乐学的同时也主张苦学，认为苦学与乐学并不相悖。任何片面夸大苦学或乐学，否定二者之间的联系的观点都是不科学的，都会使教育教学出现失误。

（二）欢乐教育与严格要求的关系

欢乐教育以幼儿的愉快发展为本绝不是放松管理，正像小树在成长的过程中需要园丁修枝剪叶一样，幼儿的成长历程中也需要教师、家长的严格要求。对幼儿严格要求首先体现在引导幼儿学习如何做人上。无论是教师还是家长都要通过积极的方法培养幼儿真诚待人，实事求是……要让幼儿能够体会到严格要求是自己成长的需要，只有严格要求才利于自己成长、成人，从而用积极的心态面对困难与挫折。对幼儿严格要求就要随时指出他们的缺点，帮助他们认识缺点的危害，指出改正缺点的方式和方法，同时要培养幼儿能够感到别人给自己指出缺点，自己接受并且改正，是最大的欢乐；对幼儿严格要求还表现在促使他们不懈努力之中，通过长期、反复的训练使他们养成良好的生活、卫生、交往、学习习惯等，这将使幼儿受益终身。

二、再现欢乐教育活动

幼儿的学习之乐是欢乐教育追求的乐学效果，主要体现在生动活泼的乐学气氛、积极主动的乐学态度和学会、会学的心理体验三个方面。

（一）生动活泼的乐学气氛

幼儿是学习的主体。在教育活动中教师要尊重幼儿的主体地位，使幼儿成为知识的发现者和创造者，成为教育活动过程的真正中心，让他们在动脑想、动口说、动手做之中获得个人求知欲的满足，并经过自己的努力探究收获成功的体验，在成功中获取欢乐，真正成为学习的主人。

幼儿如何成为学习的小主人呢？教师请幼儿各抒己见，并汇总所有幼儿的想法，在此提出教育活动中每个幼儿都要做到"五个一"，即：提出一个不懂的问题，发表一个不同的见解，参加一个讨论，做好一次试验，获得一次成功的体验。这样的提议与要求引领着幼儿在实践中做学习的小主人，自动自发地发展自己，使自己变得更加积极、自信和聪明。

（二）积极主动的乐学态度

欢乐教育倡导幼儿愉快发展，关键在于主动。幼儿可以根据自己的兴趣，决定自己的学习内容和学习方法，通过创造思维自己得出结论。这样，他们就是在用心领悟、思考、体验和探究知识与经验。

（三）学会、会学的心理体验

在教育活动中，幼儿由不知到懂得、明白，是幼儿求知欲望满足后的愉悦，由不会到学会，是幼儿获得成功后的开心，更有幼儿从由失败向成功的转化过程中经受锻炼所获得的欢乐。

三、欢乐成长的乐园

教师鼓励幼儿上课时也可以随意趴或坐到地上，只要注意听、不出声就行。教师鼓励幼儿多玩、会玩，还可以向孩子们灌输一个"分享"的概念，让孩子们每周有一天可以带一件自己得意的玩具进到活动室，小朋友们彼此介绍、交流，一起玩。

教师强调幼儿阅读，但不是同声朗读，最好是一个人默读。一本绘本词量不大，幼儿可以自己看图说话、编儿歌、编故事、表演故事。

四、幸福欢乐地从教

在幼儿进行美术活动时，教师可以把画板和颜料放好，任由幼儿去涂抹，锻炼和丰富他们的想象力、表现力和创造力，决不添加任何限制，最后夸赞和表扬每个孩子的作品。在教师眼里，具体的绘画技能远远赶不上幼儿的创造性重要，还有就是不能用成人的标准来对幼儿的创造力进行优、良、中、差的评价。幼儿所做的一切都是他们自己最好的表现。

（一）欢乐游戏陪伴幼儿成长

游戏是幼儿的生命，把游戏融入五大领域教育活动之中，把学习变成欢乐的游戏，幼儿在游戏中可以获得欢乐，幼儿在欢乐的状态下学习是最有效的，且不存在任何学习负担或压力。幼儿若能避苦趋乐，把学习当成欢乐的游戏去践行，就会热爱并主动去学习。

游戏具备强大的教育功能。教师若能在幼儿尽情游戏时，利用好游戏的教育功能，幼儿就完全可以在游戏中收获知识，获取能力。为了幼儿的欢乐、健康成长和学习进步，请给幼儿更多的游戏时间和空间。

（二）欢乐教育引领幼儿成长

欢乐教育是以幼儿为本的教育，幼儿只有拥有了欢乐，才会拥有自信、学习的动力和创造的欲望。教师应该运用欢乐教育方法把欢乐带给幼儿，让幼儿的童年充满欢乐。欢乐教育追求的是为幼儿创造愉快和谐的学习环境，激发幼儿浓厚的学习兴趣，培养幼儿良好的学习习惯和学习态度，从而使幼儿带着极高的学习热情投入学习，以极高的学习能力获得好的学习效果，从而感受到学习的幸福和欢乐。

在日常教育活动中，教师应该运用富有实效的欢乐教育教学方法，极大程度地调动幼儿的学习积极性，为幼儿创造一个轻松、愉快的学习氛围，同时把严格要求渗透到欢乐教育之中，点燃幼儿生命和智慧的火焰，照亮他们丰富多彩、色彩斑斓的童年生活。

教师在平时要多注意观察幼儿，鼓励幼儿与同伴一起游戏，为幼儿提供多种兴趣体验的选择机会，给幼儿提供必要的引导，让他们学会愉快地交流、讨论、协商、分享，培养幼儿广泛的兴趣爱好和融洽的人际关系。每天多给幼儿一个微笑、一句鼓励、一声赞扬，幼儿就会沐浴在欢乐的海洋里。

在今天这个崇尚以幼儿为本的时代里，工作在第一线的教师们更要努力跟上时代的步伐，用全新的欢乐教育理念培养幼儿、了解幼儿，了解他们的爱好和才能、了解他们的精神世界、了解他们的欢乐和忧愁，让他们在欢乐中学习、游戏、发展和成长，开心、欢乐地过好每一天。教师、家长、幼儿，共同携手成为欢乐教育的参与者和受益者，一起用爱、理解和信任揭开欢乐教育的神秘面纱，真正实现教得欢乐、学得欢乐，从中体验到生活的乐趣和人生的美好。

（三）赏识教育助力幼儿成长

欢乐教育离不开赏识，赏识会让幼儿保持乐观、自信的精神状态，让幼儿沉浸于欢乐之中。

1. 停止抱怨及否定幼儿

在没有发现幼儿有什么值得赏识的地方或不知道该如何给予他们赞赏前，请先停止对幼儿的抱怨及否定。词语"暗示生短"的意思是指如果总是就某个缺点暗示某人，久而久之，这个人就会认定自己真的改不掉这个缺点。所以，教师不应随意抱怨及否定幼儿，否则，某些幼儿的潜能可能就在教师的抱怨及否定中被扼杀了。

2. 包容幼儿的发展差异

世界上没有完全相同的两个幼儿，更没有十全十美的人，要包容幼儿的发展差异，允许幼儿有缺点，允许幼儿失败，幼儿的许多认知是在失败中逐渐发展和成长起来的！

3. 发自真心地赏识幼儿

真正地、发自真心地赏识幼儿、热爱幼儿、尊重幼儿、平等地对待幼儿。赏识是幼儿成长过程中的阳光和雨露，千万不能吝啬，在教师欣赏的目光注视下，幼儿会更加开心、幸福和欢乐地成长。

第七章　欢乐教育技巧

欢乐，是人的天性
幼儿期，是最需要欢乐的时代

没有欢乐的幼儿园
就如同没有阳光雨露的苗圃
是令人悲哀的

爱，是推动学前教育工作的力量之源

教师应给予幼儿尊重与真爱
引导幼儿充满信心地去实现心中的梦想

教师应给予幼儿科学的爱
这不仅是一种艺术
更是一种责任

教师应给予幼儿无私的大爱
以朋友和玩伴的身份
与幼儿一起谈天说地
对幼儿真诚关心，热情相助
努力成为幼儿最为信赖的好朋友

欢乐是人的天性，幼儿期是最需要欢乐的时代。没有欢乐的幼儿园就如同没有阳光雨露的苗圃，是令人悲哀的。在今天这个崭新的时代里，作为教师，应该处处给幼儿以尊重与真爱，引导他们充满信心地实现心中的梦想，给予每一位幼儿科学的爱，这不仅是一种艺术，更是一种责任。

一、真诚关心幼儿

幼儿生性感情细腻、真挚，动之以情、攻心为上是教师调动幼儿学习积极性的重要法宝。教师在整个活动过程中都应充满激情和热情，使幼儿感受到教师对学前教育事业和幼儿园工作的热爱，让幼儿感受到教师乐观和积极进取的人生态度，从而对幼儿产生一种强烈的感染力和震撼力。

爱是推动学前教育工作的力量之源，教师对每一个幼儿都应该充满爱心，在幼儿的生活、学习、思想、身心健康等方面关心幼儿，帮助幼儿，时时处处为幼儿着想，让幼儿感受到教师无私的大爱，幼儿也会因此爱上自己的老师，自然也就喜欢学习了。

教师平时应注意加强自身的内在修养，不断提高教育教学水平，多以朋友和玩伴的身份与幼儿一起谈天说地，对幼儿真诚关心，热情相助，努力成为幼儿最为信赖的好朋友。

教师也应特别注重自己的仪容仪表，以求在幼儿面前始终精神饱满，意气风发。这样，幼儿由接受教师，到喜欢教师，无形中会以更加积极的情绪状态进入学习过程之中。

二、实施民主教学

要想使幼儿心情愉快、精神饱满地投入学习之中，仅靠教师本身的满腔热情、生动讲述还远远不够，关键是要设法使幼儿变忠实的听众为积极的参与者,创设使之主动投入学习活动的欢乐氛围。

在日常教学中,教师应特别注重幼儿的感情需求,努力营造一种轻松和谐的民主氛围,使幼儿能够真正做到开心欢乐地学习。

三、语言幽默诙谐

在五大领域教育活动中,可以借助于联想,利用机智、含蓄、诙谐的语言,创设轻松欢乐的气氛,使幼儿在欢声笑语中轻松掌握所学知识。幽默是一种艺术,是一种力量,是一种深沉的善意,活动中多几分幽默,幼儿就会多几分热情,课堂气氛就会轻松欢乐,教学活动就会更加和谐地展开。

四、开拓思维创新

积极倡导幼儿主动参与活动、用心观察探究,培养幼儿的创新意识、创新思维和创新能力,充分发挥教师的主导作用和幼儿的主体作用,引导幼儿参与到整个活动过程中,开拓幼儿的创新思维。

五、探索教学艺术

教学是一门艺术,是一个教师各种素质的综合体现。教师渊博的知识、扎实的教学基本功、新颖的教学方法及手段、欢乐的游戏等,都会深深地吸引幼儿,使幼儿愿意听、喜欢学,幼儿便能从学习中获得满足和欢乐,成功感就能源源不断地得以强化,学习的热情和积极性也就可以长时间地维持下去。因此,教师在教学活动过程中应不断地进行教法探索和加强对幼儿学习方法的指导,调动幼儿学习的积极性。教学上通过丰富的语言艺术、生动感性的实例,深入浅出,突出重点、难点,注意与幼儿的双向互动交流,发挥幼儿的主体作用,采用各种直观教具和多媒体技术手段进行启发式教学,向幼儿传递各类操作性强的知识信息,从而使幼儿感知全面,理解深刻,既掌握知识,又培养能力。

六、尊重包容幼儿

尊重是教育的真谛，面对幼儿，更要懂得尊重和理解他们。教育的最终目的是当他们长大成人走向社会时，能拥有正确的人生观、世界观和价值观，有良好的发展潜力并服务于社会。教师要有高度的责任感，要教育和培养好幼儿，让他们在轻松欢乐的环境中健康成长。教师要永远有一颗真诚善良和关爱呵护幼儿的心，永远有一双敏锐公正的眼睛，善于捕捉幼儿细微的心理变化，深入他们的心灵世界，及时做出师幼融洽、和谐互动的调整，让每个幼儿的心灵都能享受到教师的阳光雨露，让每个幼儿都能充满信心地学习。如在教学提问时，有时幼儿回答不上来，可以给予适当提示或委婉地请他坐下再思考一会儿。此时，教师给了他尊重，幼儿也会暗下决心，平时一定会更加努力，争取下一次能够有更好的表现。

七、追求完满幸福

（一）社会需要与个体需要

学前教育的目的是让幼儿成为一个欢乐的人，教育的手段和方法故应该是欢乐的。就像一根细小的芦苇管，你从这一头输进去的如果是苦涩的汁水，在另一端流出的也绝不会是甘甜的蜜汁。幼儿在欢乐的时候，学习任何东西都比较容易，相反在情绪低落、精神紧张的状态下，他的信心就会减弱，这时即使是一个伟大的教育家面对他们，也不会有任何办法。唯一的方法就是先把他们的情绪调节到欢乐、自信和专注的状态，然后再开始学习。幼儿在欢乐的时候是进行教育的最佳时机，教育应该是欢乐的。欢乐教育是建立在教师对幼儿热爱、尊重、信任、理解的基础之上，通过欢乐的方法，在欢乐的状态下，对幼儿进行欢乐的、符合幼儿心智成长规律的教育。教师要尊重幼儿的权利，培养具有自理、自由、自立、竞争、创新、创造等能力的人才，以适应未来社会的需要。在教育活动过程中，教师要关注幼儿的个体需要、幼儿心智成长的规律及幼儿心智演化的过程。幼儿的心智遵循自然界事物的发展规律，由简单到复杂，由小到大，由少到多，由局部到整体，由具体到抽象。幼儿能力的发展有一定顺序性，每个阶段的能力则需要供给不同的知识，对不同年龄段的幼儿应该有不同的教育，因为每个时期幼儿的生理和心理特点均是不一样的。

（二）身体健康与心智健全

健全的心智寓于健康的身体就是幸福。心智不明的幼儿做事找不到正确的途径，身体衰弱的幼儿即使找到正确的途径也没有能力去实现目标。欢乐教育指向的是幼儿未来完满和幸福的人生。幸福是身体的健康与心智的健全，这两者是同等重要的。幸福的人生开始于健康的身体，在养育幼儿时要注意饮食、睡眠、排便、衣着等，应对幼儿循序渐进地进行健康体能的训练和健全心智的培养。欢乐教育是一门艺术，这门艺术要教会幼儿：生活是自己的事，学会乐观地去面对，承担自己行为的后果，养成良好的行为习惯，学习爱和被爱、信任与被信任，懂得感恩与回报，懂得肃穆和敬仰等优良的品质，为未来完满和幸福的生活做好准备。

（三）知识选择与科学教育

科学是使文明生活成为可能的基础。幼儿要学习的五类科学知识如下。

1. 直接自我保护的知识

直接自我保护的知识，这是最为首要的，如生理、卫生、安全等方面的知识。

2. 间接自我保护的知识

间接自我保护的知识，如阅读、书写、计算、物理、数学、化学等。

3. 教育知识

教育方面的知识，如教育学、心理学等。

4. 社会知识

维持正常社会关系的知识，如经济、政治、历史、地理、天文等。

5. 艺术知识

满足爱好和情感的艺术知识，如音乐、绘画、诗歌等。

科学知识比其他一切知识都更为重要，更好地训练幼儿记忆力的知识是科学，更好地培养幼儿判断力的知识是科学，更好地培养幼儿道德和品质的知识是科学，直接保护自己的知识是科学，间接保护自己学会谋生的知识还是科学。总之，最重要的知识、最有价值的知识是科学。

（四）自然教育与实物教育

教育方法是引导、调节教育过程最重要的手段，它是欢乐教育中实现欢乐教育目标，教授一定知识内容，教师与幼儿必须遵循的原则性步骤。教育方法为教育目的和内容服务。教育方法应该是欢乐的，欢乐的就是有益的。

大自然是最伟大的老师，幼儿在大自然中可以无拘无束、自由自在地成长，到大自然中去，到许多生命生长的地方去，幼儿就会获得智慧和力量，也能陶冶性情。幼儿应该到大自然中去接受教育。幼儿是通过参与真实的生活实践，在真实的情景中进行学习的，而不只是通过书本进行学习。一个人的品质、性格和智慧，一定与所接受的自然教育有关。一个人在以后的生活中是否感到幸福、欢乐，也必然与自然有关。一个热爱自然的孩子，是不可能变坏的。

兴趣是幼儿学习和求知最大的动力，诱导是教育和培养幼儿的最好方法。幼儿的学习源于生活，生活中各种各样事物的刺激会使幼儿产生浓厚的学习兴趣，恰恰是这种兴趣预示着幼儿巨大的潜力和无限发展的可能性。要珍视幼儿的兴趣，通过积极的诱导有效地促进幼儿的学习。学习是幼儿自己的学习，正如生活是幼儿自己的生活一样，只有引发幼儿的动机，才能诱导幼儿进行学习。提倡发现学习。发现学习是指幼儿自身发现知识及其规律的学习，幼儿发现知识远比向其灌输知识更有效。不同年龄段的幼儿，其思维特点也是不一样的，幼儿直觉思维的特点正是进行发现学习的沃土，发现学习建立在幼儿观察的基础之上。观察是一切学习的开始，仔细观察是一切伟大成就的必要条件，艺术家、科学家需要它，医生诊断需要它，工程师需要它。幼儿的观察遵循由简单到复杂、由具体到抽象、由不准确到准确的规律，教师需要做的就是为幼儿的观察过程提供支持性的环境。

第八章　欢乐教育秘诀

教师应不断地去体会
自己平时与幼儿的关系
尤其是心灵间的距离
感受心灵的慰藉与震撼

教师应不断地去追问
我是一个有幸福感的教师吗
我敞开自己的心扉了吗
我关注、热爱、体味到幼儿的幸福人生了吗

对幼儿来说
玩是一种愉快的生活和学习
教师应多组织开展
适合幼儿生理和心理发展规律的游戏
寓教于乐
不断丰富"玩"的内涵和趣味性
让幼儿玩出水平，玩出实效
开阔幼儿的视野
培养幼儿的注意力和兴趣
锻炼幼儿的健康身心
学会做人和交际

作为一名幼儿教师，应该不断地去体会自己平时与幼儿的关系，尤其是心灵间的距离，感受心灵的慰藉与震撼，不断地去体味和追问：我是一个有幸福感的教师吗？我敞开自己的心扉了吗？我关注、热爱、体味到幼儿的幸福人生了吗？

对幼儿来说，玩是一种愉快的生活和实践学习。教师应多组织开展适合幼儿生理和心理发展规律的游戏，寓教于乐，不断丰富"玩"的内涵和趣味性，玩出水平、玩出实效，使幼儿在玩中既能开阔视野、培养注意力和兴趣，又能锻炼幼儿的健康身心，学会做人和交际。

作为一名幼儿教师，应把对幼儿的关心体现在幼儿在园的一日生活之中。从关心幼儿的日常生活、习惯、起居入手，到关心他们的思想、学习、生活、家庭教育以及合法权益等。对幼儿要加强感恩教育和抗挫折教育，使他们懂得生命的价值，增强其不畏困难、不怕挫折、调整生存状态的能力，充分相信、理解和尊重他们，潜移默化地影响、教育幼儿，拉近两代人的距离，学会在代沟之间搭起一座沟通的桥梁。

培养教育幼儿是一项长期任务，也是一项艰苦的工作，教师应坚持不懈、持之以恒地做好幼儿教育教学工作，对自己严格要求、探索经验、以幼儿为本、爱岗敬业、勇于担当，在过去良好的工作基础上更上一层楼。

按照欢乐教育学习环境要求，采用新颖的教学方法，突出幼儿欢乐学习的趣味性、思维活动的敏捷性，激发幼儿试图尝试创新的热情，鼓励幼儿主动学习探究的精神，培养幼儿的创新、创造意识和实践动手操作能力。教师积极创设情境，诱导幼儿运用已有的知识和经验解决实际问题，唤醒幼儿的好奇心和自信心，运用妙语生辉的情境表演法，更加突出活动内容的趣味性，激发幼儿观察、模仿和表演的兴趣，落实欢乐教学法。

欢乐教育要求科学把握幼儿身心发展的规律，以幼儿为本，以幼儿的生活为基础，以欢乐游戏活动为载体来构建欢乐教育课程的内容结构体系，其主要特点是强调活动的综合性，促进幼儿的思维创新以及身心的全面和谐发展。

幼儿期是人一生发展的奠基阶段，对个体的后续学习和终身发展具有不可替代的重要作用。幼儿的经验应该是整体和联系的。幼儿的学习是整体性的，是将认识纳入他的整个经验体系之中的。幼儿在行动中不会去区分科学的行动、艺术的行动、社会的行动……幼儿只有综合的行动。因此，幼儿园的课程应该是整体的、综合的，这也是当今课程理论和实践所显现的重要特征。在各个活动中，尽可能地整合健康、语言、社会、科学和艺术五大领域的内容和要求，并关注不同领域内容之间的横向联系，促进幼儿对不同知识和经验的迁移。

一、创新思维是核心

所谓创新思维，是指人在不受常规思维方式的约束下，寻求对问题全新的、具有独特性的解答方法的思维过程。创新思维是一个人创造力发挥的前提，是创新实践的保证。幼儿期是培养创新思维的重要阶段。这一时期的幼儿精力充沛、好奇心强、求知欲旺盛，又富于幻想，所以，加强对幼儿创新思维的培养，对其一生的发展都具有十分重要的意义。

欢乐教育的主要目的是在幼儿对世界充满兴趣、充满探究欲望的时候，在他的心灵世界播下创新的种子，使它生根、发芽、成长并不断壮大。教师应为幼儿创设有准备的环境，设计幼儿能够自发、主动、积极探究的游戏和活动。把幼儿创新思维的培养渗透到幼儿一日活动中的每一个领域，保证幼儿在欢乐的游戏中健康成长。在选择主题、内容及其表现形式上都应力求体现创新理念，使幼儿活动的主题和内容成为培养幼儿创新思维、引导幼儿欢乐游戏和促进幼儿健康成长的情境。

二、欢乐游戏是途径

幼儿特别喜欢模仿，拟人化的心理特征表现得十分明显。幼儿想象的无意性、夸张性，思维的拟人化等心理特点，使他们往往不由自主地沉浸在游戏的情境之中，正如科学家会经常完全沉醉在科学实验中那样。幼儿期的欢乐游戏，可能正是一个人在长大之后取得卓越成就的前提。正如爱因斯坦发现相对论、在科学上做出重要贡献的原因竟是幼儿期在游戏中发现了新的世界那样，许多哲学家、科学家也都推崇游戏的价值，认为人究其本性来说是游戏的，并得出"游戏人"的人性论观点。而许多伟大的科学家也以其在科学发现中的伟大贡献一次次地证明：游戏的世界是探究的世界，是梦想的世界，是发现的世界，只有在欢乐的游戏中，人才能实现探究世界、发现世界的目标。

游戏是幼儿的天性。幼儿游戏蕴藏着发展的需要和教育的契机，发展的多样性、差异性、自然性等特点在游戏中体现得最为淋漓尽致，这是游戏的本质所决定的。游戏有利于幼儿创新思维的培养，游戏内在地、自然地促进了幼儿的健康成长。

教师要为幼儿创设良好的游戏环境，提供丰富的游戏材料。幼儿可以根据自己的需要和意愿选择材料、选择活动内容、选择游戏伙伴……在欢乐的游戏中让幼儿体验、发现、成长，全面有效地促进幼儿的发展。

欢乐有两个层面的含义：一是指表面层次的欢乐，即幼儿在活动中心情高兴和愉快；二是指幼儿在各项活动中获得成功时体验到的发自内心的成功感、胜任感和自信心，这是深层次的欢乐。这两个层面的欢乐相辅相成，构成幼儿的欢乐生活。欢乐不是幼儿期教育的全部意义，还应让幼儿在感到欢乐的同时，各方面获得充分的、最佳的发展，最终实现幼儿的健康成长。

欢乐游戏的教学价值，是通过欢乐的游戏活动培养幼儿思维的灵活性、独创性和身体的协调性以及力量的发展。欢乐游戏是培养幼儿创新思维、促进幼儿健康成长的基本途径，并把二者以游戏的形式贯穿在每一个活动主题和内容当中。

例如：在以绘画为主的活动中，力图给幼儿更多的活动自由，可让幼儿添笔画、拼画、为季节涂颜色、粘贴画等，在这些主题和内容的设计上，力求达到通过幼儿自由的创造和欢乐的游戏促进其创造性思维发展的目的。

在侧重语言领域的活动中，教师更着重于将图画内容的视觉解读和生动形象的语言讲述结合起来，培养和发展幼儿的创造思维。

在小班"可爱的小鸡"游戏中，幼儿可以将故事内容与图片内容相对应，并根据故事内容对图片进行排序。幼儿也可以将图片自由组合进行排列，只要把故事编得合理，讲得生动，教师就应给予充分的肯定。当然，幼儿还可以通过绘画、舞蹈等多种形式来表现故事内容，表达自己的情感，这些都是幼儿创新活动课程所倡导的方式。

在以音乐为主要载体的活动"大灰狼和小白兔"中，指导幼儿可以跟随音乐进行律动表演，鼓励幼儿展开想象的翅膀，按照自己的想法自由地模仿动作、创编动作，想象战胜大灰狼的各种办法……正是在这种大胆的表现、欢快自由的游戏过程中，幼儿的创新思维得到了激发和培养，幼儿的身心得到了健全的发展。

三、健康成长是目的

健康成长的核心是发展。所谓发展，最主要的就是促进幼儿健全人格的发展。具有健康人格的人应具有和谐的人际关系、良好的社会适应能力、正确的自我意识、乐观向上的生活态度、良好的情绪调控能力、积极向上的人生观价值观。

发展有两个层面的含义：一是幼儿要在当前获得充分发展，每天都要有所进步；二是这种当前的进步，又应有利于他们入学以后的学习，有利于他们终身、可持续的发展。

对幼儿健全人格的培养，关键要抓好如下三点：一是促进幼儿身体和心理的和谐，身体是意识的基础，在身体健康的情况下心理才能健康；二是与自然和谐、与社会和谐，我们培养的人最终是要在社会中成长的，要成为一个社会的人；三是促进幼儿自我意识的初步形成，使幼儿有自主感、有主体性，知道自己的事情要自己负责任，知道自己跟别人是不同的，知道自己到底喜欢什么、发展什么，知道自己要对自己的行为负责……只有使幼儿达到身心和谐、与自然和社会适应、有了自我意识，才是真正意义上的健康成长。

幼儿只有在欢乐的状态下，才有可能主动活动、积极学习，获得良好的发展，欢乐和发展其实是相互促进的。同样，幼儿在成功、进步时必然是开心快乐的，觉得自己很棒、很有价值，这种发展又会促使幼儿发自内心地感到欢乐。教师不仅要关注幼儿现在的欢乐，还应关注幼儿将来的欢乐。让幼儿在欢乐中学习、在欢乐中发展是我们对幼儿、对整个学前教育的期望。

第九章　欢乐教育境界

欢乐教育，旨在实现幼儿的全面自由发展
养幼儿内心之德，张幼儿精神之翼
让幼儿的精神生长，灵魂发育

欢乐教育，张扬幼儿朝气蓬勃的生命
迎接幼儿未来出彩的人生

欢乐教育，面向全体幼儿
尊重理解幼儿，宽容善待幼儿
助力幼儿，体验成功，全面和谐发展

欢乐教育，培养幼儿
欢乐地歌唱，欢乐地游戏
欢乐地运动，欢乐地创造
欢乐地学习，欢乐地成长

〉〉〉

人们欣赏幼儿自由舒展的烂漫天性，品味幼儿勇敢、珍惜、感恩、帮助的良好意志品质。欢乐教育是什么？欢乐教育在于实现幼儿的全面自由发展，养幼儿内心之德，张幼儿精神之翼，让幼儿的精神生长、灵魂发育，张扬朝气蓬勃的生命，迎接未来出彩的人生！

一、教育应当是欢乐的

教学是一门有用和有趣的艺术。幼儿园、教师、课程、教学方法等旨在激发和培养幼儿的求知欲和学习兴趣，重视和激励幼儿的好奇心，巧妙地使幼儿产生学习的愿望，激起幼儿学习或研究什么东西的欲望，向幼儿提供满足他们愿望的方法，此时无须教师劝勉，幼儿便能积极愉快地投入学习之中，感受到学习的欢乐。

教师教学由引起幼儿的学习愿望入手，进而达到幼儿易学、乐学，提高教学效率的目的。幼儿的欲望和需要得到满足时，能导致幼儿精神上的愉悦，而这种愉悦反过来又会成为幼儿求知的动力。

幼儿学习时感到欢乐会使其心智、个性和健康都得到益处。保持幼儿的欢乐本身就是一个有价值的目标。欢乐的情感状态有利于幼儿智力活动的开展，愉快的学习氛围会使幼儿被知识所吸引。幼儿高兴时的所读、所见、所闻要比在漠不关心时的收获多得多。教学要考虑幼儿的兴趣，使他们在愉快的状态中接受知识，一般来讲，幼儿的自发活动都是在追求乐趣中进行的。兴趣与欢乐是紧密联系的，问题不在于教给幼儿各种知识，而在于培养他们探索知识的兴趣，并且在这种兴趣充分增长起来的时候，教给他们进行研究的方法。

怎样引起幼儿学习的兴趣和使他们感到欢乐呢？教师教学要从幼儿的实际出发，引导他们学习于现实有益的知识，避免纯理论的说教。主张行以致知，提倡师幼在共同的活动中进行教学，以激发幼儿的兴趣和欢乐。在师幼互动中，鼓励幼儿展开竞赛，亦可用多种手段激发他们，使之克服困难，取得明显的成绩，从而激起幼儿的浓厚兴趣。根据幼儿的需要在实际活动中教导实用知识，以及通过竞赛使幼儿获得成功。

当前，教育心理学家越来越重视内在动机和欢乐的作用，并指出要让幼儿对获得有用的知识产生兴趣，而不是让他们为各种外来的奖励所左右。若使幼儿对学习有兴趣，在欢乐中掌握知识，最主要的一条就是教育的次序和方法必须适合心智演化的自然过程，适应心理机能的发展顺序，从简到繁，从模糊到准确，从具体到抽象，从经验到推理。重视幼儿的主动地位和自学能力，幼儿的自学更能激起对学习的强烈兴趣。相信幼儿，启发幼儿，使他们处于主动地位，进行独立观察、思考和理解，从而培养幼儿的自学能力。

幼儿智慧的本能有时比教师的推理更可靠。教师经常帮助幼儿达到目的，使他们享受到胜利的欢乐，使他们在困难中得到帮助，他们便越能在自然形式下获得知识，感到学习的乐趣。由成功所带来满足感的幼儿，越有可能进行终身的自我教育。教师既要把培养幼儿看作一个欢乐的教育过程，又主张把教育看作自我教育的过程。

幼儿好奇心是产生兴趣和欢乐的重要根源之一。有了好奇心，就能促使幼儿情不自禁地产生积极的认识活动，培养起对所学知识的浓厚兴趣。幼儿自然的好奇心是他们求知和愿学的重要动力。教师应带领幼儿去观察自然的种种现象，使他们变得好奇，不能急急忙忙地去满足幼儿的好奇心。当幼儿的好奇心已充分表现出来时，可以提出几个简明的问题，以便解答他们心中感到稀奇的地方；要慎重对待幼儿的发问，要尽量答得真实、简单、肯定而清晰，不能有模糊和犹豫不决的口气，更不可讥笑他们；可以提出一些能为幼儿所理解的问题，让他们自己去解答，但这些答案不是由于教师的帮助，而是由于他们自己理解所获得的结果。

从好奇心、兴趣到欢乐教育，从乐学在教育中的作用和价值到欢乐教育的原则和方法的创新，都有助于欢乐教育理论体系的形成。

二、欢乐教育境界

欢乐是幼儿在需要得到满足时所产生的情绪体验。它的产生与幼儿的需要密切相关。幼儿的需要是分层次的，这些处于不同层次的需要得到满足便会产生某种程度的愉快的情绪体验。师幼共同追求教学活动本身的欢乐氛围和审美价值至关重要。培养幼儿乐学品质的欢乐教育，有不同层次的境界。下面从欢乐情绪的不同来源，谈谈欢乐教育的不同境界。

（一）着眼于感觉愉快的欢乐教育

感觉愉快是幼儿对客观事物的各种属性直接感知时所产生的愉悦情绪。引起感觉愉快的因素是多种多样的，既有物理的，也有生理的；既有社会的，也有自然的。如鲜艳明快的色彩，悦耳动听的声音，丰富多彩的形式，和谐协调的结构，身体器官的运动，等等，都会使幼儿产生感觉愉快。感觉愉快是产生各种高层次的愉快情绪的基础，因此着眼于悦目悦耳的教育，是实施欢乐教育的一条重要途径。在欢乐教育的实践中，有许多能引起幼儿感觉愉快的教育措施。

1. 为幼儿创设愉悦的学习环境

活动室是幼儿进行学习、游戏活动的主要场所，活动室环境对幼儿的情绪有很大的影响。因此，活动室应注意采光通风，安静舒适，做到窗明几净、整齐美观而又力避繁复浮华，使幼儿身处其间，有种宁谧轻松、舒畅愉悦之感，从而增强体力、智力活动的效果。

2. 给幼儿生动形象的直观教学

在各领域教学活动中，教师如果能让幼儿倾听纯正流畅、抑扬顿挫、绘声绘色的语言，观看形象逼真、色彩柔和、图案清晰、对比鲜明的视频、照片、挂图、板书、板画、模型、教具等，操作、摆弄各种实物、学具，就能唤起他们的审美感受，使之产生愉悦的情绪反应。

3. 带领幼儿领略大自然的美景

定期带领幼儿去郊游、踏青，欣赏大自然之美，可以使他们产生心旷神怡的感受。例如春天繁花、秋夜月光、莺歌燕舞、青山秀水……这些自然美景的色彩、光线、声音、形态，均会使幼儿感到清新惬意。

4. 让幼儿的多种感官协同活动

好动是幼儿的天性。幼儿大肌肉群的发育优于小肌肉群，这时身体的运动能引起他们的愉快情绪体验。因此，在活动中让幼儿的多种感官协同活动，既让他们眼到、耳到，又让他们口到、手到，使其触觉、嗅觉、味觉这些辅助感官充分地发挥作用，就可以提高他们的知觉效果，满足他们的活动需要，从而达到使他们欢乐学习的目的。这里要指出的是，一切高层次的欢乐教育，固然要以感觉愉快为基础，但是感觉愉快往往缺乏持久性、稳定性，容易使人疲劳、厌倦，且极易分散幼儿的注意力，因此，感觉愉快不是欢乐教育所追求的终极目标，它必须上升到更高级的愉快境界。

(二) 着眼于驱力愉快的欢乐教育

驱力愉快是幼儿的生理需要得到满足时所产生的快感。情绪心理学研究表明，内驱力产生于维持有机体内平衡的生物周期的循环过程中，生物节律产生缺失，一般就激活内驱力。特别是当某种生理需要在一定程度上被剥夺以致体内平衡出现严重失调时，有机体急于寻找满足生理需要的条件，内驱力激活就处于十分紧张的状态；而当某种生理需要得到满足后，内驱力激活随之下降，需要导致的紧张得到释放，幼儿就会产生鲜明的轻松愉快的感受。遵循生理节律、维持幼儿体内平衡的教育，当属欢乐教育的应有之义，或者说欢乐教育理所当然地包含着教育活动节奏的调节。

目前，幼儿学习负担过重、心理压力过大，学习内容面太宽，教学难度大，教学时间长，教学方式过于单调，幼儿的生物节律必然遭到了严重破坏，内驱力处于被激活的状态。这种紧张状态如得不到及时缓解，久而久之就会导致心理疲劳，出现心慌、不安、激动、烦躁的情绪，使注意力、记忆力和思维效率严重下降，更有甚者还会引致心理疾病。在过度紧张的心理状态下学习，幼儿当然毫无乐趣可言。

可见，在目前的情况下，考虑幼儿的生理和心理承受力，根据生命节律调整教育节奏，以满足幼儿的生理需要而使之产生驱力愉快，无疑是实施欢乐教育应该考虑的一个重要课题。在这一层次上的欢乐教育主要涉及以下几个方面。

1. 教学活动节奏的调整

根据注意集中的节律，幼儿连续集中注意力的时间是5至10分钟，应注意调整教学活动节奏，讲究教学方式的多样化，确保幼儿稳定的注意力。要求教学活动节奏必须明快而不拖沓，跌宕有致而不死板，密度适中而不空疏，此外还应注意活动的难易程度、思维强度、两种注意的交替程度和师幼情感的共鸣度。唯其如此，幼儿才能在活动中产生愉快的情绪。

2. 一日活动节奏的调整

根据苏联科学家的研究，无论从事脑力劳动还是体力劳动，一天24小时中，幼儿的能力曲线与成人一样，以凌晨2~4点为最低，以后逐渐上升，上午9~10点达最高峰；午后约在14~15点下降到一天能力的平均线，以后又上升形成第二高峰；22点后下降到平均线下，并迅速下降，直到一天能力的最低点。据此，我们应该合理安排一日活动节奏，做到如下几点。

（1）控制活动总量，即幼儿一日在园时间严格控制在10小时以内。

（2）压缩教学活动时间，提高教学效率，丰富活动的内容和形式，提高活动质量，使大脑活动有张有弛。

(3) 在大脑工作效率的高潮期,安排各领域需要紧张的脑力劳动的活动课程;在大脑工作效率的低潮期,安排各领域轻松愉快的活动课程。

(4) 合理安排进餐、睡眠、休息、入园、离园时间。

3. 一周教学活动节奏的调整

有关研究表明,幼儿在一周中的学习能力并不是每天都相同的,一般说来,星期一并不高,星期二才升高,星期三、四达到高峰,以后不断下降。据此,星期一、五、六应安排较轻的学习任务,星期天应该让幼儿好好休息。这样安排,可以提高幼儿下周的学习能力,并能保持幼儿的愉快心境。

(三) 着眼于娱乐愉快的欢乐教育

娱乐是人类的一大需要,马斯洛将其归为人的发展的需要。娱乐需要的满足,能使人产生精神上的快感和享受。目前,着眼于娱乐愉快的欢乐教育有如下两种主要形式。

1. 教学游戏

游戏从其文化含义来看,是一种不创造物质财富的具有消遣、娱乐、享受性质的活动,自发、自由、愉快、非功利性是游戏的基本特征。游戏满足了人欲摆脱强制和束缚而自由活动的要求,使人感到轻松愉快,给人以身心的享受。从发展心理学的角度看,游戏是学前儿童的主导活动,是学前儿童教育的主要手段。把知识的学习及智力、情感和社会性的发展寓于游戏之中,借以活化活动过程,增添学习与训练的乐趣,从而产生较好的教学效果。在教学活动中,教师除了可以利用种种"智力游戏"为教学服务之外,还可以利用各种活动性游戏,如表演游戏、竞赛性游戏等为教学服务。

2. 教学艺术

教学艺术是教师按照美的规律采用的富有创造性的一种教学方式。在教学过程中,教师通过自己的教学艺术把"教学美"的信息传递给幼儿,使幼儿产生一种审美快感。教学艺术所传递的审美信息,可消除幼儿在教学过程中的焦虑感和疲倦感,使他们在愉快的感受中保持心理平衡。教学艺术融各种艺术表现手段于一炉。在教学活动中,教师形象生动、幽默风趣、优雅自然、从容传神、凝练精巧、灵活多变、难易适度、富于启发、循循善诱、机智灵活,从而诱发幼儿的学习兴趣,激起幼儿的审美情趣,使幼儿在紧张之余得到放松，在平淡之中加入兴味之"盐"。正因为如此，对欢乐教育目标的追求必然包含着对教学艺术的追求，教学艺术因素越是丰富，欢乐教育目标就越能得到完满的实现。

（四）着眼于成功愉快的欢乐教育

以上所述的"感觉愉快""驱力愉快"和"娱乐愉快"，在人们的生活中是经常发生的，并起着不可缺少的调剂生活的作用。但是，许多研究指出，这些类型的欢乐都不能代表作为社会化的人的真正欢乐。最纯粹、最典型的欢乐，是在人从事建设性的、有意义的活动中产生的，是人在活动中获得成果而得到自我满足的时候产生的；也是在得到他人的承认、被他人所接受而从客观上肯定自我的时候出现的。对于幼儿来说，真正的欢乐莫过于获得学习的成功、受到师长的首肯和信任、得到同伴的赞赏和支持。

因此，应该把追求成功的愉快作为欢乐教育的最高层次的追求。正如苏霍姆林斯基所说，教育的第一信条是把劳动的欢乐、学习上取得成功的欢乐给予儿童，在儿童的心里激起自豪感和自尊感。在我们的幼儿园里不应当有不幸的幼儿，即那些认为自己干什么都没有能力而被这种想法吞噬着心灵的孩子。在学习上取得成功是幼儿内在力量的唯一源泉，它能激发克服困难的活力，能激发幼儿的学习愿望。

1. 要对幼儿表达成功的期望

根据心理学的教师期望效应，教师对幼儿的高期望会使幼儿向好的方面发展，教师对幼儿的低期望则会使幼儿越来越差。因此，教师对幼儿的成功应该抱有充分的信心，这种"信心"能够使幼儿因受教师期望的激励而充满信心，进而迸发出积极的力量。

2. 要为幼儿创造成功的机会

学习的成功依赖于许多条件，教师要尽力为幼儿提供这些条件。这主要涉及学习内容和学习方法两个方面。一方面，在学习内容上，知识难度的选择和确定是问题的关键。从学习动机的激发理论来看，学习动机与学习难度直接相关。难度太小或太大，都不利于引发幼儿的求知欲；只有当学习内容具有一定的难度，但幼儿又能够通过努力取胜时，才能激发幼儿的认识兴趣。

幼儿园生活只能是欢乐的，但这并不等于降低对幼儿的要求，恰恰相反，有困难才能促使幼儿开动脑筋去思考、探索、实践，并从克服困难中获得乐趣。当然，这种困难应该是适度的，不是幼儿所力不胜任的困难，否则，他们是会被压垮的。另一方面，教会幼儿学习方法，帮助幼儿掌握有效的学习策略，也是幼儿取得学习成功的一个重要条件。

教学实践表明，学习方法、学习策略的欠缺往往是导致学习失败的一个重要原因。所以，教师在知识传授过程中应该十分重视学习方法的指导和学习策略的训练，让幼儿主动参与获取知识的过程，为他们学习的成功奠定方法的基础。

3.要多给幼儿鼓励性的评价

心理学的动机理论揭示，鼓励性评价能使幼儿体验成功的欢乐。阿莫纳什维利认为，对幼儿的学习活动应实行实质性评价，就是把幼儿的学习活动结果与拟定的学习任务标准相对比。这种评价对幼儿来说是一种激励。它可以促进、强化幼儿的学习与认知活动，使幼儿对自己的能力和获得成功充满着信心。

三、贯彻实施欢乐教育

在我国教育体制从应试教育转向素质教育的今天，欢乐教育将是当代幼儿教育发展的必然趋势。欢乐教育指的是教师在教学活动过程中，以一系列方法、技能和技巧及实验，潜移默化地施加影响于幼儿，激发幼儿兴趣，使之在欢乐中动脑、动口、动手，主动地学习，愉快地完成学习任务。

教育心理学专家的实验表明，幼儿在心理压抑和情绪不良的情况下，其学习潜能只能发挥25%左右；而当他们在亢奋心理和愉悦心境下，却能发挥学习潜能的85%以上。这表明作为教师，在教学活动中为幼儿创造愉悦的学习心境是相当重要的。

幼儿的心理尚处于未成熟状态，他们对各种事物都充满了好奇心，有极强的求知欲。作为教师应抓住幼儿的这种心理，根据不同的教学内容，设计出能够激发幼儿好奇心和使其产生兴趣的导语与导入活动，因为良好的开端是成功的一半。

欢乐从何而来？来自孩子们的笑声、成长和成功。欢乐教育理念全面贯彻国家教育方针，面向全体幼儿，全面提高幼儿素质，尊重理解幼儿，宽容善待幼儿，重视每一个幼儿的全面发展，帮助每一个幼儿体验成功，鼓励每一个幼儿成才，让所有幼儿欢乐地歌唱、欢乐地游戏、欢乐地运动、欢乐地创造、欢乐地学习、欢乐地成长。幼儿奔跑喊叫、爱玩好动是他们的天性，努力为幼儿营造一个天性不受压抑、个性不受束缚、能量尽情释放的童年！

幼儿园工作面对的是全体幼儿，教育工作必须关注和调动起所有幼儿的进取心和积极性。让幼儿在玩中学、学中玩，既不让他们感到枯燥乏味，又能引导他们兴趣盎然地去活动、体验、学习和游戏。孩子们没有过重的负担，其身心是愉快的，身体是健康的，成绩也是上乘的。一个个健康、自信、活泼、生机勃勃的孩子正向我们走来。孩子们的欢乐就是教师的欢乐，孩子们的成长就是教师的成功。也许没有轰轰烈烈，也许没有显赫一时，可每一位有爱的幼儿教师都愿意把自己像阳光雨露一样奉献给孩子们。

四、全方位提升幼儿

静观幼儿，会发现他们在开怀大笑时，声音是那么爽朗，他们在尽情地疯玩、投入地做一件事甚至重复做一件事时，那份由衷的欢乐真是让他们的眼睛都在放光。但如果你试着去问一些幼儿："你是不是每一天都这么欢乐呢？"他们的回答多半"不是"。理由当然是很多的，比如"不愿意去幼儿园""一不留神就被爸爸妈妈或老师训斥""常常不能干自己想干的事儿""爸爸妈妈总是对我不满意""不愿意学钢琴、学画、学舞蹈……"其实，来自幼儿心灵的声音，是极度渴望欢乐地度过每一天。

今天的父母对幼儿的关注，远远超过了他们的父辈当初对自己的关注。他们对幼儿寄予了太多的期望和理想，并为此身体力行——盼着幼儿能健康、聪明、活泼、好学，日后成材甚至成名成家。然而，美好的愿望和盲目的努力往往并不能产生预期的效果。忽略了幼儿欢乐的感受，教育的"收益"很可能就会大打折扣。

轻松、活泼、互动、科学的教育手段以及中西合璧、适应幼儿身心智力发展的欢乐教育理念，将给予幼儿全方位的教育指导，让幼儿在兴趣和探索中学习、开发自身内在的潜能。

第十章　欢乐教育经济学

欢乐教育，使幼儿感知幸福
获取幸福，创造幸福

欢乐教育，让幼儿体验和感知幸福
让教师学会实践幸福
幼儿的幸福
来自幼儿欢乐的心理感受

幸福，是一种追求的状态
是心灵不断成长、发展、完善的动态过程
感受幸福是一种能力

构建全方位的欢乐教育体系
是提升国民欢乐幸福的重要手段

>>>

　　21世纪，人们的价值观呈现多元化，人们开始关注个体生命的意义与价值，开始深入思考自我如何获得自由、平等、全面的发展。欢乐经济学启发人们，追求欢乐幸福是生活工作的必然要求。而教育就必须适应这一需要的变化，转变理念、丰富内容、拓宽思路，给受教育者提供精神和心灵上的愉悦，使受教育者从容、自信、欢乐地面对人生与未来，使受教育者获得感知欢乐幸福、获取欢乐幸福并创造欢乐幸福的能力。

欢乐经济学促使人们反思传统苦乐观，欢乐教育则启发人们树立积极向上、健康的幸福观。传统儒家思想中的苦乐观代表中国古代人生哲学主流的苦乐观。儒家文化讲苦感，倡导克己、安分，抑制欲望，主张以苦为乐，以苦为荣。我们常常听到诸如"苦中作乐""先苦后甜""苦尽甘来"之类的词，就是其思想的形象体现。凝神仔细体会这些词语中暗含的苦涩味道，就能够深切地感受到这种苦乐观对于人们思想的禁锢。

受传统儒家文化的影响，长期以来，人们很少谈及追求欢乐的话题，谈乐被认为是伤大雅之事。在日常生活中，人们常把言乐视为不正经，把休闲娱乐理解为游手好闲、无所事事而加以指责。欢乐经济学认为，追求欢乐幸福是人类一切行为的终极目标，并提倡欢乐幸福地生活与工作，这无疑对我们树立正确的苦乐观具有启发意义。

一、欢乐需要教育

"趋乐避苦"是人类的天性，这种自然而发的天性从某种程度上来讲只是一种本能的反应。本能驱动下的欢乐幸福只能说是低层次的。人类具有的思维是其区别于其他生灵的根本特征，表现在对欢乐幸福生活的追求方面就是善于主动积极地探索各种方式方法，以求得更高的价值。

教育就是人类有目的地提升欢乐幸福能力的重要手段。欢乐幸福需要教育，在现实生活中，有为数众多的人常常发出这样的感慨："生活没劲""工作无意义""心情郁闷"，还有很多人业余生活极其匮乏，即使有休息时间了，却也因为无所事事，而虚度美好时光。这种空虚郁闷寂寞难耐，实际上是由于缺乏体验欢乐、追求欢乐的能力。

二、欢乐教育经济学的内涵

欢乐经济学的重要意义在于它能够从一个崭新的角度出发，分析影响人类欢乐的许多非财富性因素，能够用一个更加广泛的指标体系替代衡量社会经济发展的 GDP（国内生产总值），并且告知人们欢乐对财富的反作用。基于欢乐经济学对影响人类欢乐幸福的主要因素的分析，欢乐教育的内涵主要体现为六大方面。

（一）正确的财富观

正确的财富观，辩证分析财富与欢乐的关系，强调收入增加并不一定导致欢乐增加。

（二）和谐的家庭观

和谐的家庭观，重温幸福的婚姻家庭对于欢乐幸福的重要意义，强调人间真情的伟大。

（三）积极的职业观

积极的职业观，正确面对工作中的酸甜苦辣，寻求工作意义，体验工作乐趣。

（四）公平的社会观

公平的社会观，客观分析，理性对待社会中的人、事、物，忌愤世嫉俗，忌消极堕落。

（五）科学的自然观

科学的自然观，以仁爱之心，尊重自然，爱护自然，在优美的自然环境中陶冶情操，感受欢乐。

（六）豁达的人生观

豁达的人生观，客观认识自我，分析自我，做一个真实的自我。欢乐经济学视角下的欢乐教育内涵丰富，总体思路是让人们从审视人性美的角度看待幸福和欢乐对人生的意义，欢乐教育则指向和贴近影响欢乐幸福的每一个因素。

三、构建欢乐教育体系

（一）政府高度关注

政府要高度关注国民的欢乐幸福，完善经济社会评价指标体系，将提升国民的欢乐幸福感作为考核经济社会发展的重要指标之一，并通过报纸、广播、电视、网络等大众传播媒介大力宣传，在全社会营造追求欢乐幸福的良好社会氛围。同时，加大对教育、文化等影响国民欢乐幸福的产业的支持力度，加强精神文化建设，为提升人们的精神生活品质提供条件。

（二）全社会关注

全社会都要关注人的精神生活质量的高低，特别是要加强社区在欢乐教育中的作用。政府应该鼓励并积极支持社区开展多种形式的欢乐教育活动。通过面向社区全体居民的欢乐教育，营造语言美、行为美、形象美的社区环境，建立和谐、融洽的人际关系。

（三）校园开展

校园是开展欢乐教育的关键阵地。学校教育对于我们形成健全人格、培养优秀品质、养成良好的学习能力具有极其重要的作用。

（四）家庭教育

家庭教育是欢乐教育的重要方面。家庭是心灵的港湾，家庭是人们感知欢乐的最小组织。每一个家庭都应该积极营造欢乐祥和的家庭氛围，尊老爱幼、和睦友善，成员之间互帮互助、互爱互敬。

（五）个人感知

个人是感知欢乐、体验幸福的主体，每一个人都应自觉培养健全的人格，积极开展自我教育，及时调整不良心态，追求身心和谐，欢乐幸福地生活、学习和工作。

欢乐经济学认为，欢乐幸福是人类一切行为的终极目标，追求欢乐幸福应该成为全社会共同关注的话题。开展欢乐教育，构建全方位的欢乐教育体系，是提升国民欢乐幸福感的重要手段。

四、欢乐经济学视角下的幸福教育

欢乐经济学研究表明，幼儿的幸福来自一种欢乐的心理感受。学前教育的最终目的是使幼儿具有感知幸福、获取幸福、创造幸福的能力。因此，学前教育必须努力让幼儿体验和感知幸福，让教师学会实践幸福。

什么是幸福？如何才能得到幸福？这是一个从古希腊直至今日，无论是哲学家、伦理学家、社会学家抑或是教育学家、心理学家、经济学家都很难清楚地回答，并难以获得社会群体共识的问题。

康德曾无奈地说："幸福的概念是如此模糊，以至于虽然人人都在想得到它，但是，谁也不能将自己所决意追求或选择的东西说得清楚明白，条理一贯。"

这个问题之所以难以琢磨，是因为幸福是一种主观的感受，它会伴随着社会经济、制度、文化、环境的变化而改变，更会根据幼儿独特的生命体验和情感意识的发展呈现出七彩斑斓的风貌。因此，我们没有办法罗列和分析出全部的幸福密码，但是我们可以从幼儿这一独特的生命个体出发，判断和考证出幸福的关键要素是追求一种高质量的、精神上的欢乐。

学前教育领域尤其如此，整个教育过程不但需要给幼儿带来幸福和欢乐，还要使幼儿学会感知、获取和创造幸福。

（一）寻求幸福欢乐的教育

教育目的是教育的灵魂，中国几千年的教育史书中记载着不同时期的教育目的，从古代社会为剥削阶级培养统治人才的教育目的，到近代社会为民族繁荣富强培养"新民"的教育目的，再到现代社会培养社会主义的建设者和接班人的教育目的。教育目的不但肩负着教育的经济功能和政治功能，还使个体获得了生存和发展的源泉与动力，成为社会稳定秩序的可靠基础。

到了21世纪，教育目的观发生了新的变化，人们开始关注个体生命的意义与价值，开始思考人如何获得自由、公平、和谐的全面发展。学前教育就其目的来说给幼儿提供的是精神和心灵上的愉悦，使幼儿从容、自信、欢乐地面对人生与未来，而这一切最终都是为了使幼儿具有感知幸福、获取幸福并创造幸福的能力。

正如美国斯坦福大学教授诺汀丝（Noddings）说的那样："幸福与教育具有内在的一致性：幸福应当成为教育目的，而好的教育增进个人与公共幸福。"真正的学前教育是能够给幼儿带来幸福的高尚的教育。

在追求幸福的教育中，什么又是最重要的呢？幼儿作为一个独立的生命个体，其主观决断能力、意识思维发展、感知能力等都是完全不同的，我们很难使每一名幼儿都感受到同等的幸福，我们只能寻找一种能够被人类经验和文化所接受以及肯定的感受作为幸福教育的指向和追求。

正如哲学家、伦理学家和经济学家所讨论的那样，比财富、地位、权力都更加吸引人，都更加富有魅力的感受就是欢乐，虽然欢乐幸福理论伴随着时代的进步和发展产生了诸多的变化，但欢乐一直是人类追求幸福的一个永恒指标，它是个体共同的追求方向，因此也就成为提升群体幸福感的一个重要武器。但值得注意的是，我们在教育中追求的欢乐是质量上的欢乐，而不是数量上的。人是一种具有高质量享乐肌体的动物，就如同人们要享受高质量的生活一样，高质量的欢乐应该是一种精神上的欢乐，因为精神上的欢乐要比肉体上的欢乐更持久、更稳妥，它是个人内在需要的满足，因为只有人的内在需要真正得到满足，人才会发自内心地欢乐。

从幸福欢乐的视角审视教育目的，我们会发现，这样的教育目的观不可避免地与我国传统的教育目的观相违背，对于教育所培养的人的最高价值已经从社会本位转变到了个人本位，也许这是许多研究者所不能接受也不愿接受的，但是看看我们今天的教育实践，看看遗留在社会层面的许多教育问题，我们不得不勇敢地转变教育目的观，我们不能让教育培养出的人在学会了知识和技能后不懂得教育的意义，不懂得生命的意义，不会感受和寻求人生的欢乐与幸福，因为这样的教育无疑是失败的教育，是不能被社会和历史原谅的教育。

（二）体验幸福欢乐的教育

中国学前教育的突出问题是幼儿不幸福、不欢乐。从孩子进入幼儿园开始，他们的书包重量就在逐年增加，他们的休闲时光就在逐年减少，学习似乎意味着吃苦受罪。可以说幼儿的生活质量远远落后于成人，他们的幸福水平远远落后于社会经济可以达到的正常水平。幼儿不但感受不到教育给他们带来的幸福和欢乐，甚至开始怀疑人生究竟到哪里才能找到幸福和欢乐。这会使每一名教师心酸和汗颜，而我们的任务就是让幼儿体验到教育中的幸福和欢乐。

1. 幸福欢乐教育的基础

幸福欢乐教育的基础是幼儿内在需要的满足。需要的满足是每一个幼儿正常生活的基础，它是幼儿体验幸福、感知幸福的基本条件。马斯洛将人的需要由下至上分为五个层次，我们认为，对幼儿而言保持其幸福感的最重要的需要有三个方面，分别是休闲娱乐的需要、爱的需要和被尊重的需要。

休闲娱乐的需要对于幼儿而言是接近于生理需要的，每个幼儿都需要娱乐和放松自己，因为娱乐能够给幼儿带来轻松的感觉，能够缓解疲劳、舒缓心情，只有充分休息和放松的幼儿，才能投入更具有挑战性的学习和生活之中，幼儿所处的特殊生理阶段尤其如此。他们在学习和生活中不但需要放松和休息，更加需要娱乐和游戏。因为归根结底他们还是孩子，他们需要儿时愉快的记忆，需要享受美好的童年。

可是，现在来自父母、老师、幼儿园的压力已经严重影响了他们身心的平衡发展，我们已很难看到幼儿天真可爱的笑脸，充满压力与竞争的生活使他们变得自私、冷淡、古板、没有同情心，试问他们又怎么能够感受到教育中的幸福和欢乐呢？他们又怎么会在未来的人生道路上寻找幸福、创造幸福呢？幼儿园教育的任务是让幼儿正常优秀地发展，所以幼儿园必须承担起满足幼儿需要的职责，我们的教育应该多从幼儿的成长和发展的实际出发，想办法改变教学模式，换回一个个欢乐幸福的生命个体。

爱和尊重的需要属于一种社会的需要，在爱和尊重的包裹中，幼儿会感觉自己是不孤独的，是有力量的。没有爱的幼儿会感觉到像是被世界抛弃了一样，他们肯定是不幸福的。虽然爱有很多种，但是在幼儿园教育这个大环境中，幼儿需要的爱更多的是教师给予的爱，是那种愿意容忍的、慈祥的、善良的、公平的、欢乐的、没有任何条件的爱。这种爱会给幼儿传递一种安全感，会让幼儿明白即使他做错什么，老师也一样爱他，这种爱会给幼儿带来心灵上的幸福和欢乐。

在学前教育中尊重的需要与爱的需要是相辅相成的。因为随着幼儿年龄的增长，外界对他们的评价和态度都会很容易影响到幼儿心理的变化，有时教师不经意的一句话可能会给幼儿造成一生的阴影。幼儿在这一时期特别需要他人的尊重与理解，尤其是那些被认为是差等生的幼儿，如果教师不能将爱与尊重无条件地给予他们，那么他们将很难找寻幸福和欢乐，幼儿园教育也将成为他们人生的一个遗憾。

2. 幸福欢乐教育的本质

幸福欢乐教育的本质是培养幼儿乐观积极的人生态度。人生态度对幼儿个体的行为和感知有很大影响。想要更好地适应社会，幼儿需要积极的人生态度；想要感知和寻找人生幸福，幼儿更需要良好的人生态度。好的人生态度可以激发出幼儿的每一分光和热，使他们长大成人后能够奉献社会，实现自己的人生价值，而消极、保守、错误的人生态度则会阻碍人的能力的发挥，将幼儿引向歧途。因此，学前教育需要培养幼儿乐观积极的人生态度，扭转和纠正那些错误、消极的人生态度。当幼儿能够热爱、感恩和善待生命的时候，他们一定会珍惜生命中的每一天，珍惜受教育的全过程，珍惜与老师、小朋友们在一起的美好时光，寻找生命中的欢乐与幸福。

3. 幸福欢乐教育的核心

幸福欢乐教育的核心是对幼儿的终极关怀。教育是开启人智慧和能力的武器，在接受过一定程度的教育后，人们便会用自己的视角去看待人生、向往人生，这是教育要达成的理想追求。但是今天当我们去追问人生的意义是什么，你在教育中能感受到的幸福和欢乐是什么的时候，许多人都茫然不知所云，这是因为教育带给他们的不是对人生意义的思考，不是对幸福欢乐生活的渴求，而是功利性的考查和教条式的说教。因此我们必须改变教育的这种态势，寻找通往幸福欢乐教育的途径。

终极关怀是与生命教育紧密相连的教育理念，终极关怀意味着对人的未来、对人类未来的关切、关注和关心。终极关怀教育是一种超越功利、培养健全人格的教育，是一种对人生中最高的价值目标和人生最高意义的关注与关怀，也就是一种不仅使人知道"人何为生"，还使人知道"人为何生"的教育，是充满人文精神的活的教育。

可以说，这种终极关怀的教育是幼儿向往的教育，当他们可以感知人生，可以思考人生的时候，对于那些在教育和人生中获得的幸福和欢乐，他们会很容易把握，会牢牢抓住，并且会努力创造更多幸福，因此终极关怀的教育是幸福教育的核心。

（三）实践幸福欢乐的教育

可以说，教师的幸福感影响着幼儿的幸福感。教师作为教育的主导力量，肩负着完成教育使命的重要任务。良好的教育需要教师努力实践，教师行为、思想、心理的任何偏差都将导致教育的失败。在实施幸福欢乐教育的过程中，教师不仅是一名教师，他也将成为行为者和受益者，在使幼儿感受幸福的过程中,他们必须更早地感受教师职业带给他们的幸福和欢乐。

1. 和谐的人际关系为教师创设幸福的氛围

幸福不仅是幼儿个人的享受和追求,幸福也需要幼儿与幼儿之间的分享。和谐人际环境和交往可以使教师在精神和心理上都得到一种舒缓和放松。和谐人际关系的第一个方面是建立良好的师幼关系。我们所谈的幸福,在教育中建立在两方面的基础上,那就是教师与幼儿。他们是相互制约的主体,如果教师不能感受到教育中的幸福与欢乐,那么幼儿一定是不幸福的;反之,如果幼儿不幸福,那么就等于宣告了教师的失败,教师的幸福又从何谈起。而我们认为,维系着师幼之间斩不断的情意的东西,就是融洽和谐的师幼关系。这种关系可以使他们朝夕相处,这种关系可以使他们共渡难关,这种关系还蕴藏着深厚的恩情。如果师幼关系不是建立在良好和谐的氛围中,那么师幼彼此都不会感受到教育中的幸福与欢乐。

和谐的人际关系的第二个方面是保持良好的同事关系。同事是共同努力、共同作战、共同创新的伙伴,同事之间的和谐相处可以使教师有更多的时间思考与教育有关的问题而不被琐事困扰,可以使教师在课堂上放射更多的活力,而一个团结向上、拥有着安慰与支持的集体氛围,更可以给教师无限的力量,可以使教师放下负担、勇于挑战、感受幸福。

和谐的人际关系的第三个方面是加强与外界的交流与沟通。教育是一项公益性事业,需要全社会的共同参与,而教师作为一种职业,其工作的过程就是参与社会生产和生活的过程。所以社会与教师、教师与社会一直是紧紧联系在一起的。教师不但要面对各种人际关系,还要更好地面对各种社会关系。只有这样,教育活动才能够顺利展开和进行,教师才能够感受到教育中的幸福和欢乐。

2. 良好的心理状态和道德情感是教师感受幸福的前提

感受幸福是一种能力,有些人被幸福包围却怎么都感受不到幸福。对教师职业幸福的感受,需要教师具备良好的心理状态和道德情感。人的任何认识和活动都是在一定的心理状态和道德情感下完成的。教师在教学过程中占有主导地位,他们肩负着既教书又育人的双重任务,因而稳定、健康、良好的心理状态和道德情感是教师职业要求的重要指标。但是,在近些年的教育实践领域,教师变态扭曲的心理状态和低劣的道德水平造成了许多严重的教育问题,这些问题本身不但会影响幼儿感知教育中的幸福和欢乐，而且也会打破教师职业的神圣感。因此，健康、良好的心理状态和道德情感对教师职业来说是一项专业化的要求，而对教师个体来说更是其领悟、体味教育幸福和人生幸福的重要前提。

3. 对教师职业的尊重是教师感受幸福的保障

教师职业是一项需要极大付出的职业，它不仅要求教师具有健康强劲的体魄，更需要教师具备超越常人的细腻善良的道德情感。但是教师作为个体的人也极其容易受到伤害，当社会、公众不能给予他们客观的评价，媒体不能给予他们正面、准确的报道时，他们一样会痛苦，而且可能对教师职业的庄严和光荣感到怀疑和否定。在这种情况下，教师怎么可能是幸福和欢乐的呢？教师职业需要尊重，只有社会给予他们高度的信任和充分的尊重时，教师才能坚守他们的教育阵地，才能为他们肩负的使命感到骄傲和自豪。

4. 追求自我实现是教师感受幸福的核心

幸福是一种追求的状态，是心灵不断成长、发展、完善的过程，是一个动态的过程。对于一个新教师来说，顺利完成规定的教学任务是幸福；对于一个年轻的教师来说，跟幼儿建立深厚的情感，使幼儿信任他、尊敬他是幸福；而对于一个优秀教师来说，把民族责任和社会责任融入教学中，培养出品学兼优的幼儿才是真正的幸福。因而，幸福感会根据不同时间、不同环境、不同阶段的变化而改变，但是有一点可以肯定，坚持完成自己所设定的目标的人一定能够感受到幸福和欢乐。教师如果通过奋斗达成了自己的教育信仰，在教育岗位上充分发挥自身价值、实现自我，那么他们一定会是幸福欢乐的。

欢乐经济学的重要意义在于它能够从一个崭新的角度出发，分析影响人类欢乐的许多非财富性因素，它能够用一个更加广泛的指标体系替代衡量社会经济发展的GDP，并且告知人们欢乐对财富的反作用。这一切的研究为我们提供了超越性的思路，让我们从更加人性的视角去看待幸福和欢乐对人类的意义。让我们不得不思考幸福教育问题，不得不遵循幸福教育观，因为教育是使人感知幸福、获得幸福、创造幸福的基础。只有将教育中的一切因素都指向和贴近幸福与欢乐，我们才能找回被遗忘的教育空间，才能实现人类的理想追求。

第十一章　欢乐教育三十六计

>　　欢乐，是一种生活的艺术
>　　欢乐，是人生所追求的一种目标
>　　欢乐，是一种人生态度
>　　欢乐，更是一种健康的心理和完善的人格体现

>　　十年树木，百年树人
>　　知识改变命运，教育成就未来

\>\>\>

　　十年树木，百年树人，教育是关系国计民生的大事，可是现在普遍都说，幼儿越来越难教，老师越来越难做，我想，这是个方法和技巧的问题。欢乐是一种生活的艺术，也是人生所追求的一种目标，它不仅是一种人生态度，更是一种健康的心理和完善的人格的体现。

　　知识改变命运，教育成就未来。教育是国家和民族的未来与希望，成功的教育绝不是象牙塔式的教育，而应是丰富多彩的系统化的素质教育。在中国的家庭里，父母关心孩子最常问的问题是"你在幼儿园学会了什么？"而在西方发达国家，父母最常问的是"你在幼儿园里能够感受到欢乐吗？"中国自古以来就推崇严师出高徒的教育理念，而在西方发达国家，讲究的是人人自由、平等式的人文教育。

　　今天的中国要发展，要进步，要崛起，要富强，就必须加强素质教育、人文教育、情商教育，即欢乐教育。当今幼儿生活在缤纷多彩、充满诱惑和激情的大变革年代，他们热情、敏锐、聪明、自信，但不乏反叛、孤独、

任性和异想天开。

作为一名合格的人类灵魂工程师，必须运用一定的心理战术，巧妙合理地处理幼儿的一些实际问题，达到立竿见影的效果。中国古代兵法有三十六计之说，同理，根据从教20多年的理论和实践经验，我把欢乐教育与教育学和心理学相融合，呈现"欢乐教育三十六计"，用以解决幼儿教育中的现实问题。

一、熟记幼儿姓名

教师若能快速把每一位幼儿的名字都熟记在心，就会大大提高幼儿对教师的亲近感。教师既为师长，又为朋友，不妨直呼幼儿的姓名，甚至小名，这样的师幼关系会更加亲密、融洽与和谐。

二、关心爱护幼儿

经常和幼儿一起聊天、谈心，关心他们的生活、学习、游戏、活动以及家庭等方面的细小问题，使他们获得被关注的幸福感，同时也将倍增幼儿对教师的亲密和依赖感。

三、直接赞美幼儿

表扬和激励幼儿，直接比间接更有效。聪明的教师常常会把赞美之词挂到嘴边，适时为幼儿竖起大拇指，相比起严师来说，这样的教师更容易令幼儿心悦诚服。

四、体贴尊重幼儿

关心幼儿并非唠叨式，而是时时刻刻关注他们的兴趣，尊重他们自己的选择，根据他们的需要提供必要的支持，等等。从细微之处关心幼儿会令其倍受感动。

五、鼓励引导幼儿

对于那些经常不愿与老师合作的幼儿，可以让其为班级小朋友做一些力所能及的小事儿，并给予其充分的鼓励、信任和肯定，这会让存有敌对心理的幼儿逐渐改变心态。

六、示弱亲近幼儿

教师有时故意在幼儿面前暴露自己的一些无关紧要的弱点，可以缩小师幼之间的心理距离，更容易让幼儿产生亲近感。

七、自觉融入幼儿

对于那些自我意识很强的幼儿，对其进行说服教育时，使用"我们"比用"你们"往往更具有感召力，并能更加有效地消除己见，与幼儿融为一体，打成一片。

八、掌控驾驭幼儿

师幼间不能过分亲近，但也不能过分疏远。对幼儿取得的成绩应及时给予表扬，对有缺点的幼儿也要毫不留情地给予批评，对优秀的幼儿，偶尔让其从事一些超乎其能力的事，从而制造"责备"他的机会，可以有效地消除其傲气，这样就能建立起良好的师幼权威关系。

九、信任激励幼儿

班长是教师的左膀右臂，教师可请幼儿轮流担任班长，并且要充分信任他，经常说老师相信你，你就全权处理吧！这样会使他们干劲冲天，出色圆满地完成各项"艰巨"任务。

十、声音吸引幼儿

对于闹哄哄的活动室,教师的声音忽大忽小、忽快忽慢、忽高忽低,体现声音的变化美,往往要比"不要讲话!安静!"的效果好得多。

十一、表演取悦幼儿

生动形象的课不光是凭嘴讲出来的,还要靠教师声情并茂、活灵活现的表演来展现,因为肢体语言远比口头语言更加具有吸引力,就好比歌舞要比单纯的歌或舞更具艺术感染力一样。

十二、"八化"发展幼儿

教师应善于采用游戏化、动作化、表演化、歌曲化、说唱化、情境化、夸张化、拟人化的"八化"欢乐教育法引领幼儿的学习和发展。

十三、内容感染幼儿

纯粹的知识往往乏味,丰富多彩的内容更能感染幼儿。因此,在授课内容里多穿插交替一些独具表现力的内容,既能丰富幼儿的知识,又能提升幼儿的能力,倍增授课内容的感染力。

十四、层递引领幼儿

课程讲授,教师应从最易、最浅的地方入手,由表及里,由浅入深,步步为营,就像闯关、探险、寻宝一样,这样才能引人入胜。

十五、变向要求幼儿

对于幼儿的学习负担,若采用心理换算的方法,便能使之产生很轻松的感觉。比如说,"你们今年必须熟记365个单词"的效果远不如"你们每天只需记1个单词"的效果好。

十六、利益激励幼儿

经常听到售票员对门口的乘客说"里面有空位子",而不是说"请往里面走",这就使人联想到,求学本是一项艰辛的劳动,若时时提及学有所成的实惠,会使幼儿觉得现在吃一些苦是值得的,正所谓"无限风光在险峰"。

十七、选择暗示幼儿

当我们去别人家做客时,主人会问"您喝红茶还是绿茶?"结果客人不想喝,却也盛情难却。同理,要使幼儿下定决心好好学习,只能给他两个选择,要么在家待着,要么认真学习。

十八、一切为了幼儿

唠唠叨叨地对幼儿进行没完没了的说教,倒不如换用"为你着想……一切为了你们!"这样,幼儿更乐于接受。

十九、希望肯定幼儿

对于幼儿自己铺床、叠被子等事情,教师不要用命令的口吻,改用缓和的疑问句,如"能否把被子叠好?""就拜托你们了!"这样说会使本来不想干的幼儿欣然接受任务。

二十、尊重告诫幼儿

在惜时如金的现代社会,浪费时间是人生最大的遗憾,教师在幼儿活动中应尽量减少幼儿的等待时间,让幼儿尽情尽兴地去学习、游戏和玩耍。对于那些不珍惜学习时光的幼儿,也得明确告诉他"这是你人生中最美好的幼儿期,一旦错过,将终身无补"。

二十一、旁敲侧击幼儿

有经验的老师往往不直接斥责那些不用心听讲的幼儿，而是点他周围的幼儿来回答问题，这样会对他起到一种警示的作用。

二十二、严惩、警告幼儿

在对幼儿进行管理时，教师常常要抓一两个违规者进行严惩，以起到稳定大局、警告幼儿遵守规则的效果。

二十三、精神鼓舞幼儿

平时连打架骂人都不敢的文弱书生，在非常时刻会在"为国而战"的思想鼓舞下冲锋陷阵剿杀敌人。利用这种心理就可以把平常的工作附以崇高的目标，而让幼儿努力做好，如"为中华民族的伟大复兴而努力学习"。也只有把个人的理想和追求与国家和民族的利益相结合，才有无穷无尽的动力源泉。

二十四、信心强化幼儿

对于不用功的幼儿来说，先赞美其优点，再切入其要害说"你很聪明，只要再用功一点点儿，就一定会超越其他小朋友的！"这样，就会增强幼儿的自信心，进而使其暗下决心，迎头赶上。

二十五、放弃劝告幼儿

对于多次劝告而屡教不改的幼儿，最好的办法是"好吧，随你去吧！"有时赞成比阻止更有效。

二十六、求同协调幼儿

让幼儿明显感觉到自己与其他小朋友在某个方面的差距，幼儿就会想办法改变现状。针对对某个方面不感兴趣的幼儿，就可以对他说"大家都这样，但除你之外"。

二十七、相信激发幼儿

为了使幼儿从事一些他们兴趣不高的事情，就对他说"只有你，才能做得到！"来加强他们的自信心。"天生我材必有用"是激发潜能、鼓舞斗志的兴奋剂。一个内心充满自信的人，就会拥有无穷的力量，克服一切艰难险阻，创造人间奇迹。欢乐教育让幼儿更加自信，因为人世间的许多失败，不是因为能力不足，而是因为自信心不够。

二十八、明确要求幼儿

对于一些事情，明确要求幼儿比拐弯抹角的效果要来得更好。如幼儿的攻击性行为，就直接把事情的利害关系挑明，让幼儿自己去衡量利弊得失。

二十九、现身教育幼儿

经常给幼儿讲一讲自己求学的艰辛及家长为之付出的心血，会令幼儿联想到自己的父母为自己的付出，从而增强幼儿刻苦求学的上进心。

三十、恩威并育幼儿

对于经常犯错误的幼儿，就应严厉批评并施以惩罚，事后观其表现再给予物质奖励或鼓励，从此，教育效果会逐步改观。

三十一、适当批评幼儿

"金无足赤，人无完人。"评价幼儿时若只提优点，倒不如略微加一点小缺点，如此会令幼儿更信服，并能产生强调优点的效果。

三十二、格言警示幼儿

将名人的警示格言悬挂于活动室、寝室等醒目的位置，朝夕自警，起到环境气氛感染的作用。

三十三、傍晚劝导幼儿

傍晚时间，多是幼儿的心理意志最薄弱的时候，作为老师，应充分利用这段时间给幼儿做积极的思想工作。

三十四、适时教育幼儿

喋喋不休地批评教育幼儿，往往事与愿违，但适时艺术性地教育幼儿会令其记忆更加深刻。

三十五、用心感动幼儿

"你和我小时候一个样，但我……"这样说一下子就把师幼之间的距离拉得很近。欢乐教育是一个激情互动的过程，它不仅是在进行知识的传播，更是在进行着心灵的互动。

三十六、理解宽慰幼儿

"人非圣贤，孰能无过"。聪明的老师往往勤于关注幼儿的小毛病，而对其所犯的比较大的错误，则给予安慰和鼓励。"小错要责，大错不究"，会提高老师的威信和幼儿的信服度，使幼儿懂得自量，懂得安慰自己和别人，懂得忍让是福，理解是金，宽恕是德，心胸坦荡，修身养性，幽默结缘。

总之，我们千方百计为的是幼儿，为的是中国的教育事业，为的是中国更加美好的未来。唯有爱心才能融化心灵的坚冰，抚慰灵魂的伤痕，照亮人生的黑暗。海明威说过："人可以被打倒，但不可以被打败。"意志和心灵的培养才是教育之根本，因此教育不仅是在传授知识，更是在启发良知、良心、良性、良能。以爱心、耐心、平常心及智慧来进行欢乐教育的话，则天下没有教不好的孩子。

【实践篇】

第一章　欢乐教育开启幸福童年

第二章　欢乐教育收获人生幸福

第三章　欢乐教育实践

第四章　欢乐教育实施

第五章　践行欢乐教育

第六章　欢乐教育实践模式

第七章　欢乐教育实施路径

第八章　欢乐教育管理策略

第九章　有效实施欢乐教育

第十章　共享欢乐教育

第一章　欢乐教育开启幸福童年

欢乐教育，致力于打造欢乐的童年
发展幼儿的智慧潜力、个性品质、自我教育能力
使其努力成长为新时代、新思想、新征程下的一代新人

作为幼儿教师，改革、实践、探索、创新
创造着新的科学教育思想和方法
创造着教育幼儿的新篇章
创造着解放幼儿的新时代

作为幼儿教师，点燃幼儿自我学习的内驱力
让每一个幼儿欢乐地学习
焕发出源源不断的学习动力
激发起每个幼儿观察、认知、探究的兴趣

〉〉〉

教师要千方百计地解放幼儿，把欢乐的童年还给每一个幼儿。只有欢乐的童年才是真正的童年，才能使幼儿信赖教师并与教师同心协力，欢乐积极地学习。这样，才有利于促进幼儿尽早发展自我教育能力，把教师教育同自我教育结合起来，才能充分地发展他们的智慧潜力、个性品质以及各种能力，把他们培养成为新时代、新思想、新征程下的一代新人。教师正是本着这种教育理想改革、实践、探索、创新、创造着新的科学教育思想和方法，创造着教育幼儿的新篇章，创造着解放幼儿的新时代。

从生活中洞察幼儿的内心世界，对现代幼儿进行深入分析，可发现幼儿童年生活的心理需要有着丰富的内容，他们喜欢和成年人进行富于情感且平等的交往，有各种潜在的能力和巨大的发展可能性。

作为教师，不施加外部压力而让每一个幼儿燃烧起学习的内部动力，一个不漏地让每一个幼儿欢乐地学习，或者说，依靠教学过程本身焕发出幼儿源源不断的学习动力，激起每个幼儿的认识兴趣，这应是教师致力的最主要目标。

作为教师，应该引导幼儿从一个认识任务走向另一个更有趣的更复杂的认识任务，同时还要使每一个幼儿对成功地完成这一认识任务怀有信心。也就是说，让全体幼儿欢乐地学习，而且越学越欢乐，越学越有自信心，也才可能越学越趋于高尚的精神世界，从而使每一个幼儿都得到尽可能充分全面的发展。

教师工作的最基本的问题，也是教学艺术的核心问题，是培养幼儿对知识和学习的兴趣。教师依靠教学过程和知识本身的魅力来吸引幼儿和培养其学习兴趣，才能使幼儿欢乐学习。只有幼儿充满兴趣和欢乐地学习，才能促进幼儿心理机能、各种学习能力和高尚品质的充分发展。教育的强大力量就在于，它能在多大程度上致力于因材施教地发展每一个幼儿的智慧和形成其个性特点，能在多大程度上有助于以普遍友爱和与人为善的精神感染他们中间的每一个人。教育个性化，就是因材施教，教人尽其材，教人展其材，这是教育力量的源泉。

教育过程是教师和幼儿平等合作、共同活动的统一过程。过程的顺利与否决定着教育的效果。教师在与幼儿的合作过程中，应互相信任、互相尊重、协力同心、共同探索、共同活动，师幼之间有着精神上的共同性和平等的人格。

教师尊重幼儿的独立自主性，特别是尊重幼儿自由选择的心理需求，给他们以选择的权利，让他们选择某种活动或某种内容等，这样做不是让幼儿学得少，而是学得更多、更好、更深。教师要具有在课堂教学中创造自由选择情景的教学能力，创造条件让幼儿学习的动机源于独立自主的自由选择感，教师不让幼儿有选择权，就不可能促进他们自由地、充分地发展。在幼儿面前教师可以毫不掩饰自己的感情，与幼儿同喜同悲，忧乐与共，有时还可以在活动中陈述自己童年的遭遇和感受。这种种自然地激发起来的情感共鸣，足以把幼儿引向智慧、语言和道德品质的发展道路，引导他们攀登人性的最高峰、文化科学的最高峰、师幼相互协作的教育思想境界的最高峰。

教师可以引导幼儿相互争论、与教师辩论、自由发表意见、开展智力比拼，让幼儿自己奋力去赢得真理，向教师"夺取"知识。由此，使全部教育教学过程成为幼儿独立自主地学习、探索和创造的过程。作为教师，有事时请求幼儿帮助，师幼共同学习、共同做作业，让每一个幼儿感到自己不仅是孩子，而且是独立自主的有权利的主人。教师应器重幼儿，现实需要幼儿和老师同舟共济、齐心协作才能解决一切困难问题。

师幼关系的性质也就是教师与幼儿交际的性质，欢乐教育着眼并着力于改革师幼关系，而实质上却是全面改革幼儿园教育，其中包括教育教学过程的性质，组织教材、组织幼儿学习活动的方法，学业与品德的评价制度，等等。在一些问题上，我们是需要重新研究和深入思考的。

1. **师幼关系问题**

在师幼关系的问题上，提倡相互尊重、相互信赖、相互合作的关系。

2. **幼儿评价问题**

在幼儿评价的问题上，反对形式主义的评价，提倡有实质性教育意义的评价方法，并使之成为幼儿学习活动整体结构中的一个有机组成部分。重视幼儿的自我评价，提前培养发展幼儿的自我意识，包括自我分析、认识、评价、调节等能力。这样做可以提前并加速幼儿发展自我教育的能力。

3. **幼儿个性或精神世界的培育问题**

在幼儿个性或精神世界的培育中，强调每一节课、每一次活动都要尽力给幼儿留下强烈的、震撼心灵的印象。幼儿精神世界的丰富主要依赖教育环境的熏陶。为此，应把启蒙教育同社会生活结合起来，把教学同道德教育融为一体，发挥两者的相互作用。

4. **攀登教育技巧的最高峰问题**

在攀登教育技巧的最高峰上，应研究新颖的教学方式、方法，例如：在教学活动中和幼儿说悄悄话、教幼儿自己编书并出版、让幼儿与教师辩论等，应追求高尚的教育思想境界同高超的教育艺术的结合。今天的教育要求人们把教育这个千秋大业看作是人学、教育科学和教育艺术三者综合创造的产物。

新的教育思想,是从先行于改革的教育实验中产生的,是教育科学实验研究的最新成果,包括理论上和方法上的成果。促进理论与实践的统一,集中主要科研力量为教育改革服务;幼儿园应促进教育科学与教育改革的双向交互发展;促进理论工作者与实际工作者的合理结合,也必然会促进学者型教师的大量涌现:一方面使一部分或大部分专职教育科研人员兼任教师,另一方面,也便于在专职教师中逐步形成成批的教育学者,学者型教师包括学者型教育管理家。

首先,学者型教师是教育理论与实践的桥梁,他们善于把教育科学理论,尤其是新的教育思想,深入普及实践中去,帮助广大教师包括管理干部提高理论水平,推动教育改革。学者型教师是把教育改革纳入科学轨道的必需的中介人,因为他们最理解教师,理解儿童,懂得教育改革,也懂得教育科学。

其次,学者型教师是优秀的教育改革家、创造性的教育行家和职业教育家,他们把教师的神圣职业看作是自己生活的目的;他们有独立的新的教育思想,又有实现新的教育思想的教学方法和教育工艺;他们致力于首创性实验研究、不避艰辛、不怕风险、解放思想、锐意改革。

最后,学者型教师是教育思想或教育理论的革新家,他们关注教育科学的发展,并善于吸取新的理论和教育经验。

第二章　欢乐教育收获人生幸福

构建欢乐教育生态系统
推动学前教育内涵发展
奠定物质基础，掌握基本技能
寻找最佳路径，领悟欢乐教育本质

让硬件建设成为欢乐教育的助推器
让信息技术成为欢乐教育的加速器

强德育，构建欢乐德育
改方法，实施欢乐教育
拓方式，推进欢乐教育
明其道，落实幼儿为本

构建欢乐教育生态系统
需要硬件的支撑
需要技术的引领
需要洞察欢乐教育的本质

幼儿园各项工作
坚持以师为本、以幼儿为本
实现教师幸福工作、幼儿欢乐成长
让欢乐教育落地生根，开花结果

构建欢乐教育生态系统是推动学前教育内涵发展的长远规划和系统设计，为学前教育新局面指明了方向和路径。构建欢乐教育生态系统这一教育改革创新举措，必须从器、术、道三个层面去思考与探索，才能奠定物质基础，掌握基本技能，寻找最佳路径，领悟欢乐教育的本质，从而实现构建欢乐教育生态系统的目标。

一、利其器——加强两个建设

（一）让硬件建设成为欢乐教育的助推器

随着幼儿园标准化建设的实施，办园条件实现了质的飞跃。在继续加大投入，持续改善办园条件的基础上，应把现有装备管好、用好，让绘本、图书转起来，让音乐器材响起来，让大型户外玩具设备动起来，让科学实验做起来，让各种活动区、功能室充分发挥作用，做到物尽其用，让优越的办园条件成为欢乐教育的强大推进器。

（二）让信息技术成为欢乐教育的加速器

今天的教育已经步入信息化时代，微课、翻转课堂、网上学习平台等各种新的教学手段、教学形态层出不穷，它们为欢乐教育的实施提供了更丰富、更多元的选择。教师应注重把握信息化直观、交互、大容量、快节奏的特点，努力提高信息技术应用能力，用好微机室，用好班班通网络设备，用好录播室，让信息技术成为实施欢乐教育的加速器。

二、善其术——做好"强、改、拓"三字文章

（一）强德育，构建欢乐德育

积极探索欢乐德育的途径与方法。教师首先要调整好心态，用欢乐的心情教育幼儿。教师是德育工作的引导者，如果每天都怒气冲天，怨气满腹，何谈欢乐德育？其次要选对方法，可以因园制宜，组织幼儿看一部精彩又有意思的电影，或是参加一次令人记忆深刻的活动，都会让幼儿从中得到启迪。最后要坚持立德树人，使幼儿欢乐成长。教师可通过丰富内容、拓宽途径、优化管理等方式，让幼儿在德育活动中陶冶情操、健全人格、形成良好的品德素养。

（二）改方法，实施欢乐教育

优化幼儿活动设计，让幼儿的手动起来。欢乐教育的主阵地在活动室，只有充分调动幼儿兴趣，启迪幼儿深入思考，引导幼儿自主探究，激发幼儿交流展示，碰撞出智慧涟漪、思想火花，方能让幼儿享受活动主角的欢乐。活动中要摒弃时间加汗水的思路，应切实提高活动效率，让每名幼儿都能做到积极体验、探究、创新，还给他们一个欢乐的童年时光。

（三）拓方式，推进欢乐教育

1. 要构建民主、和谐、开放、富有活力的系列活动

建立民主平等、相互尊重的良好师幼关系，构建宽松、和谐、友好、公平的活动氛围，关注每名幼儿，让幼儿全员参与、全程参与和有效参与。

2. 幼儿自主、合作、探究促各项能力全面提高

培养幼儿良好的学习习惯、学习态度、思维品质、合作意识、创新精神等综合素质。此外，还要落实科学的管理方法，规范办园行为、课程开设、作息时间、教师从教行为，树立良好的欢乐教育形象。

三、明其道——落实以人为本

教育的本质是育人。人是教育中最核心、最能动的要素，实施欢乐教

育必须始终坚持以人为本、以师为本、以幼儿为本的育人之道。

（一）要对幼儿园进行全面科学规划布局

对园容园貌进行彻底净化美化，逐步形成阳光积极、恬静舒适、底蕴厚重的文化格调和品位。

（二）要下大力气培养良好的园风、教风、学风

努力将"三风"渗透到幼儿园的方方面面，构成一种无形的力量，推动欢乐教育健康前行。

构建欢乐教育生态系统是一项系统工程，需要硬件的支撑，需要技术的引领，更需要洞察欢乐教育的本质，那就是幼儿园各项工作都必须坚持以师为本，以幼儿为本，才能实现教师幸福工作、幼儿欢乐成长的目标。纸上得来终觉浅，绝知此事要躬行，只要我们耕耘不息，探索不止，就一定会让欢乐教育落地生根，开花结果。

第三章　欢乐教育实践

教育的本质是欢乐的
欢乐的教师，欢乐的幼儿
在欢乐的幼儿园中
师幼相长，全面提高幼儿的素质
教会幼儿做人
使每个幼儿的成长都幸福、欢乐
都得到生动活泼的发展

欢乐的环境
让幼儿放眼世界、胸怀天下
创设琳琅满目的主题文化长廊
爱家乡、爱祖国、爱艺术、爱阅读

欢乐的教师懂得
尊重、宽容、感恩、勤奋
给幼儿传递欢乐，为幼儿的发展负责

欢乐的活动
是师幼共同成长的媒介
是师幼共同成长的殿堂
是师幼展示生命意义与价值的舞台

欢乐的活动
绽放智慧的火花，激发师幼的想象力
加深师幼的感情，形成欢乐和谐的生命律动

> 教师的心灵栖息在
> 博大、丰富、温馨、诗意的氛围中
> 体验着人生的幸福

》》》

教育的本质应该是欢乐的。欢乐的幼儿、欢乐的教师，在欢乐的幼儿园中教学相长，这样的教育才是成功的教育。欢乐教育的根本目的是全面提高幼儿的素质，教会幼儿做人，使每个幼儿的成长都幸福、欢乐，都得到生动活泼的发展。

一、欢乐实践

（一）欢乐的环境

人才的培养和出现，除了与其遗传素质、教育条件、智力高下等诸因素有关，周围环境偶发原因的导引和点燃作用也非常重要。事实证明，很多有成就的科学家就是因为看了某些画像、图片、模型等，在心灵深处埋下了发明创造的种子，从而产生了一系列的创造性联想并付诸坚韧的行为，登上了科学巅峰，在奉献社会的同时也收获了人生的欢乐。

如何创设特有的欢乐环境？如何在环境的打造中尽量提供和创造启发幼儿心智的教育心理因素，增加学习力、增强向心力、提高欣赏力、提升幸福力？

为了让幼儿放眼世界，胸怀天下，可以创设琳琅满目的主题文化长廊：爱家乡、爱祖国、爱艺术、爱阅读；活动室外，《弟子规》如影相随；信息廊，IT（信息技术）名人历历在目；书画区，文房四宝，巨幅彩绘，中国红蓝，书香氤氲；活动室里，工作坊主题突出，布置得体，陈设宜人，那是幼儿生命成长的欢乐舞台；英语角、阅读吧、宝贝电视台等，幼儿的个性品质将在这里得到欢乐培养；植物园，四季飘香，树木婀娜，花吐芬芳……漫步幼儿园，恍如走向通往世界的大门，古今中外、天文地理、人文科技包罗万象，这些都点燃着孩子们欢乐成长的火种，点燃着教师工作的激情。

（二）欢乐的教师

教师欢乐，才能传递欢乐给幼儿，只有卸掉教师身上的枷锁，引导教师真正懂得尊重、宽容、感恩、勤奋、生活，他们才会主动为幼儿的发展负责，从而使活动成为师幼生命共同获得成长的殿堂。教师的心灵应栖息在博大、丰富、温馨、诗意的氛围中，体验人生的幸福。欢乐是可以传递的，老师的欢乐会影响幼儿甚至他的家庭，教师的欢乐是欢乐教育的源泉。

（三）欢乐的活动

活动是师幼共同成长的媒介，是师幼展示生命意义与价值的舞台，充满生机的教育教学活动能产生智慧的火花，充分激发师幼的想象力，加深师幼的感情，形成欢乐和谐的活动，欢乐活动一定是获得欢乐教育的法宝。

什么是欢乐的活动？如何构建欢乐的活动？教师应把自己置身于幼儿中，和他们一起活动，一起游戏，一起思考，活动中的欢乐气氛可想而知，这样的活动，孩子们肯定是欢乐的。组织教师外出听课学习，参加论文比赛，购买大量名师课堂实录光盘，供老师们收看，交流，通过观察、分析、比较，构建欢乐课程的理念系统与实践模式。

1. 生命的活动

积极鼓励、引导幼儿，让幼儿充分体验，尊重活动中幼儿的生命个体。好的教育，就是要顺应人的善端，让人美好的潜在特质尽可能地发挥出来，把人从自然状态引导到理想状态。教育不是万能的，但是教师应该努力尊重每一个与我们相遇的生命，让幼儿最大限度地展示自己，无论他将来长成参天大树、一朵小花，还是一片绿叶！

2. 积极的活动

欢乐的活动，教师首先必须保持一种积极欢乐的心态，把自身自由欢乐的精神状态带到活动中去，让幼儿受到感染并主动参与活动，不能忽略其中的任何一个，而幼儿积极欢乐的心态又会反过来影响教师。教师可利用教学活动观测表，其在幼儿主动参与率、专心上课的保持度、深入思考的时间等方面制定了较为科学的量化标准。活动"五个一":提出一个不懂的问题,发表一个不同的意见,参加一次讨论,做好一次实践活动,获得一次成功的体验。指标引领行动,行动带来革命。幼儿主动参与了,真正思考了,自由表达了,其创新思维得以锻炼,精神境界得以升华,他们也就找到了欢乐的理由。

3. 高效的活动

把当堂检测引进活动,将小型多样的比赛融入活动,严格控制教师的讲授时间,真正把活动交给幼儿,减轻了幼儿的负担,激发了幼儿的学习兴趣,在学习过程中始终保持一种积极向上的情绪,因为对幼儿而言,学习是欢乐的。

4. 多元的活动

积极开发并利用幼儿园内外各种资源,为幼儿搭建舞台,通过实践,真正做到让幼儿走向自然、走向社会、走向生活,增强探究和创新意识,学习科学研究的方法,发展综合运用知识的能力,增进幼儿园与社会的密切联系,培养幼儿的社会责任感,领悟生活的意义、生命的价值和人生的欢乐。

二、欢乐行走

欢乐教育实验历经磨炼、挑战、提升,在全力以赴中,在团队协调中,在反思实践中,甚至是挫折失败中,教师在欢乐教育中丰盈起来,内心有了力量,进取有了目标,人生有了活力。欢乐论坛、欢乐课堂、欢乐沙龙、欢乐读吧等不同的教学实践,让更多的教师成长起来。孩子们自信阳光,多才多艺,在欢乐教育中逐渐成长起来。忙碌是一种幸福,让教师没有时间体会痛苦;奔波是一种欢乐,让教师真实地感受生活;疲惫是一种享受,让教师无暇顾及空虚。打造一所欢乐的幼儿园,让孩子们欢乐地成长,是教师共同的目标和追求!秉持教育的信念,实践教育的理想,体验教育的欢乐,始终在路上!

三、欢乐童年

对幼儿来说，正当玩的年龄，各种游戏就是孩子成长的最佳课程。探索幼儿成长规律，确保幼儿健康欢乐成长，是教师的责任。给欢乐一个家，在合适的年龄做合适的事情，是生活的规律。

当前，在升学的压力下，在所谓的"不要让孩子输在起跑线上"的观念下，在大多数家庭缺乏安排孩子做与年龄相适合事情的"文化资源"与专业能力的情况下，"幼儿园小学化"正在成为幼儿教育的疟疾，孩子像盆景中的花草，被家长和学校按照成人的意愿不断进行塑造，这是幼儿的不幸也是幼儿教育的不幸，教师应把幸福欢乐的童年还给孩子。

1. 欢乐是一种表情、态度、心境和智慧

欢乐是生命的最高境界，欢乐是生存的理想状态，欢乐是生活的终极追求。欢乐的孩子更自信，自信的孩子更善于思考，善于思考的孩子更具有创造的意识，具有创造意识和能力的孩子会更容易健康、欢乐成长。欢乐安居于心灵之家，教师应努力为幼儿营造美丽、舒适，集童趣性和教育性为一体，布局合理、生机勃勃、秩序井然、催人奋进的多元化教育环境，构建以欢乐为特色的幼儿园园本课程体系。

2. 欢乐暗含在幼儿的自由与互动中

玩跳绳、转呼啦圈、拍皮球……还有富于童趣的儿童体操等，到处弥漫着欢快的音乐与孩子们的欢呼声。这样既锻炼了孩子的体魄，又培养了孩子的协调能力、勇敢的个性、团队合作的意识、活泼开朗的性格。培养孩子们自觉收拾好玩具、自己穿衣、自己系纽扣、自己穿鞋系鞋带、自己整理床铺等，教会孩子懂得安静、文明进餐、不剩饭菜、擦桌子，让孩子养成良好的生活及卫生习惯，并从学会简单的生活自理技能中，体验自我成就的快乐。业余时间，培养孩子们学习游泳、轮滑、跆拳道、器乐、英语等，让孩子找到另一种乐趣。

3. 欢乐培养了幼儿的个性品质

跆拳道中潜移默化地贯穿了礼仪、健康和拼搏的内容。在种植角去拔点蔬菜，拿到厨房里让幼儿去拣、洗干净，真刀真枪地切菜，做出童趣十足的水果蔬菜沙拉，若是累了，还可以去棋牌吧下几手，或者去探索发现

室露两手儿。这里,用道具和孩子的游戏,浓缩了一个生活世界,超市员工着工服,医生护士穿白大褂,美容院里围花裙,孩子们在这里以角色扮演游戏的方式,自娱自乐。

种植区里可以种植玉米、土豆、西红柿、辣椒、茄子、大蒜、向日葵等,孩子们自己松土、播种、浇水、施肥、拔草,观察和记录各种蔬菜发芽、长叶、开花、结果的全过程,体会劳动与收获之乐。

双休日,可以开展家园共游的户外活动,由爸爸妈妈们带着孩子参加,让家长与孩子共同走进大自然,参观各种有趣的自然与人文景观,通过亲子游戏、登山活动、绘画活动、环保活动等,增强家园之间、亲子之间的交流,共享家园同欢乐。

4. 欢乐是教师永远的追求

播撒欢乐,欢乐相伴共成长应成为教师团队永远的追求。心灵世界大多还是一片空白的儿童,欢乐来得容易,但呵护不易。幼儿教师除了有一颗爱心,还得有科学的教育观、质量观和儿童观,并具备六种能力:制定教育目标的能力,选择教学内容及制作玩、教具的能力,观察能力,随机教育能力,家长工作的能力,科研能力。这"一心三观六能力",构成了包括思想、心理、能力多个维度的教师素质发展目标系统,从而把幼儿园的办园价值观细化到日常工作中,实现一手抓师德,一手抓师能的目标。孩子们阳光般的灿烂笑脸,老师们真诚自信的微笑,家长们会心满意的笑容,就会构成一道道最美丽的风景。

第四章　欢乐教育实施

欢乐教育，用愉快的学习环境
唤醒幼儿的学习经验
激活幼儿的情思

欢乐教育，倡导教师
运用适合幼儿年龄特点的教育方法、手段
营造与家庭教育相似的幸福、欢乐的环境
以人性的教育激发幼儿兴趣和内在发展的需要
促使幼儿在和谐发展的基础上，感受和体验欢乐

欢乐教育，倡导幼儿
主动参与，乐于探究，勤于动手
欢乐教育，培养幼儿
搜集和处理信息的能力，获取新知识的能力
分析和解决问题的能力，交流与合作的能力

欢乐教育艺术
唤醒幼儿天生的好奇心
欢乐教育的组织和实施
提高幼儿的整体素质
让幼儿成为活动中的欢乐天使

欢乐教育
是幼儿探究、选择和创造的过程
引导幼儿

> 学会学习、学会合作
> 学会生存、学会做人

> 欢乐教育，培养幼儿
> 具有社会责任感、健全人格
> 创新精神、实践能力
> 终身学习的愿望和能力
> 良好的信息素养和环境意识

> 欢乐教育，引领幼儿学习知识
> 教会幼儿养成良好的品德习惯
> 学会生活、学会做人

>>>

　　欢乐教育是一种用愉快的学习环境去唤醒幼儿的学习经验，激活幼儿情思的教育。好奇心本身的鲜活及益处与内心的满足及欢乐成正比，欢乐教育的艺术就是唤醒幼儿天生好奇心并在未来满足它的艺术。

　　欢乐教育倡导教师运用适合幼儿年龄特点的教育方法、手段，营造与家庭教育相似的幸福、欢乐的环境，以人性的教育激发幼儿兴趣和内在发展的需要，促使幼儿在和谐发展的基础上，感受和体验欢乐。

　　欢乐教育倡导幼儿主动参与、乐于探究、勤于动手，培养幼儿搜集和处理信息的能力、获取新知识的能力、分析和解决问题的能力以及交流与合作的能力。教师在进行教育活动设计时要充分体现幼儿为主体、教师为主导、活动为主线的新理念，从培养幼儿学习的自主性角度出发，由教师讲解转向采用自主、合作、探究的学习方式，引导幼儿自主学习，促进幼儿学习方式的转变。教师在教育活动设计中着重在如何组织、引导幼儿学习上下功夫，并巧妙创设问题情境，给幼儿提供充分的自主学习的时间和空间，给幼儿提供合作探究的平台和展现幼儿成果的舞台。

欢乐教育是教师有目的、有组织地在教育教学活动中发展幼儿的学习兴趣，并把幼儿的欢乐与幸福作为教育核心，不断启发幼儿学习的自发性，以主动适应现代化建设的要求。欢乐教育的组织和实施是提高幼儿整体素质的重要途径，旨在让幼儿成为活动中的欢乐天使。欢乐教育将人的主体活动和在这种活动中的体验即情感因素提到了它应有的重要位置上。幼儿掌握知识的过程，实质上是一种探究、选择和创造的过程，必须拆除阻隔幼儿园与社会、课程与生活之间融会贯通的藩篱，使幼儿由被迫接受学习活动转为以学习为乐并形成积极主动的学习态度，培养其积极健康的情感，引导幼儿学会学习、学会合作、学会生存、学会做人。在欢乐学习中关注幼儿作为全人的发展，培养幼儿具有社会责任感、健全人格、创新精神、实践能力、终身学习的愿望和能力、良好的信息素养和环境意识。

欢乐教育是一项系统的育人工程，不仅要引领幼儿学习知识，还要教会幼儿养成良好的品德习惯，学会生活，学会做人。因此，幼儿的欢乐除了要体现在教学活动这一主阵地以外，还应落实在欢乐教育的每一个环节上。

实施欢乐教育不仅是幼儿个性和谐发展的需要，而且是教育教学规律的必然要求。由于欢乐教育具有科学性、实效性，故在提高幼儿整体素质的过程中具有独特优势。

实施欢乐教育，必须营造民主、和谐的教学环境，引入丰富多彩的生活内容，设计灵活多样的课堂组织形式，才能开发幼儿的智慧潜能和创造力。

一、欢乐的教师是实施欢乐教育的前提

有欢乐的教师才有欢乐教育，欢乐的教师是实现欢乐教育的前提。怎样做一个欢乐的教师呢？要想做一个欢乐的教师，首先应根除职业倦怠感，做到敬业、乐业。无可否认，在当今社会，幼儿教师待遇有待提升，这需要幼儿教师能够做到坚守本心。幼儿教师的社会地位虽然日渐提高，却仍旧是一个弱势群体，还需要幼儿教师甘于奉献，把幼儿教育事业作为一种责任、一种追求、一种乐趣、一种享受。也许有的人会说，在物欲横流的今天，这实在太难。其实，只要你用心去体味，幼儿教育事业时时处处都

充满着欢乐。幼儿的一次进步、一份作业、一张贺卡、一声问候等众多细微之处，无不包含着人间最纯真、最甜蜜、最感人的欢乐，这些欢乐就时刻等待着教师们去发现、去享受。

作为一名欢乐的幼儿教师，应有一颗宽容的心。十根手指不可能一般长，幼儿的年龄特点、心理特征、个性差异等决定了全体幼儿不可能均衡地发展，同一个幼儿也很难全面优秀。有的幼儿，会时不时地惹点儿小麻烦，有的打人，有的到处乱跑……这就是所谓的"问题幼儿"。如果我们不能以幼儿为本，正确对待并充分尊重这些个体差异，就会在教育方法上出现简单粗暴的倾向，从而生出抱怨情绪，使幼儿产生畏惧心理，甚至出现师幼对立局面。如此，怎能谈得上欢乐教育，又怎能提高教育效率呢？

作为一个欢乐的教师，要不断地学习、创新。单靠个人的努力，有些东西也许经过一生的摸索也难以领悟到，有些困惑也许穷其心智也难得其解。但是，教师队伍人才济济，精英如群星般璀璨，她们所拥有的堪称精髓的理论经验与实践体验如百花般点缀着当今教育的春天，只要教师勤于流连于教育百花园的广阔天地，博采众长，必然会有豁然顿悟的欢乐。同时，欢乐教育理念在不断创新，教育对象也在不断变化。教育有法，但无定法，所以，需要教师在不断学习中勇于探索创新，形成具有时代和个人鲜明特色的教育方法，让学前教育工作拥有永不枯竭的源泉，让学前教育之路永远充满春色，让欢乐教育永远荡漾在幼儿教师的心田。

二、欢乐的幼儿是实施欢乐教育的关键

幼儿天真、活泼、好动，欢乐是他们的天性，他们身上充满着欢乐因子，一有机会，这些因子就会尽情释放。所以，我们不用担心幼儿不会欢乐，我们要做的就是在合适的场合与时机，激发幼儿的欢乐因子，将教育与欢乐融为一体。

表扬与鼓励是激发幼儿欢乐的主要手段。幼儿生活在肯定和认可之中，他就学会了自爱；幼儿生活在表扬之中，他就学会了欢乐；幼儿生活在鼓励之中，他就学会了自信。当幼儿有闪光之处或点滴进步时，一声赞扬、一句鼓励，会让他激动不已，欢乐之情洋溢脸上，布满心田。所以，幼儿教师应有一双慧眼，要善于发现幼儿的闪光点，勤加鼓励和表扬。更重要

的是要学会针对幼儿的个体情况，有意识地在幼儿较为薄弱的方面给他创造表现与获取成功的机会，从而捕捉亮点，适时给予表扬和鼓励，让他们体验成功，享受欢乐。

三、把握欢乐的特性是实施欢乐教育的要诀

欢乐和其他许多积极情感一样，具有如下特性。

1. 欢乐的迁移性

从幼儿的个性爱好入手，培养他们积极向上的欢乐情感，并诱导其向学习方面迁移。

2. 欢乐的适度性

某一方面的过度欢乐，定会削弱对其他方面的兴趣。因此，教师在激发幼儿欢乐情感时，必须因人而异，把握好这个度，进而全方位培养幼儿的兴趣爱好，促进幼儿全面和谐发展。

3. 欢乐的疲劳性

由表扬、活动等外部因素激发而产生的欢乐为激发性欢乐，这种欢乐具有短暂性。并且，同样的赞扬听多了，同样的活动频繁了，同样的事物见多了，往往会习以为常，第一次经历时的欢乐情感也就会逐渐淡化，出现欢乐疲劳。根据这一特性，教师在激发调动幼儿欢乐情感时，就要注意变换方式，改进方法，拓宽渠道，创新形式，以量变促质变，在持之以恒的激发中，让幼儿的激发性欢乐演变为生活欢乐。

四、实施欢乐教育是教育规律的必然反映

教育活动过程是师幼双边共同活动的过程。在这个过程中，教师自身的社会地位及所担负的任务，决定了教师起主导作用，即教师是教与学活动过程的组织者。

幼儿是学习的主体，是具有主观能动性的人。他们对于教师的引导和教导不是机械被动地接受，而是具有选择性。也就是说，幼儿不是在任何情况下都会自然地成为学习的主体。只有当教师设计的教学目标变成幼儿明确的学习目的时，幼儿才能够选择达到学习目标的学习活动方式，才能产生主体意识，才能积极主动地学习，最终在德、智、体、美诸方面生动

活泼地得到发展。

五、实施欢乐教育是幼儿身心发展的客观要求

幼儿年龄尚小，注意力不易稳定和集中，意志力也比较薄弱，容易动摇、转移和分散，往往凭兴趣去认识事物，对不感兴趣的东西常常就不愿意去了解。

欢乐教育就是通过最基本的组织形式，通过教师有意识地设置有关教育情景，如环境的布置、角色的扮演、气氛的渲染等生动形象的教学方式，来诱发幼儿的学习兴趣，培养幼儿积极向上的情感，变被动学习为主动学习，把学习主动权交给幼儿，以发展幼儿思维的灵活性、自觉性和概括性。

六、实施欢乐教育是幼儿个性和谐发展的必然需求

让每一个幼儿的个性都获得和谐发展，这是当前国家学前教育工作的基本要求。教师在教育活动过程中，在坚持同一要求的前提下，应从幼儿实际出发，针对幼儿年龄特征和个性特点有的放矢地进行教育，以充分发挥他们的才能和专长，使每个幼儿都形成最佳的素质结构。

七、营造民主、和谐的教学环境

平等、互动、共同发展的师幼关系是营造民主和谐的教学环境的基础。欢乐教育要求建立民主和谐的教学环境。首先要求在教学艺术的展开过程中体现对幼儿及幼儿生命的尊重和关照，也就是教师要把自己也当作一个生命个体，而不是"非人化"的知识化身，要把幼儿当作生命个体，而不是"物化"的知识容器。

现代教学论认为教学的实质是师幼的交往，教学过程不是单一的、线性的、由上而下的传递过程，而是师幼交往、积极互动、共同发展的过程。幼儿园教学应当是教师和幼儿这两类主体交互作用形成的学习共同体，幼儿交互主体性学习能力的获得及学习共同体的形成，依赖于平等、互动的师幼关系。此时的师幼之间不再是传授与被传授、管理与被管理的"人与物""我与它"的"非人化"关系，也不仅仅是单向的和信息性的控制性

关系，而是各自向对方精神敞开和彼此接纳的"人与人""我与你"的平等对话和交往的关系。在这种关系中，双方皆获得成长。

教师在这种师幼关系中必须调整好自己的角色。教师不再是中心，而是与幼儿一道的共同参与者。教师不仅要能传授基础的知识，更要能够从事跨学科、跨文化、跨国界的知识讲解，能够带着开放性的态度不断寻求新的途径，将幼儿带入对真理的日益深入的理解之中。教师不再把幼儿看作毫无生机活力的活动权威的附庸，而给幼儿以生命尊严，给幼儿以话语权利，并本着解放幼儿身心的博大胸襟和伟大情怀，在多重视界的沟通融合与心灵的相互碰撞之中使师幼之间充满民主、平等、理解、宽容的人性关爱，使课堂洋溢着活力、奔放、热情、向上的人性之美。有这样的师幼关系做基础，活动就能成为师幼关系和谐、资源共享、教学相长的生命成长乐园。

八、丰富多彩的生活内容和灵活多样的活动组织形式

在电影《音乐之声》中，音乐老师玛丽亚为了让孩子们摆脱父亲霸权教育的阴影，将活动完全移入阳光明媚的田野平原、清新活泼的树林、泉水叮咚的小河边等环境里，使孩子们自然地摆脱了父亲的阴影，使他们在大自然中充分体会到学习的欢乐。

玛丽亚将活动与外界融合起来，将具有严格的确定性和简约性的知识世界与以不确定性和复杂性为特征的幼儿真实的生活世界融合起来，使课程贴近了生动的现实生活，打破了井然的活动秩序和严格的活动纪律，创造了全新的艺术活动。

今天的教师应时时关注社会发展，将与本学科相关的最新动态带进活动，学会重构知识传递生活的意义，调和教材内容的有限性、稳定性与生活世界的丰富性、骤变性之间的矛盾。教师在教学时要充分考虑到幼儿的生活现状和知识背景，善于找出活动内容与幼儿现实生活的切合点，从他们身边所熟悉的人或事出发，从他们生活当中所遇到的实际问题出发，从他们当前头脑中有可能产生的疑惑出发进行教学，将生活当中丰富的教育资源引入活动，让幼儿感觉到活动原本就不是枯燥沉闷、远离生活、高高在上的，而是其乐无穷、可亲可近、真真切切的。在活动中，他们不仅可

以得到知识的增进，还可以得到精神的愉悦、生活的指导和智慧的启迪。

此外，要还活动以生气、灵气、朝气，要思考如何把活动空间还给幼儿，打破幼儿只能安坐一隅的局面，变单一"秧田式"为形式多样的"方形""圆形""马蹄形""新月形""模块形"等多种形式，甚至于让幼儿走到前面，使"死"的活动"活"起来，使"静"的活动"动"起来。还可以把活动延伸到乡野村落、市镇街区，延伸到自然、社会和幼儿的内心世界之中，让活动知识在幼儿的亲身实践中得以升华，真正体现出活动中充满的不仅是知识，而且是经验、是活动的理念，使活动空间不再狭窄和单调，使活动气氛不再机械和呆板，使活动交流不再压抑和封闭，使幼儿不仅拥有坐的空间，也拥有了说话的空间、体验的空间和表现的空间，使活动成为充满思考乐趣和智慧挑战的乐园。

九、开发幼儿的智慧潜力和创造力

创造是欢乐的。任何一个人看到凝结自己智慧的创造物时，都会感到欢乐。教育应该是体现着智慧与创造的活动，所以欢乐教育必须充分开发幼儿的智慧潜力和创造力，让幼儿从教育活动中体会创造的欢乐。我们要把创造的范围看得更广一点儿，不要看得太神秘。我想只要是有一点儿新意思、新思想、新观念、新设计、新意图、新做法、新方法，就可称得上是创造。

创造教育是在批判继承传统教育的基础上产生的，是现代教育思想的核心内容之一，是素质教育的一个重要组成部分。教师要跟上时代的变迁，就不能一度醉心于自己已经得心应手的套路，而应该发挥自己多年来锤炼的教学艺术，运用新的教学策略，激活幼儿的思维和创造动机，挖掘幼儿的智慧潜力，促进幼儿形成创造行为并培养幼儿的创造性人格，从而构建出新的创造性教学，创造出新的教育艺术风格。

创造性教学在教学内容方面，既尊重教材，又不把教材作为唯一的教学内容。在教学方法方面，要求教师运用灵活多样的教学策略，诸如使用开放性的而不是只有唯一正确答案的问题提问，设法营造和谐、活跃、民主的课堂氛围，鼓励幼儿大胆质疑问难，对某一问题提出多种不同的解释。

在教学评价方面，创造性教学以积极评价为主，对幼儿提出的错误的甚至荒诞的见解，要延迟评价，不要立即否定，甚至应该尽量找出其中的合理成分，鼓励幼儿的创造性思维。

创造性教学要求教师在活动中的提问必须发生根本性转变，使其真正成为一种艺术。教师不能仅在问题上盘旋，更重要的是要向幼儿提供一个易于产生问题、思考问题、解决问题的情境。而且问题不一定非要由老师苦思冥想课前预设，而完全可以在活动中生成。教师要相信幼儿的智慧，要培养幼儿的问题意识，使幼儿通过活动问题的激荡，变得反应越来越敏捷，思考越来越深入，辩驳越来越得法，自身也越来越有智慧。

知识经济时代、网络时代、全球化时代的到来正严峻挑战我国的教育，新时代的来临要求具有创新精神、创新意识及创新能力的人才。以幼儿为本的教育观念使得学前教育不仅要关注教育的结果，更要关注教育的过程，关注幼儿学习的体验，使他们在学习知识中体会创造的欢乐，并形成一种欢乐学习的理念，进而促生出乐观、全面、积极的人生态度，寻求科学精神与人文精神的两极平衡，促进幼儿的全面发展。

诚如联合国教科文组织的研究报告中指出的，教育应为幼儿的一生幸福做好准备。只有这样，才能使幼儿参与到社会生活中，关心社会，关心政治，关心人类的命运；才能使我们的幼儿达到爱因斯坦所构想的生命境界："人只有献身社会，才能找出那实际上是短暂而又有风险的生命的意义。"

留在幼儿心灵世界里的美好记忆，其实就是一粒情感的种子，而且它一定会生根、发芽、长大、开花，结出一个幸福的人生果实。教师的任务就是在所有幼儿的心田里埋上一粒种子，然后松土、浇水、拔草、施肥，等待着那粒种子慢慢地发芽、长大、开花、结果。

教育是无止境的，只有不断探索和总结，才能更接近教育艺术的最高境界。教师沉醉于这项艺术的探索，并且从中感受到无限的乐趣，并用自己的欢乐感染幼儿，形成富有朝气、充满活力的欢乐集体，和幼儿一起在欢乐中成长。热爱并享受学前教育事业，做个欢乐的教育者吧！因为这其实是在关爱自己。一个不会爱自己的人，也无法做到爱幼儿。只有欢乐起来，才能利人利己利教育。相信吧，在欢乐的工作中，一个美丽的新世界即将展现在你的面前！

十、让兴趣为幼儿的欢乐求知引路

任何幼儿都会对某些对象表现出特别的兴趣。一旦他们发生兴趣时，也就是教育的最好时机。在强调自主性、探索性学习的今天，人们特别重视兴趣的作用。的确，兴趣是最好的老师，幼儿一切自主选择的活动无不始自兴趣，而一切课程，包括预设和生成的课程追根究底也源于兴趣。只要是幼儿感兴趣的，他们的求知欲就会很强。

十一、游戏是欢乐教育的基础

游戏是幼儿最喜欢的活动，也是促进幼儿身心发展的主要活动，可以说，游戏就是幼儿的生命。游戏是幼儿园的基本活动，幼儿教师应重视幼儿的本体性游戏和教师的手段性游戏。幼儿的本体性游戏有助于幼儿的心理健康和个性的和谐发展，教师的手段性游戏是为了实现特定的教育目标而组织的，能让幼儿学到必备的知识技能，有助于幼儿按一定的方向发展，二者相互渗透，相得益彰。

十二、寓欢乐于教育活动之中

欢乐，不仅是作为教育的形式存在，而且是作为核心价值贯穿在教育的各个环节，寓欢乐于教育活动之中，可让幼儿欢乐学习，欢乐成长。

十三、为幼儿创造合作、交往的机会

当今世界是一个经济全球化和文化多元化的时代，也是一个知识和信息迅速更新的时代，吸纳、合作、责任、进取是每一个社会人应该具备的品质，欢乐教育就是要让孩子富有爱心、充满责任、善于合作，让社会跳动欢乐的和谐音符。

十四、为幼儿创造民主、和谐的环境

性格的基础由幼儿早期生活奠定，早期的生活环境潜移默化地影响着幼儿的性格，良好的性格是在适宜的环境中熏陶感染而形成的，是一次次良好情感经验浸润、积淀的结果。因此，我们为幼儿营造一个充满民主、平等、和谐、欢乐气氛的环境尤为重要，要让幼儿在集体环境中感到温暖、心情愉快，形成安全感、信赖感，使幼儿养成欢乐的性格和乐观幽默的品性。

十五、做幼儿模仿的榜样

幼儿园的教育活动是一项十分艰辛、复杂而又细致的工作，要求教师具有爱心、耐心和细心。教师的一言一行，在很大程度上决定着教育的进程和效果，因此，教师乐于教育是欢乐教育的根本保证。有的教师面对繁重而琐碎的保教工作，面对一群不谙世事、顽劣不驯的幼儿时，心情便开始转阴。教师的不良情绪必然会反映到教育活动过程中，通过冷冰冰、缺乏感情的语言传递给幼儿，这怎能使幼儿欢乐起来呢？教师的不良情绪还会直接影响师幼互动的过程。对幼儿的漠视、讽刺、体罚会对幼儿的心灵产生伤害，严重影响幼儿的心理健康。因此，教师应永远保持一颗爱心，爱幼教事业，爱每一个幼儿。教师必须清楚地看到，在付出大量辛勤劳动的同时，自己也收获着与幼儿一起成长的喜悦，也体验着不断超越自我的成就感。

在日常的教育活动中，教师要善于顺应幼儿的性情，走进幼儿的情感世界，多一份童心，努力做到春风化雨润物无声。同时，教师要学会情绪上的自我调适、自我愉悦，保持开阔的心胸和积极乐观的心境，这样才能时刻影响和感染着幼儿。因此，无论教师心里欢乐与否，在幼儿面前，教师应该永远是欢乐的化身，是幼儿学习的榜样。只有真情和激情才能在教师与幼儿之间产生相互感染的效应，从而使教师的教诲畅通无阻地滋润孩子们的心田。

十六、温情的家庭氛围是幼儿欢乐成长的源泉

生活在欢乐祥和的家庭气氛里的孩子,每日感受爱的熏染,他眼里的世界自然是平和安全的。相反,一个整日生活在充满谩骂、暴力或冷战的家庭里的孩子,他所看到的世界就是恐惧和冷漠,这样的生活会给孩子的心理蒙上难以磨灭的阴影。平心而论,没有一个父母不希望家庭气氛和谐欢乐,心平气和地与子女相处。

欢乐是生命的源泉,乐观向上是精神健康的基础。泰戈尔认为:"教育的目的应当是向人传送生命的气息,而不单单是传授知识。"恰如理查德·洛迪希先生所说:"教育固然神圣,但它必须与我们的生活息息相关,而将教育与生活紧密相连的主要方法就是让它欢乐、有趣。"

欢乐教育以幼儿的根本利益为出发点,从生命的角度看待教育,让幼儿在欢乐中学习,在欢笑中成长,让孩子能够真实感受到生命的价值,从而为幼儿一生的欢乐成长埋下可持续发展的种子。

实施欢乐教育,对教师提出了新的、更高的要求,要求教师不仅要转变教育理念,还要有更高的业务素质,要不断地提高自身的思想政治素质、科学文化素质、能力素质、身体素质、心理素质,要努力把幼儿教育活动开展得艺术、生动,让幼儿学得欢乐、主动,使教与学呈现"书山有路趣为径,学海无涯乐作舟"的新面貌。

第五章　践行欢乐教育

欢乐
源于梦想的追寻，源于行为的文明
源于学习的收获，源于健康的身心
源于艺术的享受，源于创新的体验

幼儿的欢乐学习寓于欢乐活动
欢乐愉悦的学习氛围
让幼儿在欢乐中学习
在学习中享受欢乐

欢乐温馨的育人环境
是无声的熏陶
打造美丽花园、温馨家园
欢乐学园、智慧乐园
让幼儿园真正成为孩子们的欢乐王国

让幼儿置身在草木皆微笑
处处蕴欢乐的花园式幼儿园
走向欢乐，走向成功

>>>

在新时代学前教育工作中，教师应当正确认识如何构建欢乐、高效的活动来提高幼儿的综合素质，从而把素质教育推向健康有序的发展轨道。社会发展要求学前教育必须与时俱进，开拓创新，深化改革，努力提高幼儿综合素质。为此，教师必须在幼儿教育活动上下功夫，进行创新，打造高效活动，更直接地推进学前教育又快又好地发展。

思想意识是人们行动的先导，没有思想意识的转变就不会有行动上的转变。纵观人类历史的历次重大变革，都是先从思想意识的转变开始的。学前教育的改革是一场新的革命，同样需要教师拥有与时俱进的观念。

为了改变学前教育观念，就要从教育者的思想观念改变开始，可以采取如下方式：首先组织所有教师到教改有成功经验的幼儿园进行实地参观考察，使所有教师感受到全新的教育模式；其次组织教师进行读书学习活动，阅读学习现代学前教育理论，还可邀请著名学前教育专家入园做报告，对教师进行理论和实践指导。通过这些活动，可以解放教师们的思想意识，促使教师在思想上形成统一共识，深刻反思自己以前的教学模式，逐渐认识到只有变化才是永恒的不变，自身必须要变革，必须要与时俱进。

要有一个和谐的团队。著名的木桶理论表明：一个木桶能装多少水不是由最高那块木板决定的，而是由最低的那块木板决定的。木桶理论充分体现出团队和谐的重要性。没有成功的个人，只有成功的团队。只有团结合作，才能使个人和组织达到双赢。打造和谐团队，幼儿园就需要组建强有力的和谐的领导班子，打造和谐的氛围，形成团结和谐富有战斗力的团队。立下"团队发展我发展，团队发展我受益，我为团队做贡献"的铮铮誓言，力争把工作内化为生活的需要和生命的必需，努力把敬业当成一种习惯，把奉献当成一种品质，把创新当成一种责任，把求真、务实和崇尚精彩当成一种价值追求。高效活动改革的目标是培养既有丰富知识，又有创造能力，更要有健全的人格的幼儿。这样的幼儿才是我国未来改革开放的生力军。

形式是内容的表现，必须改变原有的教学模式才能从本质上打造高效活动。在教师教的层面上，教师必须在活动前根据幼儿状况编写导学案，这种导学案实际上是引导幼儿自由活动的方案，从本质上有别于以前教师所用的活动设计，这种导学案要求教师要引导幼儿自主游戏和学习。教师绝对不能代替幼儿思考或学习，教师要通过编写导学案，成为幼儿的引导者、发现者、开拓者、合作者和支持者。

在活动进程上，教师作为导演，把游戏还给幼儿，幼儿才是活动中真正的演员。这种方式不仅可以激发幼儿的学习兴趣和学习潜能，还可以培养幼儿独立思维的能力、展示交流的能力以及合作探究的能力。

通过教与学的变革，一方面使教师的角色得以转变，更主要的是使幼儿从被动的学习者转变为努力的自动自发的学习者。

世界上最好的教育本质上都是欢乐的，孩子在欢乐的状态下学习效果最佳。欢乐教育理论符合教育的本质和发展规律。欢乐教育本身就是要还给幼儿一个欢乐的童年，让他们健康欢乐地成长。欢乐教育是在环境、教师、活动区和实践活动与幼儿的相互作用过程中，让教育与欢乐同步进行、共同实现，使不同幼儿都能够发现、享受、创造和传递欢乐，奠定孩子一生幸福的教育。

那么，欢乐教育应该如何在教育教学管理中实践呢？这就是目标明确、层次分明、架构合理的独具特色的欢乐教育实施体系——"欢乐金字塔"。"欢乐金字塔"包括：一大目标、两大保障、三大途径、六大乐源，即"欢乐教育一二三六"模式。

一、欢乐之舵——一大目标

欢乐教育的最终目标就是让每个幼儿"走进幼儿园欢乐三年，跨出幼儿园幸福一生"。围绕欢乐教育的核心理念，确立欢乐教育的六个维度，即乐于追求，享梦想之乐；乐于修身，享美德之乐；乐于读书，享学习之乐；乐于运动，享健体之乐；乐于尚美，享艺术之乐；乐于创造，享创新之乐。

"六乐"活动的开展，能够切实让每一位走进幼儿园的孩子都幸福欢乐地度过三年的幼儿园生活，让欢乐浸润的身体和心灵永远伴随着从幼儿园走出去的每一个孩子。

二、欢乐之帆——两大保障

（一）打造欢乐和谐的教师团队

欢乐和谐的教师团队是开展欢乐教育的前提和保障。先要有欢乐的教师，才能有欢乐的幼儿。教师能够欢乐地从教，幼儿才能够欢乐地体验和学习。在欢乐的教和学中实现轻负担、高质量,是欢乐教育的最高境界。"欢乐工作,欢乐生活"是欢乐和谐教师团队的共同愿景。教师们在欢乐环境中诲人不倦、奉献青春,也在多彩的活动中释放激情、点燃梦想。

(二)实行人性化的情感管理

欢乐教育是直面幼儿生命的一项工作,是为了幼儿的生命质量的提高而进行的社会活动,是以幼儿为本的社会中最能体现生命关怀的一项学前教育事业。

欢乐教育就是让师幼共同欢乐,欢乐教育理念下的幼儿园管理体系也应该是为欢乐服务的。

幼儿园从为师幼欢乐服务的角度,实行人性化的情感管理。园领导不仅关注教师工作,也关心教师生活。"人性化的情感管理"建立在幼儿园领导与教师之间相互平等、相互民主、相互信任、相互关爱、相互分享、相互承担的基础上,实施的是一种激励教师工作、学习积极性和诱发教师工作、学习热情的民主、自律式的管理策略。在幼儿园管理实践中尊重、理解、信任、帮助教师,给教师以更大的发展空间和关爱、温暖,以唤起教师的主人翁意识与创新意识。

三、欢乐动力——三大途径

(一)打造欢乐高效的游戏活动

幼儿的欢乐学习必须建立在欢乐活动基础之上,而打造欢乐活动的目标就是培养幼儿欢乐学习的能力,提高教育教学质量。在欢乐教师的组织下,营造欢乐愉悦的学习氛围,施以欢乐高效的教学方法,让幼儿在欢乐中学习,也在学习中享受欢乐。欢乐的活动不仅关注当前的欢乐,而且关注幼儿未来长久的欢乐;不仅关注幼儿学习的欢乐,而且关注教师教育成功的欢乐,并在师幼彼此融洽的交流中传递和共享这种欢乐。

积极探索"欢乐高效活动"的欢乐教育基本模式,突出欢乐高效活动的四个要素:欢乐、自主、合作、探究。制定欢乐思维、欢乐认知、欢乐英语、欢乐游戏、欢乐歌舞、欢乐美工、欢乐识字、欢乐表演各八科的欢乐高效活动标准。开展全体教师参加的欢乐高效活动设计比赛与交流研讨活动，让广大教师人人参与欢乐高效活动的实践研究，力争达到育人和课改的双丰收。

（二）营造欢乐温馨的育人环境

欢乐温馨的育人环境是一种无声的熏陶。环境文化建设的目标是打造美丽花园、温馨家园、欢乐学园、智慧乐园，让幼儿园真正成为孩子们的"欢乐王国"，并且精心打造系列主题文化功能区，让幼儿置身在草木皆微笑、处处蕴欢乐的花园式幼儿园，走向欢乐，走向成功。

（三）开展欢乐多彩的实践活动

欢乐教育离不开欢乐多彩的实践活动。围绕欢乐教育，将欢乐多彩的实践活动细化为六大乐源：欢乐源于梦想的追寻、行为的文明、学习的收获、健康的身心、艺术的享受和创新的体验。这六大乐源基本涵盖了德、智、体、美、创新五个方面，旨在在实施素质教育的过程中开展欢乐教育，实施欢乐的素质教育。

四、欢乐之船——六大乐源

（一）欢乐源于梦想的追寻

心有多大，舞台就有多大。人有了梦想，就有了前进的方向。为落实励志教育，升旗仪式是重要的爱国主义教育、行为教育阵地。全园教师幼儿集体诵读梁启超的《少年中国说》，让幼儿时刻铭记"少年强则国强""少年雄于地球则国雄于地球"的强国梦想。在师幼中广泛开展"中国梦，我的梦"主题教育活动，让孩子们用手中的画笔描绘梦想，畅想未来。

（二）欢乐源于行为的文明

为落实修德教育，在幼儿中开展争创"欢乐文明使者"活动，确定标准，评比表彰，颁发臂章。自此，欢乐文明使者活跃在幼儿园的各个角落，捡拾垃圾、助人为乐、孝老敬亲……将文明播撒校园、带回家庭、深入社区。

（三）欢乐源于学习的收获

以语言领域为例，把欢乐阅读、欢乐识字作为突破口，重点培养幼儿的读书、识字、讲述能力。在每周的欢乐阅读识字课上，幼儿就如同走进了整个宇宙空间，椰风海韵、竹林听雨、紫藤花香、古树鸣蝉，孩子们在大自然的美景之中，一边欣赏着高雅的音乐，一边畅游书海，乐享读书，真正营造人在书中，书在手旁，好书共享，开卷有益的书香园地。

（四）欢乐源于健康的身心

让幼儿人人掌握一项健身技能，培养幼儿阳光、健康、欢乐的心态以及乐观开朗的性格。力争实现教育一名幼儿，带动一个家庭，影响一个社区的教育目标。

（五）欢乐源于艺术的享受

艺术可以使人愉悦、高雅，可以修德、启智。在艺术教育方面加大力度，让幼儿在活动内外享受艺术所带给他们的欢乐，力争让每名幼儿都会演奏一种乐器。

（六）欢乐源于创新的体验

海阔凭鱼跃，天高任鸟飞。充分挖掘教师的潜力，充分尊重幼儿的个性，每天下午三点半设置美术、手工、朗诵、舞蹈、童话剧、足球、篮球、轮滑、游泳、声乐、器乐、体操、英语、科学探究等系列活动班。幼儿根据自己的兴趣、爱好和个性特长，自愿参加自己喜欢的活动，让幼儿各展所长、各得其所。"欢乐三点半"是所有孩子们的最爱，在专属于他们的时光，幼儿个性张扬、兴趣盎然，犹如鱼入大海、鸟入森林。幼儿乐学、教师乐教、家长乐意的教育就是"人民满意的教育"。

欢乐教育的园本特色文化，催生欢乐高效活动之花，收获欢乐成长之果，真正让幼儿欢乐成长、终生难忘；教师欢乐发展、实现价值；家长欢乐参与、满意认可。

第六章　欢乐教育实践模式

欢乐教育，倡导
在欢乐的教育氛围中
提高幼儿的综合素质
在愉悦的心理状态下
激发幼儿的学习兴趣
提高学习效率、教育质量

欢乐教育，促进
幼儿生理、心理、社会适应性等方面的快速发展
在幼儿园五大领域教育活动中
充分体现欢乐教育理念
创新运用欢乐教育规律
充分发挥欢乐教育各构成要素作用
克服相关制约因素
积极构建欢乐教育实践模式
不断提升幼儿健康水平

欢乐教育，即教师乐教、幼儿乐学
幸福愉悦体验贯穿欢乐教育始终
人人和谐、自然，心情舒畅
提升幼儿身心及社会适应水平
幼儿生动、活泼、主动地全面发展

> 欢乐教育，有助于促进幼儿身体健康
> 有助于调动幼儿的学习积极性和主动性
> 在欢乐教育过程中
> 幼儿积极愉悦的情绪体验可
> 提高身体免疫能力，促进生理健康
> 维持和促进心理健康
> 在教师引导下，积极应对各种挑战
> 大大促进幼儿的社会适应能力

〉〉〉

欢乐教育作为一种教育理念，主要倡导在欢乐的教育氛围中提高幼儿综合素质，在愉悦的心理状态下激发幼儿学习兴趣，提高学习效率和教育质量。欢乐教育对当前幼儿生理、心理、社会适应性等方面的促进作用和意义明显，在幼儿园五大领域教育活动中应充分体现欢乐教育理念，创新运用欢乐教育规律，充分发挥欢乐教育各构成要素的作用，克服相关制约因素，积极构建欢乐教育实践模式，不断提升幼儿健康水平。

一、欢乐教育及其作用

欢乐教育即教师乐教，幼儿乐学，幸福愉悦体验贯穿欢乐教育始终，整个过程人人和谐、自然，心情舒畅，幼儿的身心及社会适应水平不断提升，并得到生动、活泼、主动的全面发展，追求幸福欢乐的教育。欢乐教育有助于促进幼儿身体健康，有助于调动幼儿的学习积极性和主动性。在欢乐教育过程中，幼儿积极愉悦的情绪体验既可以提高其身体免疫能力，促进其生理健康，还能提升幼儿与教师配合、交流沟通、情绪控制等体验欢乐、追求欢乐的能力，维持和促进其心理健康。同时，在教师引导下积极应对各种挑战，可大大促进幼儿的社会适应能力。

二、欢乐教育的构成要素及其影响因素

欢乐教育的主要构成要素：教师、幼儿、活动（活动区、活动内容、活动形式等）。教师是主导，是欢乐教育作用发挥的关键因素；幼儿是主体，是欢乐教育的核心，幼儿综合素质发展状况始终是检验欢乐教育效果的一面镜子；活动是连接教师和幼儿的纽带和桥梁，是欢乐教育实施的主要平台。

欢乐教育要依赖其各要素及其相互配合才能发挥综合教育效能。幼儿是学习的主体，教师是学习的主导，教育的艺术魅力主要展现在教育活动过程中，教育活动的意义和价值又远远超出其本身，因为教育活动过程体现教学相长，富有创造性，大量生成性教学资源往往也产生于此过程。师幼在教育活动过程中合作、共享、共担，创设和营造愉悦、幸福、和谐的教育教学环境，以丰富多彩的教学内容和形式多样的活动充分发挥欢乐教育的综合影响力。

欢乐教育蕴含着和谐的师幼关系，欢乐教育的和谐是指幼儿乐学，教师乐教，师幼在教育活动中生命和谐地律动，双方生命情感碰撞出愉悦的情感体验。

欢乐教育受多种因素、障碍的制约，它们影响着欢乐教育各构成要素作用的发挥，也降低了各要素间相互配合的教育效能，主要表现为以下几点。

1. 欢乐教育内涵理解有偏差

其表现为单纯地营造一种表面热闹的气氛，刻意追求幼儿的欢声笑语，单纯地为欢乐而欢乐，缺乏通过自身努力体验发自内心的欢乐。教育离不开欢乐，但欢乐不是教育的最终目的。

2. 教育功利化思想的存在是严重影响教育和谐的障碍

其表现为急功近利，拔苗助长，根本不考虑教育规律和幼儿的身心发展规律，生搬硬套，直接影响幼儿学习积极性以及身心健康发展。

由此可见，我们要及时更新欢乐教育理念，摆脱相关因素的制约，才能真正发挥欢乐教育各构成要素及其相互配合的作用。

三、欢乐教育的实践模式

（一）欢乐教育实践模式构建的前提和保证

准确把握欢乐教育关键期，运用欢乐教育的规律，秉承其教育理念，在教学实践中实现教师乐教、幼儿乐学、教学相长，在教师主导下充分发挥幼儿的主观能动性，以构建自由、和谐、民主的教学环境为实施欢乐教育的前提，把多元化活动组织形式和丰富多彩的教育内容作为实施欢乐教育的保证，以开发幼儿的创造力和潜能为实施欢乐教育的目的，积极培养幼儿的学习兴趣，提升幼儿的自我教育能力，以乐观向上的态度愉快学习，提升幼儿综合素养。

（二）欢乐教育的常规实践模式

实施欢乐教育的途径有很多，但殊途同归，要顺利实施欢乐教育必须深入理解欢乐教育理念，要靠师幼亲密配合，相互理解，共同营造融洽、欢乐的教育氛围，共同发展和进步。

1. 知—信—行 KABP 欢乐教育实践模式

知—信—行 KABP（Knowledge、Attitude、Belief & Practice）模式是在欢乐教育理念下，促进幼儿态度行为转变的应用模式。"知"是指教师寓教于乐，创造性地运用各种教育方法和教学手段传授知识，使幼儿牢固掌握知识；"信"是指培养幼儿浓厚的学习兴趣，让幼儿充分认识到学习知识的重要性，转变对学习的认识和态度；"行"是指幼儿自觉自愿地改变自身且带动周围伙伴一起去做，坚持健康行为或改变原来的不良生活和认知习惯，达到欢乐教育目的。知—信—行欢乐教育实践模式具体实践措施有以下几个方面。

（1）多措并举，形式多样地传授知识。

（2）加强引导，扭转幼儿的学习态度。

在提高幼儿认知水平的同时，结合幼儿的兴趣爱好，由浅入深、启发引导、情感教化，激发幼儿浓厚的学习兴趣，改变幼儿的学习态度，最终使幼儿体验到学习和游戏的欢乐。

（3）不断强化，固化行为习惯。

知—信—行教育实践模式最终目的是在欢乐教育理念的指导下，让幼儿形成良好的生活及卫生习惯，保持健康心态，提高综合素质，和谐发展。

2. 多元递进教学互动式欢乐教育实践模式

多元递进教学互动式欢乐教育实践模式是根据加德纳的儿童多元智能教育理论，采用多感官刺激学习，多元化的教学方式，递进式的教学手段，多维度的训练，秉承欢乐学习、健康成长、幸福生活的欢乐教育理念，教师启发诱导，增强学习气氛，开展轻松欢乐的活动，结合幼儿兴趣和个性化特点，采用情景化教学和鼓励、微笑式教学，促进师幼间、幼儿间的互动交流，最终提高幼儿动手能力，并使其掌握处理问题的方式方法和技能技巧。

引领社区、家庭、医疗机构等积极参与，围绕健康问题和生活技能，通过丰富多彩的角色扮演、讲故事、社会实践、绘画、课堂讨论、海报设计、体验职业等教育活动，使幼儿接受多维度的学习训练，在欢乐的教育氛围中，在教师指导下进一步了解幸福生活所必需的心理、生理、社会生活技能，解决幼儿生存、发展、交往等方面的问题，促进幼儿的情商发展。

3. 三位一体的欢乐教育实践模式

三位一体的欢乐教育实践模式是根据幼儿生理和心理特点，融入欢乐教育理念，幼儿园、家庭、社区三位一体，共同实施好欢乐教育。幼儿园、家庭、社区三者分工不同，但又互相配合，互相支持，处处创造条件，时时体现教育民主、平等，给予幼儿正面引导，传递正能量，努力营造欢乐教育的浓厚氛围、和谐健康的教育环境，促进幼儿欢乐成长，巩固欢乐教育效果。

（1）专门课程：幼儿园紧贴幼儿生活和身心特点安排专门课程，如开设安全教育、生活技能、心理应知应会、营养与健康、五大领域活动等，教师系统地讲解并加强实践教学的指导，让幼儿在习惯养成性教育活动过程中体验到进步和欢乐。

（2）家园配合：家庭密切配合幼儿园，遵从欢乐教育规律，保持与幼儿园的沟通互动，充分利用家庭融洽的和谐环境，结合幼儿个性特点，及时纠正幼儿的不良生活、饮食、卫生等习惯，也可通过亲子活动及时沟通交流，进行心理疏导，巩固幼儿在园的所学、所做。

（3）社区传播：作为社区，要积极传播正面信息，以宣传栏、网页、报刊资料、影像视频、公益广告等多种形式营造积极欢乐的教育氛围，保持与幼儿园、家庭的欢乐教育内容和导向的一致性。

总之，构建幼儿园、家庭、社区三位一体的欢乐教育环境，使幼儿活动内外时时有教育，事事有教育。另外，幼儿园、家庭、社区在不同环境中还要注意构建显隐结合的育人环境，注重发挥隐性教育环境的润物细无声的作用，处处宣传、启发、引导，营造欢乐教育氛围，以达到潜移默化的教育效果。

综上所述，欢乐教育对当前幼儿全面发展的促进作用和意义明显，在教育活动中应充分体现欢乐教育理念，创新运用欢乐教育规律，克服相关制约因素，积极构建欢乐教育实践模式，不断探索实施途径，更新观念，创新发展，从而不断提升幼儿的综合素养。

第七章　欢乐教育实施路径

欢乐教育，是师幼双方在教育活动实践中
生命和谐的律动，生命情感的碰撞

欢乐，是幼儿的内在需求
欢乐教育，是教师的理想追求
更是幼儿的期盼与渴望

解放教师，把教师从各种束缚中解脱出来
把教师从传统的偏狭中解放出来
打造好教师，保障好教育

解放幼儿，促进幼儿的主动发展
愉快合作的活动，是促进幼儿主动发展的主渠道
丰富多彩的活动，是促进幼儿主动发展的重要形式
融洽的师幼关系，是促进幼儿主动发展的情感纽带
文明优美的幼儿园，是促进幼儿主动发展的育人摇篮
步调一致的家园共育，是促进幼儿主动发展的有力保障

〉〉〉

幼儿园应为幼儿提供健康丰富的生活和活动环境，满足他们多方面发展的需要，使他们在欢乐的童年生活中获得有益于个人发展、成长和人生成功的各种经验，努力成长为有趣味、有诚心、有担当、有社会责任感、

热爱自己事业并为之不懈奋斗的人。

欢乐教育是一种契合素质教育的全新教育理念，是师幼双方在教育活动实践中生命和谐的律动，是生命情感碰撞时的一种愉悦的情感体验，是欢快、愉悦、健康的教育方法。它不是单纯地营造一种热闹的氛围，也不是刻意地追求幼儿外在的视听享受和欢声笑语。欢乐教育的哲学根基是快乐哲学，源于人类趋乐避苦的本性。

在传统的教育活动中，尽管教师有着渊博的知识与美好的愿景，他们对生命的意义和教育价值也有着深刻的见解，但是教育活动的双方常是被动的，教师的活动空间缺少弹性和自主性，使得教育活动按照既定的程序按部就班地实施备课、上课、课后反思，这种过于程式化、机械化的教学模式，往往使教师在教育活动中缺乏主动性和创造性，缺乏自由，没有欢乐和激情，不能促进幼儿自由和全面地发展。

欢乐是幼儿的内在需求，构建欢乐和谐的教育氛围不仅是实现高效活动的重要手段，也是新课程改革所追求的重要目标。欢乐教育不仅是教师的理想追求，更是幼儿的期盼与渴望。

一、解放教师

教师是幼儿园五大领域教育活动中不可或缺的重要因素，他既是欢乐教育的设计者，又是欢乐教育的实施者，因此，教师在构建欢乐教育的过程中具有先导作用。教师若想在欢乐教育中扮演好自己的角色，应做到以下几点。

（一）把教师从各种束缚中解脱出来

各种制度的约束，行政部门对教师过多的量化和刚性考察，使得教师疲惫于很多和教学无关的事务，耗费了大量的精力，使教师精神沮丧。只有松开捆在教师身上的绳索，给他们充分的自由，他们才能热情、愉快、欢乐地投入幼儿教育教学工作中。

（二）把教师从传统的偏狭中解放出来

当下的教师应走下神坛，重新审视自己在幼儿教育教学中的地位。传统教育中的教师在师幼关系中的地位很高，教师往往是知识的垄断者、独裁者，教师往往是以命令的形式让幼儿接受，对学不会的幼儿使用严厉的惩罚措施，这既不尊重幼儿的自然性需要，更排斥了幼儿自由发展的品性。因此，教师应转变为与幼儿一起学习的合作者，与幼儿平等交流、民主探讨的对话者，幼儿自主学习的推进者、支持者和引领者。

（三）打造好教师，保障好教育

教师应当清楚自己教书育人的责任和使命，要关爱幼儿、严谨笃学、淡泊名利、自尊自律，以自己的人格和学识魅力感染幼儿，做幼儿健康成长的引领者和指路人。教师还应当积极投入教学改革中，倡导启发式、探究式、讨论式、参与式教学，激发幼儿的好奇心，培养幼儿广泛的兴趣爱好，营造独立思考、自由探索、勇于创新的良好环境，帮助幼儿学会学习。

二、解放幼儿

幼儿是受教育者，是学习的主体。欢乐教育的目的是促进幼儿全面、和谐、健康与欢乐地发展。构建欢乐教育体系必须发挥幼儿的主体性，改变其被动的地位。

欢乐教育应以尊重幼儿的生命、顺应幼儿的自然爱好为出发点，立足于幼儿的内在需求，即幼儿的爱好与兴趣。斯宾塞说："在我看来，没有一种方法能超过顺应孩子的自然兴趣，更有益、更有效了。"所以，欢乐教育应以激发幼儿的兴趣为核心。

三、促进幼儿主动发展

（一）愉快合作的活动是促进幼儿主动发展的主渠道

在幼儿园五大领域教育活动中，能够促进幼儿主动发展的最重要的一点就是要有愉快合作的气氛，教师把对幼儿的爱带进活动室，以和蔼可亲的教态、饱满的精神和良好的情绪，营造一种和谐的教学气氛，热心为每一位幼儿服务。师幼关系民主、平等，幼儿之间真诚帮助，师幼的心在情感交流之中共融共通。这种和谐的气氛使幼儿处于愉悦、轻松的心境之中，从而调动起他们学习的积极性，激励他们乐学上进，从而增强教师的教育教学效果。

（二）丰富多彩的活动是促进幼儿主动发展的重要形式

在为幼儿创设的教育活动中突出多样性、自愿性、自主性、实践性和宽松性。为丰富幼儿的生活，以社会实践活动或兴趣小组活动的方式，定期组织幼儿到小学、社区、公园、博物馆、纪念馆、少年宫、企事业单位、部队、采摘园、田地、广阔的大自然等去参观、游玩、采摘、观察、体验、学习等。为培养幼儿的合作意识，提高幼儿的自我管理和社会服务能力，可以实行班长轮换制、卫生小卫士、"今天我主持"等制度，幼儿可以自愿、自主、自动、自发地做出选择。通过上述一系列的活动，培养幼儿的兴趣爱好，增强幼儿的主体意识，丰富幼儿的生活体验，锻炼幼儿的各项能力并增长幼儿的多方面知识。

（三）融洽的师幼关系是促进幼儿主动发展的情感纽带

和谐、融洽、友爱的人际关系是幼儿获得学习之乐、生活之乐、和谐之乐的重要条件，也是促进幼儿主动发展的最直接动力。为此，教师在幼儿面前"做妈妈、做老师、做朋友"，体现母亲的真情之爱、教师的奉献之爱、朋友的真诚之爱，对幼儿进行耐心周到的服务、循循善诱的启发、满腔热情的引导。其结果是幼儿人人都能看到自身的闪光点，人人都是成功者，从而树立起抬起头来走路的自信心和我能行的心理品质。这种友爱融洽的人际关系可使幼儿从中学习正确处理人与人之间、个人与集体之间的关系的方法，学会尊重自己、尊重他人，学会合作。

（四）文明优美的幼儿园是促进幼儿主动发展的育人摇篮

幼儿园的一草一木都是教育资源，都会对幼儿产生潜移默化的影响。所以对整个幼儿园的环境布置，应该精心设计和安排，让充满文明、艺术、智慧、活泼的环境构成一个美轮美奂的育人情境，启迪幼儿的心智，增强幼儿的审美，陶冶幼儿的情操。

（五）步调一致的家园共育是促进幼儿主动发展的有力保障

家园共育是指家庭、幼儿园和社会协同培育幼儿。为了博得幼儿家长的主动配合与支持，幼儿园可以创设多种联系渠道（如：家园信息化平台、QQ群、微信群、家长学校、家长委员会、家长开放日、幼儿学习成果汇报会、亲子趣味运动会、亲子共游、亲子采摘等），以此促进家长主动参与幼儿园教育教学活动，增进亲子感情。

为了加强幼儿园与社会各界的合作，通过共建单位、共建实践基地的方式，进一步扩大幼儿园教育的辐射范围，并采用欢乐教育实践中的合理化建议，帮助幼儿园更快更好地建设和发展。

四、更新教育观念

实施欢乐教育是一种教育思想的转变。鼓励教师学习和研究现代教育理论，树立正确的教育观、教学观、儿童观、评价观和人才观，不断推进欢乐教育的广泛应用。

（一）领导带头促进转变教育观念

从提高教师的认识入手，开展各种观摩、学习、研讨活动，通过课堂教学评价加以引导，真正推行欢乐教育。在实际工作中不断转变自己的教育思想、观念，不断调整教育行为。要想让幼儿生动、活泼、主动地学习，必须从思想上承认幼儿的认识具有自觉能动性，充分发挥幼儿的自觉性，才能达到幼儿乐学的目的。

（二）典型引路促进教育观念转变

教育观念的转变不能靠行政命令，搞齐步走，更不能祈求一步到位。可以采取典型引路、因势利导、步步深入，把个体闪光点扩展为集体的新思想。通过让幼儿观察、了解、探究有关知识，从而增强他们主动参与学习的自信。教师不能用一把尺子去衡量所有的幼儿，要爱金凤凰，更要爱丑小鸭，尊重每一个孩子，就要把学习的机会留给每一个孩子，要为他们的终身发展奠基。点点滴滴，潜移默化，使教师观念发生转变：从要我转变到我要转变。

（三）评价导向促进转变教育观念

坚持正确的教师工作评价标准。从教师的德、能、勤、绩，所教班级幼儿的思想品德、学习表现、身体发育等各方面进行综合评价，把教师的着眼点引导到关心全体幼儿全面发展的质量标准上来。坚持欢乐教育的课堂教学评价方案，突出师幼关系、教师善教、幼儿乐学三个方面，强调教师的教学质量，不仅要看幼儿的发展水平，更要看他们的学习兴趣、态度、能力和习惯，教师教得怎么样，关键看幼儿主动学得怎么样，把教师对教学活动的组织从重"教"轻"学"的教"书"引导到"以幼儿为主体"的教"学"上。坚持对幼儿的全面综合评价，引导教师重视幼儿思想品德、科学文化、身心健康、动脑思维和动手操作技能等综合素质水平。

五、改革幼儿园五大领域教育活动

抓住幼儿园五大领域教育活动这一主要阵地，研究幼儿愉快、合作、生动、活泼、主动发展的相关因素，探索幼儿成为学习的主人和主动全面发展的途径。

（一）明确提出欢乐教育活动的目标要求

欢乐教育活动的目标要求必须以幼儿为出发点，把培养幼儿兴趣和习惯、满足幼儿需要、培养学习能力放在第一位，让幼儿在生气勃勃的活动气氛中，充满自尊、自信，始终处于积极主动的状态，从而在幼儿发展上达到德、智、体、美的和谐统一，在幼儿心理品质上达到认知、情感、意志的和谐统一，在教师和幼儿的关系上达到善教与乐学的和谐统一。

（二）创造欢乐教育活动特色

1. 师幼关系的和谐之乐

其表现为对幼儿无限热爱的教师之情、相互信赖的师幼之情和真诚友爱的朋友之情。带着这样的情感，教师以愉悦的情绪激发幼儿的学习兴趣，以兴奋的情绪激励幼儿投入学习，以满意的情绪对待幼儿每一点微小的进步，以宽容的情绪对待幼儿的差错。

2. 教师的善教之乐

善教的内涵有三个字。

准：把握住教学的目标及要求。除了知识传授准、重点确定准、难点突破准、思想教育点选得准，特别强调能力训练点要准。

优：教法要优，选择最佳的教学方法，吸引幼儿投入学习。

实：特别强调从实际出发，把调动不同层次幼儿的学习积极性落到实处。

3. 幼儿的学习之乐

欢乐教育活动追求的效果，主要体现在：生动活泼的乐学气氛，全体幼儿在动口、动脑中参与活动全过程；积极主动的乐学态度，全体幼儿在积极主动的探索中做学习的主人；学会、会学的心理体验，全体幼儿既能经受住失败的考验，在失败向成功的转化中锻炼意志，获得欢乐，又能不断获得成功的喜悦和创造的乐趣。

欢乐教育活动的核心是乐，在善教与乐学之中，我们力求达到教师与幼儿、教法与学法、知识与能力、智力因素与非智力因素的和谐统一。

（三）制定欢乐教育活动评价方案

以心理学中的情感理论为依据，以全面性、和谐性、主动性为原则，以教育活动中三乐的特征为基础，制定欢乐教育活动评价方案。评价指标中的师幼关系和谐之乐、教师的善教之乐、幼儿的学习之乐是欢乐教育活动最为鲜明的特征，达到这个指标也就具备了欢乐教育活动的特色。教师应自觉地运用评价指标和要求，规范自己的教学行为，教研人员则以评价指标和要求为依据进行评课，使欢乐教育活动特色落实在每一位教师的教育活动之中。教师在不断地学习、运用评价中，研究教材、研究幼儿、研究自己，扬长补短，逐步形成自己鲜明的教育活动特色。

（四）研究欢乐教育活动策略

欢乐教育方法包括激趣教学法、参与教学法、设疑教学法、多媒体辅助教学法、评价激励法等多种教学方法。多种多样的教学方法遵循共同的原则，即有利于幼儿生动、活泼、主动地参与教育活动全过程，有利于幼儿掌握知识，学会方法，形成技能、技巧，有利于面向全体和全面发展，调动不同层次幼儿学习的积极性,使每个孩子都能在愉快的心境、平衡的心态、师幼的情感交融、需要的满足中去发现,去认知,去体验学习的乐趣和成功的喜悦,进而培养幼儿的探索精神。

欢乐教育活动策略的内涵主要包括:选择与组合,监控与调节,创造与发展。以语言教育活动为例,平行班全体教师研究教与学的全过程、活动目标设计策略、活动过程操作策略、活动评价调控策略,最终形成一个完整的系统。

(五)改革教育管理制度

进行教育管理改革,建立相应的运行机制。如改变原来必须先举手后发言的要求,让幼儿尽量在活动中真正说起来、玩起来、演起来、动手操作起来。教师在教育活动中要当好指挥员的角色,带领幼儿攻克知识的堡垒,不用太多的规定过多地限制和束缚幼儿,不因害怕幼儿乱起来而要求整齐划一。

六、教科研队伍是实施欢乐教育的关键

在实施欢乐教育中,既要重视教育理论的指导作用,又要重视科研工作对幼教工作的巨大推动作用,大力倡导教研和科研之风。在全面规划的同时,每个学期、学年都要紧密结合欢乐教育活动实际,选择针对性和操作性强的研究专题。在以欢乐教育活动特色及评价为内容的总专题下,提出一些小的专题,如悬念与激发兴趣、心情舒畅与乐学、探究中的乐趣、因材施教与成功体验、乐学的关键、乐学的评价等。

(一)个人研究活动

组织教师结合大专题和具体欢乐教育活动实际、本班幼儿实际状况,选择个人研究专题。

(二)专题研究活动

专题研究分三个阶段:第一阶段是专题引路,即学习、观摩示范活动;第二阶段是每个教师进行专题文献研究活动;第三阶段是互听、互评基础

上的专题评优活动。在三个阶段的研究活动中，把研究过程放在首位，不断提高教师的水平。

幼儿乐学体现在欢乐教育活动实施过程中，教师善教的功夫体现在集体备课、教研、总结过程中。教师可以采取先独立后集体的研究方法，以小主人教育为课题，提出把每一名幼儿培养成集体的小主人、学习的小主人、生活的小主人的目标。小主人教育的重点、难点在哪儿？在欢乐教育活动中。将活动过程设计成幼儿学习的层层台阶，让幼儿每攀登一个台阶，便获得一次成功的欢乐。活动结束后结合欢乐教育活动实例进行评议，取得教师、园长对教材教法的共识，也是培养教研、科研型教师的有效方法。

长此以往，专题研究活动就会收到组织好一个活动、锻炼一个人、提高一个组、带动一大片的效果。为了更好地评课，可以给每位教师的课录像，建立个人视频专辑。活动结束后，老师可以根据视频进行研究，从而调动广大教师参与教学改革的积极性。

（三）专题总结活动

教师每月记录一篇教学专题案例，期末进行专题总结。每学期都要举行这两个方面的交流会，促进教研、科研工作成为进行欢乐教育的强大推动力。教科研队伍的形成是实施欢乐教育的保证。

七、自主创新学习改革

幼儿园五大领域教育活动改革是幼儿园教育改革中的一场攻坚战。改革要改变的不只是传统的教育理论，还要改变教师的教学观念，改变教师每天都在进行着的习以为常的教学行为，改变教师习惯了的生活方式。改革要求从生命的高度，用动态生成的观点看欢乐教育活动。

（一）活动质量

幼儿园五大领域教育活动应被看作师幼人生中一段重要的生命历程，是他们生命的有意义的构成部分。对幼儿而言，活动的质量直接影响其当前及今后的多方面发展和成长。对于教师而言，活动的质量直接影响其对职业的感受、态度和专业水平的发展，是生命价值的体现。

（二）活动目标

幼儿园五大领域教育活动的目标：全面培养幼儿素质，促进幼儿全面发展，不能仅局限于认知方面的发展。

（三）活动过程

幼儿园五大领域教育活动蕴含着巨大的生命活力，只要师幼的主体性在活动中得到有效发挥，就能真正有助于幼儿的培养和教师的成长。因此，要改变现有活动中常见的见书不见人、人围着书本转的局面，就必须研究影响活动中师幼状态的诸多因素，研究活动中师幼活动的全部可能性，研究如何开发活动的生命潜力。

自主创新学习的目的，就是努力培养幼儿主动参与学习、自主学习，从小善于创新，进而为今后的自主创新的生活、学习打下良好的基础，发展幼儿的整体素质。

八、欢乐教育发展

欢乐教育主张从情感教育入手，以情感为动力，激发幼儿的兴趣，唤起幼儿的自觉性、主动性、创造性，并且能够体验成功的欢乐，使欢乐教育的发展充满活力，有效地推进欢乐教育的实施，进而促进幼儿生动、活泼、主动地发展。

（一）幼儿在欢乐教育中愉快发展

1. 将欢乐教育实施的重点放在教育活动上

实施欢乐教育就要把幼儿园五大领域教育活动作为主渠道，坚持活动是愉快的合作，追求的目标是"乐学、会学、善学"。要求教师在活动中要引导幼儿体验到"三乐"。

（1）以积极争做学习小主人为乐：积极开展"做学习的小主人"活动，培养幼儿乐学的情感，提出幼儿园五大领域教育活动中幼儿要努力做到的"五个一"：提出一个不懂的问题，发表一个不同的见解，参加一次讨论，做好一次实验，获得一次成功体验。这样的提议与要求引导着幼儿在动脑想、动口说、动手做之中做学习的小主人。在调动幼儿多种感官参与教学全过程当中，思维的参与是最重要的。为了提高幼儿的思维水平，教师在活动中应给足独立思考、质疑、共同探究以及分析、归纳、总结的时间，充分激活幼儿的思维，引发思维的碰撞，增强幼儿思维的深度和广度，帮助幼儿树立做学习小主人的信心。

（2）以养成主动学习的习惯为乐：在欢乐教育实践中，要重视幼儿学习习惯的培养。以欢乐教育新理念为指导，将关注的焦点转向幼儿发展的心理需求，立足幼儿实际，对欢乐教育的实施进行深入思考与实践，带动幼儿生动、活泼、主动地发展。

（3）以学会学习的本领为乐：为了提高幼儿"乐学、会学"的能力，梳理出自主、合作、探究性的学习方式在不同年龄段的基本学习技能，教育活动中教师对幼儿逐一进行专项学习技能的训练。训练幼儿欢乐教育的新型学习方式，他们以问题自己提出、课题自己选择、小组自愿结合、资料自己查询、问题自己探究、结论自己得出的"六自"思路，开展不同内容的小课题研究活动，每人总结出适合自己的多种学习方法。

2. 开展丰富多彩、自主游戏的教育活动

在欢乐教育的实践中，注重激发幼儿的自主性，开展丰富多彩的活动，引导幼儿以参与、体验、创造为乐。活动是欢乐教育体系的主要部分，更是孩子们成长的需要。这是因为活动给予孩子们的不仅是欢乐，更能够使孩子们获取新知、参与实践、合作共事、增长才干、学习做人。让我们架起幼儿素养提升的"六条纽带"，充分体现欢乐教育活动的丰富多彩。

（1）欢乐德育：每月确立一个德育主题，开展幼儿园五大领域教育系列活动，如在五月份可以确立"情浓五月、感恩母亲"主题，要求幼儿给母亲画幅画，倾吐心语，开展母子共同参与的"感恩"主题活动，进行互动交流。

（2）班级建设：设立班级七色花团队奖，因班级集体项目获奖，可以将奖励标志插入班级门口的七色花瓣内，以此培养全体幼儿的集体荣誉感和凝聚力。每个班级都细化责任，让每个幼儿都有担当，班级"大小官"都由幼儿轮流担任，让他们体验"当家"的欢乐。

（3）幼儿园仪式节日：除了每周的升旗仪式，开学初举行"与春天一起出发"开学典礼，学期末举行"放飞梦想"结业典礼。艺术节、读书节、

体育节、科技节等可以成为幼儿园的传统节日,在这些节日里幼儿园精心组织各类活动,让幼儿以欢乐的心态去参与、展示、竞争,促进幼儿综合素养的提升。

(4)精品活动:幼儿园可以突出环保教育特色,开办环保爱心银行;生态园种植园内开展研究实践活动;建设好幼儿园的宝贝电视台。

(5)兴趣课程:挖掘幼儿园教师特长资源,开设各类兴趣课程。

(6)健康平安活动:将卫生健康与安全管理作为常规性工作来抓,加强宣传,开展具体的实践类活动等,如世界睡眠日、爱眼日,抓住节日契机举行讲座、评比、调查活动,防震减灾日举行安全大演练等。

3. 构建以习惯养成教育为主线的多元化评价体系

(1)品行习惯:从"学会做人、学会学习、学会生活、学会创造"四个主题分别提炼出六个方面的习惯目标,分小、中、大班,按照习惯培养目标,逐项训练。

(2)争星习惯:通过明星大道和明星长廊设立习惯小项,积极引导幼儿开展争星总动员活动,每月在走廊内对身边的好习惯故事进行展示。学期末举办"璀璨小明星"表彰大会。

(3)挑战习惯:通过创设"幼儿园吉尼斯",给每个幼儿创造展示自我的舞台和享受成功喜悦的机会。

(4)团队习惯:加强班级团队建设,根据班级参加的幼儿园各类比赛、检查、评优等设立班级七色花团队奖,如特色班、优胜班、绿色环保班、文明礼仪班等。

另外,在学期末时,幼儿园根据幼儿的综合表现评选全优生,设立优秀广播员、检查员、文明小标兵等若干奖项,以多维度评价,激发幼儿成长的动力,追求成长的精彩,品味欢乐,幸福成长。

(二)教师在欢乐教育中自主发展

实施欢乐教育,要求教师首先应该具有很强的自主精神。教师自觉主动地探索,不断尝试新的教学方式和教学风格,将教育智慧变成自己的信念和教养,体现在自己日常的、细微的教育行为之中,对幼儿来讲是一种无形的巨大的教育力量。

1. 凝练爱心责任精神

幼儿园精神是幼儿园发展的灵魂,以精神文化引领教师用心做教育,做有心人,办育人事。积极开展"三心"活动,倡导教师对幼儿要有爱心,对工作要有责任心,对同事要有诚心,在工作中努力实现一二三四目标:一强——强化为人师表意识;二严——严肃的自我修养、严谨的治学态度;三种精神——奉献精神、敬业精神、创新精神;四高——高度的觉悟、高度的社会责任感、高尚的道德情操、高超的教学艺术。积极开展"师德规范中的我""廉洁自律树形象""我的进步和幼儿园发展"等大讨论,这样的教育不是在接受别人说教,而是让教师们自我思考,自我启迪,如此更容易调动教师的自主性、积极性,达成共识。

2. 开辟教师成长途径

在促进教师自主发展的过程中,幼儿园的管理者要欣赏教师独到的见解,指导、支持教师大胆实践,并提出以研促教的思路,让教科研与教师的专业成长、自主发展结合起来,使教师的工作变成一种探索。

(1)以读书活动为途径:每位教师每月精读一本教育专著,写出两篇富有价值的读后反思,并付诸教学实践。

(2)以课堂教学研讨为途径:将集体备课作为每周常规工作来抓,开展欢乐解读教材活动。

(3)以主题教研为途径:关注来自于教学实际中的问题,形成研究课题,定期汇报研究成果。

(4)以专家引领为途径:邀请名师、专家到幼儿园,或让教师走出幼儿园大门向同行取经,提高教师的师德修养与业务水平。

(5)以自我反思为途径:教师通过撰写教育教学反思,关注幼儿的多种需求。

(6)以基本功训练为途径:扎实开展弹琴、唱歌、跳舞、讲故事、画画、课件制作、教学能力等项目训练,并坚持长年的考核机制。

3. 开展教师多元评价

构建富有激励性的多元评价体系是促进教师和幼儿园教育有章、有序、有效发展的根本保障,建立健全各项评价考核指标,抓过程监控,抓内化自律,从而形成自我激励、自我约束、自我管理的制度文化,营造幼儿园浓厚的公开、公正、公平的和谐氛围。关注教育的细微之处,将分散于每时每处的管理工作做细、做实、做亮。制定青年教师成长规划,将"三年成型,六年成熟,十年成才"作为学习培养目标,并建立成长管理体系,引领教师将"学—思—研—创"进行有效结合,使好学上进成为每位教师的习惯,形成学习型、研究型幼儿园。学期末,幼儿园组织评选偶像教师,使教师评价走向多元化,激励教师以自己良好的业务水平和师德形象成为幼儿心中的偶像,用人格影响幼儿。

(三)在欢乐教育中和谐发展

欢乐教育就是为教师和幼儿打造和谐、宽松、自由的学习和生活环境,让幼儿园成为一个大家庭,家庭里的每一个成员之间都有着和谐友爱的人际关系,教师和幼儿在充满爱的环境中成长和生活。在幼儿园管理中,推行人本化管理模式,用师幼关系和谐的视角管理幼儿园。管理的一切围绕人,为了人、服务人、培养人、提高人,在明确规章制度的前提下,对师幼充满尊重与关怀,处理问题充满人情味,创造温馨、和谐、舒适、宽松的环境,以利于人的生存与发展,让教师和幼儿都能感受到爱的温馨,体验到责任的动力,享受到成功的喜悦。在幼儿园管理中推行三个坚持,即坚持教代会、坚持园务公开、坚持倾听不同意见。幼儿园常年开展"我为幼儿园进一言"活动。幼儿园的管理是透明的、公开的,教师们享有知情权、参与权和监督权,这样做能让教师真正体会到自己是幼儿园这个大家庭中的一个成员。幼儿园和谐融洽的人际关系,会让教师们每天到幼儿园上班都非常舒心,干起工作齐心协力、高质高效。

教师应致力于欢乐教育研究,自觉成为欢乐教育的倡导者、实践者和发展者。在引领幼儿园持续发展的过程中,加深对欢乐教育更为明确的认识。

1. 欢乐教育是以幼儿发展为本的教育

强调幼儿园一切工作的出发点和归宿点都是为了幼儿的发展,并为幼儿的终身发展奠定坚实基础。强调教育要适合每个幼儿的发展,为每一个幼儿的成功而进行教育。

2. 欢乐教育是使幼儿德智体美全面和谐发展的教育

强调把德育、智育、体育、美育等有机地统一在活动的各个环节中,使诸方面教育相互渗透、相互促进、协同发展。

3. 欢乐教育是使幼儿能够主动发展的教育

强调幼儿是学习的主体，教育必须注重开发幼儿的潜能，充分发挥幼儿的主观能动性，使教育活动成为幼儿个性发展的过程。

4. 欢乐教育是以情感为动力，使幼儿能够生动活泼发展的教育

强调幼儿要把幼儿园教育视为自身发展的需要，以愉悦的精神状态，情趣盎然地、自觉自愿地、积极主动地参与幼儿园各项活动，从而得到充分愉快的发展。

九、欢乐教育实践

（一）建构相互关联的教育体系促进幼儿愉快发展

在欢乐教育实践中，为了发挥幼儿园教育的整体效益，需要从影响幼儿成长的诸多因素进行考虑，建构欢乐教育体系。

1. 愉快合作的主题教学

实施欢乐教育要把主题教学作为主渠道，坚持主题教学是愉快而合作的，追求的目标是乐学、会学。具体体现：以师幼的乐教乐学为情感动力，以教师的善教为助力，让幼儿在自主、合作、探究中学习获取知识的方法，逐步培养起自学的习惯、能力和创新的精神，从而在主导与主体的关系上达到善教与会学的和谐统一；在学习心理上达到认知、情感、意志的和谐统一；在幼儿发展上达到德、智、体、美的和谐统一。

2. 多彩自主的教育活动

在欢乐教育实践中充分发挥幼儿的自主性，创建幼儿社团，在多彩自主的活动中，引导幼儿以参与、体验、创造为乐，如：小机灵总管社、金头脑研究社、小能人风采社、欢乐音符活动社、小鬼当家服务社、文明引导员、心灵互动贴心社等。幼儿园社团活动可使每名幼儿在多彩自主的活动中经受锻炼，学习做人，学会做事，增强幼儿的学习、记忆、思考等能力，发展幼儿的个性特长，并形成乐于学习、乐于创造、主动求知、积极向上的学习心理。

（二）实施激励式的管理模式促进教师自主发展

要培养幼儿自主精神，教师首先应该具有很强的自主精神。教师自觉

主动地探索，不断尝试新的教学方式和教学风格，将教育智慧变成自己的信念和教养，体现在自己日常的、细微的教育行为之中，对幼儿来讲是一种无形的巨大的教育力量。

1. 引导教师自我实现

在这种管理方式下，教师是管理的主人，管理者的作用在于指导、建议和提供信息，引导教师客观认识自己、科学设计自己、及时反思自己、有效调整自己、勇敢超越自己。

2. 给予教师专业支持

在促进教师自主发展的过程中，幼儿园领导要欣赏教师独到的见解，指导、支持教师大胆实践，并提出以研促教的思路，让教科研与教师的专业成长、自主发展结合起来，使教师的工作变成一种探索。

3. 进行多元发展评价

为促进每一位教师走向自主发展的道路、走向成功，幼儿园可以采取自我诊断、同伴交流、倾听他言、促进争优四种形式对教师进行发展性评价。

（三）创设以人为本的幼儿园文化促进幼儿园和谐发展

一所幼儿园的成功，需要有自己独特的精神与气质，幼儿园在进行欢乐教育中形成的幼儿园文化核心的价值取向是以人为本，主要体现在四个方面。

1. 形成共同愿景

在欢乐教育实践基础上，提出新时期幼儿园办园思路——整体、乐学、创新、发展。

2. 实施有效激励

要想把管理的理念转化为全体教师的行为，还需要通过有效的激励手段凝聚和引导教师。为此，可以设立一系列奖励制度，鼓励大家争优创先，发展自己。

3. 树立园所精神

促进幼儿、幼儿园发展的关键因素是教师。幼儿园应促进每一位教师走向成功，引导教师在工作过程中把健康生活和欢乐工作作为人生追求，依靠进取、团结、奋发、奉献的教风，务本求实，开拓进取。

4. 创设和谐氛围

幼儿园的活力最终是通过每一位教师的活力来体现的。幼儿园应始终关注教师,引导教师拥有平和、乐观、豁达的心态,通过一句问候、一段聊天、一次看望、一场比赛,让老师们体验到爱的鼓励,产生成长的渴望。通过各种活动丰富教师的课余生活,换来教师们的好身体、好心情、好状态,确保每一位教师人在幼儿园、情在幼儿园、事业在幼儿园。

第八章　欢乐教育管理策略

欢乐教育，以全面提高幼儿素质为目标
欢乐教育的教学活动
是创设愉快合作的学习环境的主阵地
是全面提高幼儿素质的主渠道

欢乐教育的教学活动
遵循乐学、同乐的原则
遵循全面、和谐的原则
欢乐教育的教学方法
以情激情、以趣激趣
以行导行、以乐教促乐学
欢乐教育的教学效果形成
认知与情感相结合的新型教学结构
促进教学活动质量的全面提高

〉〉〉

　　欢乐教育以全面提高幼儿素质为目标，重在发挥幼儿园的整体效应。欢乐教育的教学活动是创设愉快合作的学习环境的主阵地，是全面提高幼儿素质的主渠道。欢乐教育的教学活动必须遵循乐学的原则：同乐的原则、全面的原则、和谐的原则。教学方法向着以情激情、以趣激趣、以行导行、以乐教促乐学的方向创新发展，旨在形成认知与情感相结合的新型教学结构，促进教学活动质量的全面提高。

教师教授知识要准确，对编者、作者的意图领会要深入；备课时课时安排，重、难点的确定，作业留量上要统一；在备课时，教法的运用，重、难点的突破，活动训练方式，电化手段直观教具的使用上要发挥自己的特长；教书育人要突出，教与学结合要突出，激发幼儿学习兴趣要突出，启发幼儿参与知识的形成过程要突出，对不同层次的幼儿的训练方法要突出。

一、加强欢乐教育思想的管理

教师要增强师幼平等的意识、教为学服务的意识、以乐教促乐学的意识、乐中育人的意识。教师要努力成为幼儿的朋友，走进童心世界。

二、加强激发幼儿兴趣的专题管理

激发幼儿学习兴趣是调动幼儿乐学积极性的重要动力，是变厌学为乐学的关键。以兴趣为突破口，培养幼儿乐学的情绪。

1. 帮助教师选择兴趣专题

在园所领导深入教学第一线的基础上，给教师列出设问为突破口，改革教学结构，让幼儿学有所得；抓住活动特点，采用欢乐教学，让幼儿学中有乐；深挖活动价值，在智力与非智力因素的结合中，让幼儿学有所获以及利用悬念激发兴趣、好奇心与求知欲。帮助教师根据自己的教学实际选择专题，制订计划，深入研究实践。随着专题研究的深入，课堂乐学的气氛会越来越浓，幼儿的求知欲会越来越强。

2. 制定完善乐学备课标准

对备课的具体要求：准确且全面完成教学任务，体现乐学思想，微笑进活动室，以说为突破口让幼儿说起来、活起来，使用直观教具、电化手段等激发幼儿学习兴趣。

三、加强层次管理

加强教师队伍的建设是深化欢乐教育的关键。建设一支敬业、乐教的教师队伍，必须对不同层次的老师提出不同的要求。对中高级、一级教师提出"三个一"，即每月写出一篇符合标准的乐学教案，每月在组内做一次符合标准的乐学公开课，每学期写出一篇乐学的经验总结。对青年教师提出"三个会"，即会编写各种类型的活动设计方案，会上体现乐学思想的课，会写体现乐学思想的教学总结。对全体教师提出每月交一篇乐学一例的百字小文。

欢乐教育开放日活动的开展，将进一步坚定教师乐教的信念，增长乐教的技艺。在教师乐教的前提下，使幼儿产生乐学的学习动力。

教师要以自己的乐教去促幼儿的乐学，又以幼儿的乐学为乐。幼儿在教学活动中生动活泼主动地学习，体验学会之乐，会学之乐，成功之乐，创造之乐。师幼共同创设乐教促乐学的学习环境。

结合实际充分开发幼儿园空间，充分利用幼儿在园的时间，相继推出欢乐教学的一系列活动：教师用爱贯穿教育活动、用趣激发教育活动、用美构筑教育活动、用活深化教育活动等，让幼儿在动手动脑中去观察、发现、领悟、思考。由此，对探索和掌握知识产生浓厚的兴趣，感受意外发现的喜悦。由爱学到乐学，最终达到学会、会学的目的。

第九章　有效实施欢乐教育

建立愉快和谐的师幼关系
是实施欢乐教育的先决条件
教师要尊重、相信每一个幼儿
尤其要尊重幼儿的人格

在教学活动中
调动幼儿学习的积极性
调动幼儿的各种感官
加深对幼儿大脑的刺激
使知识传授充满情趣
让幼儿大脑皮层始终处于兴奋
心理处于最佳的状态
则信息易于输入，接受知识迅速

在科学实验方面，充分发挥实验教学的威力
使幼儿在轻松愉快的氛围中获取知识
品尝和体验学习的欢乐
享受成功的喜悦，变苦学为乐学

实施欢乐教育
引领幼儿生动、活泼、主动地发展
努力让幼儿做到
学会做人，尽责为乐；学会求知，好学为乐
学会感恩，回报为乐；学会坚强，吃苦为乐
学会服务，助人为乐；学会健体，锻炼为乐

学会交往，合作为乐；学会做事，实践为乐

努力把幼儿培养成为
品德优秀、习惯良好
热爱学习、身心健康
全面发展的阳光幼儿

>>>

凡是能充分调动幼儿的学习积极性，能为幼儿创设良好的心境，进而达到有利于幼儿德、智、体、美全面发展和成长的做法，都应看作是实施欢乐教育的有效途径。

一、创设一个欢乐的学习情境

建立愉快和谐的师幼关系是实施欢乐教育的先决条件。教师要尊重并相信每一个幼儿，特别是要尊重他们的人格。只有建立了良好的师幼关系，才会有幼儿的"亲其师，信其道，学其理"。幼儿的感性多于理智，往往因喜欢老师这个人，而诱发出喜欢老师所教的所有学科。教师在教学活动中不论是在教态上，还是在教学环节的安排、教法的选择、教具的运用、游戏活动的设计等方面都要从调动幼儿积极性的方面予以考虑。让兴趣吸引幼儿到知识王国里去探寻宝藏。在科学实验方面，要充分发挥实验教学的威力。活动中要调动幼儿的各种感官，加深对幼儿大脑的刺激，使知识传授充满情趣，让幼儿大脑皮层始终处于兴奋、心理处于最佳的状态，此时信息易于输入，幼儿接受知识迅速，就能真正体现出教师为主导、幼儿为主体的理念，最终使幼儿在轻松愉快的氛围中获取知识，品尝和体验学习的欢乐，享受成功的喜悦，变苦学为乐学。

二、给予每个幼儿成功的机会

讲究教育艺术，注意激发幼儿的学习积极性和动力，因材施教，使不同层次的幼儿都能享受到成功的喜悦。

三、开展丰富多彩的教育活动

开展丰富多彩的教育活动，有利于幼儿整体素质的培养和提高，以培养合格的21世纪社会主义事业的建设者和接班人。

四、创设优美文明的育人环境

精心设计、安排整个幼儿园环境，为幼儿创设一种既明净舒适又富于教育性的环境。

1. 环境的约束效能

美的环境规范着幼儿的行为，花朵是需要绿叶来陪衬的。

2. 环境的启迪效能

在花草山石中，用寓意深刻的雕塑来点缀，可以引发幼儿遐想。厅堂楼道间可摆设盆景、花卉，挂放富有教育意义的壁画，给人以宁静、向上的力量，自然艺术美的感染力量亦不可低估。同时，我们应有意让幼儿参与环境美的创造与维护，以发挥其聪明才智，实施自我教育。

五、善于运用情感这枚金钥匙

我们知道，情感具有感染性。一场好的剧目，有时会出现"台上哭泣，台下掉泪"的感人场面，那么作为实施欢乐教育的教师，要经常保持乐观的情绪，奉献给幼儿的应该是一张可亲可敬的笑脸。教师要时刻保持微笑，用自身的积极性和热情去影响和感染幼儿。

六、高素质助推欢乐教育实施

实施欢乐教育的关键在于教师,所以要不断提高教师自身的思想、业务素质。组织教师学习有关的前沿教育理论,理解欢乐教育的实质和实施欢乐教育的必要性。经常组织实施欢乐教育的专题讲座,以提升教师素质。

欢乐教育的实施,也是广大教师改进教学方法、提高教育教学水平的迫切要求。历史和社会的种种原因致使目前幼儿教师队伍的素质普遍偏低,突出表现在驾驭教材、驾驭活动能力不强,教法生硬,满堂灌、填鸭式教学仍比较普遍,教育教学水平不适应教学任务的要求。因此,改革教学方法,提高教学效益,便成为幼儿教师们共同的历史任务。欢乐教育的思想,给教法的改革指明了努力的方向和衡量的标准,从而给幼儿教师们以极大的启发。

欢乐教育,不是单纯的教学方式方法的改变问题,它是一种顺应时代要求、现实需要,顺应幼儿身心发展规律的教育思想,它的外在表现形式应当是而且必然是多种多样的。实施欢乐教育的目的,主要是为幼儿创造一个最优化的学习情境,培养理想的学习情绪和进取精神。

欢乐教育的实质是以正确的教育思想唤起孩子们爱学、乐学的浓厚兴趣,使每个幼儿都在自己原有的基础上勤奋上进,从而获得学习成功的喜悦。这种成功的喜悦反过来又会促进学习活动更加深入地发展,从而取得更大的成功。这样循环往复,以至无穷,才是欢乐教育所追求的良性循环过程和教育教学的理想境界。

教育家陶行知先生说:"一个人的幼年生活是人生中最重要的一段生活,幼年所受到的教育是人生中最重要的教育。"对于幼儿来说,欢乐教育意味着什么?欢乐教育意味着让幼儿时刻感觉到自己是一个欢乐的小天使,感受到生活的乐趣,感受到人生的欢乐,体验到来自纯真友谊的欢乐、来自集体温暖的欢乐和来自野外嬉戏的欢乐。给幼儿创造宽松的成长环境,让幼儿自由发展,尽情挥洒他们的天性,展现他们的智慧,这样他们才会无忧无虑地成长,开开心心地生活,才能感受到成长的欢乐。

在教育活动中,教师应多给幼儿选择的机会,尊重他们完整的人格和尊严,尊重他们自我选择的权利。幼儿会对自己所选择的事情投入百分之百的热情和努力，以达到他们的目的。在游戏活动中，幼儿也会尽情、尽兴地展示自我。在成长的过程中，幼儿在不断的尝试中来学习知识，教师应允许幼儿出错、犯错误，这恰好是幼儿强化体验、增加经验、积累知识、不断成长的一个过程。教师同样应给予幼儿充分的理解，以科学的方法和宽容的心态对待幼儿，让他们在宽松的环境下无拘无束地认识和探索这个世界。

通过实施欢乐教育，引领幼儿生动、活泼、主动地发展，努力让幼儿做到：学会做人，尽责为乐；学会求知，好学为乐；学会感恩，回报为乐；学会坚强，吃苦为乐；学会服务，助人为乐；学会健体，锻炼为乐；学会交往，合作为乐；学会做事，实践为乐。努力把幼儿培养成为品德优秀、习惯良好、热爱学习、身心健康和全面发展的阳光幼儿。

第十章　共享欢乐教育

欢乐的秘诀，取决于心理和行为
在心理上
保持心境开朗，从挫折中吸取教训
在行为上
坚守信念、热心助人，言行诚实、富于正义

欢乐教育
营造适合幼儿学习和发展的教育环境
开展丰富多彩的教育活动
激发幼儿多方面的潜能
使每一个幼儿都能够在日常活动中
欢乐游戏、学习、健体、做事、生活
促进幼儿幸福欢乐地健康成长

欢乐教育，是一种过程体验
更是一种人生追求
通过一个个刻苦学习的目标实现和过程体验
获得种种成功的喜悦
教会幼儿健康地成长和幸福地生活

欢乐教育，引领教师主动发展
让教师
以欢乐的情绪感染人
以欢乐的氛围熏陶人
以欢乐的理念开导人

以欢乐的内容启迪人
以欢乐的方法培育人
建设一支
理念先进、富有爱心
情趣高雅、善教善导
乐观向上、素质全面
欢乐型教师队伍

欢乐教育，让幼儿
学会学习、学会尽责
学会健体、学会合作
乐学、会学、学会
以积极争做小主人为乐
以主动学习、刻苦学习的习惯为乐
以掌握学会学习的本领为乐
尽责、好学、感恩、坚强
吃苦、助人、锻炼、合作
树立正确的人生观、价值观、世界观
为今后的成功人生打下坚实的基础

>>>

欢乐的秘诀取决于心理和行为两个方面：在心理上，认识到没有人是完美的，保持心境开朗，能从挫折中吸取教训，则拥有欢乐的体验；在行为上，坚守信念，热心帮助别人，言行诚实，富于正义，则拥有欢乐的能力。

欢乐教育是通过营造适合幼儿学习和发展的教育环境，开展丰富多彩的教育活动，激发幼儿多方面的潜能，使每个幼儿都能够在日常活动中欢乐游戏、学习、健体、做事、生活，促进幼儿幸福欢乐地健康成长。

欢乐教育是一种过程体验，更是一种人生追求，通过一个个刻苦学习的目标实现和过程的体验，获得种种成功的喜悦，教会幼儿健康地成长和幸福地生活。

通过开展欢乐教育，引领教师主动发展，让教师以欢乐的情绪感染人，以欢乐的氛围熏陶人，以欢乐的理念开导人，以欢乐的内容启迪人，以欢乐的方法培育人，建设一支理念先进、富有爱心、情趣高雅、善教善导、乐观向上、具有较高和全面素质的欢乐教师队伍。

通过共享欢乐教育，让幼儿学会学习、学会尽责、学会健体、学会合作，让幼儿乐学、会学、学会，以积极争做小主人为乐，以养成主动学习、刻苦学习的习惯为乐，以掌握学会学习的本领为乐，尽责、好学、感恩、坚强、吃苦、助人、锻炼、合作、实践，树立正确的人生观、价值观、世界观，进而为幼儿今后的成功人生打下坚实的基础。

欢乐教育思想，对提高幼儿的学习兴趣、促进幼儿全面发展、推进素质教育等方面，必然会产生积极的作用。通过整合资源、搭建平台、共同体验，弘扬"以幼儿为本"的教育理念，在欢乐教育中构建欢乐共同体，形成欢乐教育体系，创造和实施欢乐教育，实现所有幼儿的欢乐成长，共享欢乐教育。

一、以欢乐为宗旨

确立文化主题以欢乐为基点，创建欢乐教育特色文化主题，从构建"欢乐共同体"出发，形成欢乐教育体系。

（一）创欢乐共同体

儒家《孟子·梁惠王下》记载："孟子曰：独乐乐，与人乐乐，孰乐乎？宣王曰：不若与人。孟子曰：与少乐乐，与众乐乐，孰乐？宣王曰：不若与众。"由此感悟：不管时空，无论时代，独乐乐不如众乐乐，追求大家共同欢乐，这种情感，这种行动，始终存在。

《新唐书·魏元忠传》中记载："人有乐君共之，君有乐人庆之，可谓同乐矣。"共同欢乐，是全体教师、幼儿、家庭共同体验欢乐的心理感受；共同欢乐，是全体教师、幼儿、家庭共同创造欢乐的自觉行为。

一所好的幼儿园在于能够创造条件、整合资源、搭建平台，让教师欢乐工作，让幼儿欢乐成长，让幼儿园成为每一个人的乐园。教师因专业发展、能力提升而感到欢乐，在教学中善于运用不同的方法，提高效率，促进幼儿成长；幼儿对幼儿园中的学习、生活充满兴趣，积极地参与各种活动，欢乐地学习，从而提升自己的能力，体验幼儿园生活的欢乐；家长因为孩子的成长、进步而感到欢乐。欢乐的氛围能促进家庭和睦、提升亲子关系、促进家园合作，幼儿园培养欢乐的幼儿，幼儿带动家庭的欢乐，众多家庭的欢乐促成了社区的和谐。社区与幼儿园资源共享、联合育人，创造人人欢乐的社会氛围。因此，一同创造欢乐教育共同体，包括幼儿园、全体教师、全体幼儿、全部家庭及社区。欢乐教育共同体的各个主体始终在共同追求教育中的欢乐，通过整合外部资源，实现幼儿园与家庭、社区的良好合作，通过搭建内部平台，运用系列活动形式，实现教师、幼儿的欢乐和谐发展。

（二）共创共享欢乐

欢乐教育是共创共享的教育，是通过搭建平台，整合幼儿园外部资源，实现教师、幼儿、家庭、社区资源共享、共同体验、共同发展、合作育人。根据不同幼儿的心理和年龄特点，采取恰当适宜的教育方法和手段，创设生动、活泼、欢乐的教育氛围，激发幼儿的兴趣，唤起幼儿的自主性、自发性、能动性和创造性，使他们以欢乐的精神状态自动自发地参与到各种教育活动中去，获得欢乐的体验和能力。欢乐教育体系是以欢乐教育为中心，提炼幼儿园办园理念和园所精神，以实现幼儿园、教师、幼儿、家长、社区的共同欢乐为目标，涵盖环境、德育、管理、教师、课程、活动等一系列策略。

二、以欢乐为背景

有了欢乐教育这个内核，幼儿园就有了独特的灵魂。办园理念作为欢乐教育更为具体的表达，为幼儿园、教师、幼儿发展指明了方向。"同成长、共欢乐"的办园理念，包括两层含义。

1. 多方资源、多个平台、共同成长

幼儿园与家庭、社区不断提升合作水平，在合作中发展、在合作中育人,幼儿园教师、幼儿共同成长与进步。

2. 各方同享、人人畅享、共享欢乐

师幼同乐、家庭幸福、社区和谐,从而实现各方同享欢乐、人人分享欢乐的效果。办园理念要求整合各方资源,搭建多个平台,促成各方共同欢乐的局面。

教师、幼儿园、家长、社区形成育人合力,运用能使人欢乐的方式培养幼儿,引领幼儿走向欢乐,使他们能够用心体验和感受欢乐,在学习与实践中获得欢乐的能力,身体力行地去发现和创造欢乐,使幼儿在学习、体艺、心理、品德等各方面都能和谐发展,最终实现欢乐人生。

由此,幼儿园确立以欢乐教育为引领,打造环境优雅美好、彰显欢乐的幼儿乐园,以凝聚人心、齐力共进的管理,推动幼儿园的快速发展,走共同的欢乐教育之路,使教师能够轻松感受到工作的欢乐、幼儿能够感受到学习和生活的欢乐,最终共享欢乐教育。

三、以欢乐为目标

围绕欢乐教育,幼儿园可以从环境、课程、教学、德育、管理五个方面开展实践探索行动,使幼儿拥有欢乐的体验,获得欢乐的能力。

(一)美丽园所,欢乐怡然

打造美丽的幼儿园,师幼一同在这里开心欢乐地学习和生活,教师用探究、体验以及知识辛勤培育和浇灌如花朵般绽放的幼儿,让他们散发源自欢乐的味道,幼儿在这里汲取营养、经验,在知识的欢乐天地里幸福、欢乐、无忧无虑地成长。

(二)同善德育,为善最乐

知善、致善,是为上善,善在人性道德层面来说就是大爱、大诚。欢乐教育就是要带领每个幼儿在通往善的道路上寻找、发现欢乐,做品格高尚之人。在幼儿园德育工作中,立足于欢乐这个基础,充实幼儿的精神世界,引领幼儿走向欢乐人生。

（三）同仁管理，安心乐业

在管理上倡导公平、一视同仁，这样教师才能安心欢乐地工作。和谐的团队氛围，积极的工作态度，在欢乐教育的舞台上才能有更好的表现。管理可激励、激发、调动教师的热情，使他们全身心投入和享受工作的欢乐，创造欢乐的意义，实现欢乐的价值。

（四）同韵教学，乐在其中

欢乐的课堂，犹如一首舞曲，教师教的节奏与幼儿学的节奏步调一致，师幼共同感受其中的欢乐韵味。

（五）同乐课程，其乐无穷

为了让每一个幼儿学会、掌握和运用知识，教师带领幼儿畅游在欢乐无处不在的知识的海洋里，从基础、园本和特色课程等方面，构建欢乐教育课程体系，让幼儿体验到学习的其乐无穷。

1. 儿童诗歌显童心

开展儿童诗歌欣赏与创作活动是欢乐教育课程体系的特色活动项目，激发幼儿创作儿童诗的兴趣，初步培养幼儿的审美意识，并引导幼儿大胆想象，让童言自然地流淌、童心尽情地表达。

2. 缤纷舞台展童趣

通过舞蹈、美工、器乐、合唱、陶艺、朗诵、表演等各类艺术活动，使幼儿释放自我，在欢乐中成就自我，达到同心乐行、同趣乐学的效果。

3. 竞技场上有欢乐

教育对幼儿的浸润，不仅仅是诗书礼乐的精雕细琢，更是阳光健康的心灵培育。为此，在特色体育活动方面，可以开设游泳、体操、跆拳道、轮滑、足球等体育活动，让幼儿在欢乐的运动中展现最棒的自己。

【应用篇】

第一章　欢乐教育之欢乐性格培养

第二章　欢乐教育之欢乐人生

第三章　欢乐教育之美术教学

第四章　欢乐教育之健康教育

第五章　欢乐教育之欢乐发展

第六章　欢乐教育之幼儿成长乐园

第七章　欢乐教育之幼儿发展

第八章　欢乐教育之欢乐英语教学

第九章　欢乐教育之表演游戏

第十章　欢乐教育之儿歌教学

第十一章　欢乐教育之音乐教学

第十二章　欢乐教育之赏识教育

第十三章　欢乐教育之家庭教育

第一章　欢乐教育之欢乐性格培养

欢乐教育，是学前教育的根本
从欢乐的本质入手
揭示欢乐的原理和意义
阐明培养欢乐性格是学前教育的核心
展现欢乐教育的神圣和伟大
突显欢乐教育理论的先进性

欢乐性格，是健全人格
是培养幼儿自信心、创造力、综合能力
所有优秀品质的根本
是使人走向成功的基础
性格决定命运，情商决定人生

欢乐
是成功性格的形成基础
是形成高情商的原因
欢乐教育
是教育中的大道
是学前教育的核心和灵魂
欢乐性格的培养
本质上，是培养一个健康的身体，一个健康的大脑
犹如培养人拥有健全的四肢

欢乐是创新和智慧的源泉
欢乐是一种习惯，它代表着

积极、主动、灵活、创新
自信、团结、乐观、坚强

自信是坚强意志品质的形成源泉
是创造力的摇篮
拥有欢乐性格的人，总是
精力充沛、反应敏捷
观察能力强、思维开阔

培养幼儿欢乐的性格
加强对幼儿的欢乐教育
积极构建和谐美好的社会

〉〉〉

  欢乐教育是学前教育的根本。从欢乐的本质入手，揭示欢乐的原理和意义，阐明培养欢乐性格是学前教育的核心，展现欢乐教育的神圣和伟大，突显欢乐教育理论的先进性。

  在当今新时代，欢乐教育为中华民族教育事业的观念更新带来了新的曙光。提高幼儿的综合能力素质，培养全面发展的未来社会有用人才，成为学前教育的基本目标。培养幼儿欢乐性格，是欢乐教育的根本目的。欢乐性格是健全人格，是培养幼儿自信心、创造力、综合能力等几乎所有优秀品质的根本，是使人走向成功的基础。西方近代成功理论和情商理论，通过大量证据，总结出来性格决定命运、情商决定人生的结论，充分验证了培养良好性格的重要性。

  成功性格从何而来？究其原理，欢乐是成功性格和高情商的形成基础。因此，欢乐教育是教育中的大道，是学前教育的核心和灵魂。欢乐性格的培养，本质上是培养一个健康的身体，进而使人拥有一个健康的大脑及与之相辅相成的知识和技能学习，犹如培养人拥有健全的四肢。一个人若要拥有智慧，走向成功，二者互为补充、统一，缺一不可。这样，教育就能够"以道御术，以道御器"，从而形成全面、正确的学前教育发展观。

一、中国传统文化中的欢乐教育思想

自古以来，中国文化就以教育为核心，人们最熟悉的教育思想，所谓"师者所以传道，授业，解惑也"，首先强调教育的目的是"传道"，意思是教育的目的是使幼儿先学会做人，后学会做事。中国传统文化中充满了欢乐教育的理念和思想。《礼记》文王世子篇中指出"凡三王教世子必以礼乐。乐所以修内也，礼所以修外也。礼乐交错于中，发形于外"，意思是古代王者以礼乐教育太子，以欢乐修身于内，以做人、礼节、能力表达于外，最终表现在为社会服务上。可见，中国古人早就提出了欢乐教育的理念。

《论语》第一句："学而时习之，不亦说乎；有朋自远方来，不亦乐乎？"表明欢乐学习尤其重要。《大学》以"三纲八目"为核心，用"止、定、静、安、虑、得"的修行方法，告诉使人平静下来的程序、欢乐起来的方法，其要旨是首先让人成为一个平静和欢乐的人，从而开拓智慧，拥有智慧。放松、平静和欢乐，是"止、定、静、安"的本质。

《中庸》开宗明义第一句："天命之谓性，率性之谓道，修道之谓教。"说明人的本性是自然附于人类，不可改变的本真。如果能够统率本性，使本性表达，就是所谓的"道"。如果人由于世间的污染、挫折而失去本性，就会变得烦躁不安，敌对不满，身心不愉快，价值观产生问题。通过修正和改变，重新使本性展现，就是教育的本质。

佛学思想更是直指人心，以"明心见性，见性成佛"为核心，彰显出十分完整、庞大的教育学和哲学理论体系。佛学以"戒、定、慧"三学统领，即戒除烦恼杂念，心定即产生智慧。全部佛学，都围绕着教导人如何做到没有烦恼、健康欢乐、心理平静和安宁展开，开悟在修行和实证中产生。佛学强调每个人都拥有佛性，都能成为智慧的人。儒学中的"学乐"思想，佛学中的"欢喜心、随喜、法喜"，都强调欢乐的重要地位。佛学的欢乐思想与《大学》中的"止、定、静"相得益彰，与老子"无为"思想相互呼应，共同彰显了教育的核心目的——欢乐，从而展示了欢乐教育智慧之核心。

为秦朝统一中国立下汗马功劳的丞相吕不韦，作为实践家和成功者的代表，在《吕氏春秋》一书中写道："达师之教也，使弟子安焉、乐焉、休焉、游焉、肃焉、严焉。此六者得于学，则邪辟之道塞矣，理义之术胜矣。"吕不韦的教育思想告诉我们，真正的教育，必须使弟子欢乐、安定、休闲、娱乐、严肃、认真，这样，才能够使受教育者仁义之心产生，邪恶之念消亡，其中"安、乐、休、游"都是使人欢乐的意思。可见，欢乐教育在中国古代教育思想中有着重要地位。

二、欢乐是创新和智慧的源泉

世界上最伟大的真理，往往是最简单的道理。反观自身，每个人通过自己的生命经历，就会非常容易理解"大道至简"的寓意和内涵，就会得出一个最基本的结论：人在欢乐的时候，反应最快，自信心最强，想象力最丰富，创造力最强，意志力最强，吃苦能力最强。反之，人在不欢乐、郁闷的时候，会思维迟缓，自制力差，缺乏自信，走极端，记忆力差，恐惧，不安，等等。因此，欢乐与智慧、能力、记忆力、自信心、创造力等有着无法分隔的直接因果关系。

欢乐是智慧、创造力以及人类所有美好品质的源泉。从现实生活中，人们不难发现，拥有欢乐性格的人，总是精力充沛，反应敏捷，观察能力强，思维开阔。欢乐是一种习惯，它代表着积极、主动、灵活、创新、自信、团结、乐观、意志坚强。自信是坚强意志品质的形成源泉，是创造力的摇篮。

成功来自于性格，成功是一种习惯。每一个人在生命历程中，都有成功的机会，机会总是偏爱那些有准备的人。先人教导我们修身，减少欲望，清静无为，爱国，无私，正直，敬老爱幼，本质上是以上至人生观，下至每时每刻的操作和实证，达到使人欢乐的目的。通过长期的修行和实证，培养欢乐的习惯，最终养成良好的性格。智慧从欢乐中产生，有了欢乐的性格，再加上一定的文化知识，人必然能在自己的领域或行业有所成就。

三、欢乐性格培养中的理论与实践

实践是检验真理的唯一标准。我以生命经历的磨难和解脱为背景,用总结出来的欢乐理论及具体操作方法和步骤,经多学科、跨学科的实践和论证表明,欢乐教育在解决幼儿厌学障碍、多动症等问题上,在提高幼儿综合能力上都取得了较好的效果。

在教育中,与孩子们平等相处,交心交友,并以授课的形式,从思想上使幼儿认可欢乐的重要意义,再从行动上教会幼儿培养欢乐性格的自我控制、自我改变的具体方法。在具体操作中,制定出忘记烦恼、转移注意力、积极思维、团结小朋友、做好人好事、宽容理解、放弃不合理思考、加强体育锻炼等简单易行的操作方法,帮助幼儿在学习、自信心、胆量、团结能力、幸福感等各方面都得到进步和提高。

事实证明,心理问题不仅在成人世界非常普遍,甚至在幼儿中间也异常严重。以欢乐产生智慧为理论依据,通过明理,使教师从理论上认清欢乐在整个生命中的意义,并明晰幼儿园生活的第一要务是培养幼儿欢乐性格的新观点。

欢乐是智慧和健康的源泉,欢乐性格的培养对于一个人的成长和一生的成功都至关重要。因此,培养幼儿欢乐的性格,加强对幼儿的欢乐教育,在构建和谐社会的今天,是怎样强调也不为过的。

第二章　欢乐教育之欢乐人生

欢乐教育
是以教育观念、教育思想的转变为先导
以尊重、信任每一个幼儿为基础
以激发幼儿兴趣为核心
以善教乐学为特色
以提高幼儿整体素质
促进幼儿生动、活泼、主动和全面发展
为目的的一种新型教育思想

欢乐教育
是教育指导思想的一个突破
是科学的教育思路
欢乐教育
坚持了教育的方向
击中了教育的弊端
符合了教育的规律
顺应了教改的潮流
发展了教育的思想

欢乐教育
创设愉快、合作的学习环境
在欢乐中育人
欢乐教育
创设多彩、自主的活动环境
在游戏中育人

>　欢乐教育
>　创设友爱、融洽的人际环境
>　在真爱中育人
>　欢乐教育
>　创设优美、文明的幼儿园环境
>　在优美中育人

\>\>\>

当下高科技飞速发展，新的社会生产力对劳动者素质的要求大大提高，这就要求幼儿园必须提高教育质量，必须多出人才，出好人才。今天的教育中存在未能把教育看成一个整体、一个系统工程的问题，致使教学实践在拼盘式理论指导下进行，常常出现反反复复的现象。我们教育的现状要求创造适合幼儿的教育方式，这就为欢乐教育的推行提供了现实的必然性。

从理论上讲，古今中外进步教育家对欢乐教育都有着极为精辟的论述。公元5世纪，古希腊的柏拉图在自己的教育活动中，就重视讲故事、游戏、唱歌等欢乐教育活动；亚里士多德提出教育要与人的自然发展以及人的心理活动特点相适应，重视和强调文雅教育；文艺复兴时期，拉伯雷等人提出德智体美教育的普遍实施，要求培养幼儿的思考力、判断力和理解力，注意幼儿兴趣，要求教学做到生动实际有趣等；自由资本主义时期，卢梭重视幼儿的兴趣和需要，强调教学同幼儿生活的联系；赫尔巴特把兴趣的多方面性看成教学的基础，强调激发幼儿兴趣，引起幼儿注意；苏霍姆林斯基的座右铭是把心灵献给儿童，他把培养全面发展的人作为自己一生的追求和教育理想，他主张并实践了要让每一个幼儿都有自己最喜欢做的事、最入迷的精神向往和最热烈的精神追求。

我国古代大教育家孔子更是欢乐教育的集大成者，"知之者不如好之者，好之者不如乐之者"；现代教育家陶行知主张"爱满天下"，他在《糊涂的先生》中写道"你的教鞭下有瓦特，你的冷眼里有牛顿，你的讥笑中有爱迪生"；无产阶级革命导师马克思、恩格斯提出了关于人的全面发展的学说，指出未来社会必须培养全面发展的新人；毛泽东同志说："我们的教育方针，应该使受教育者在德育、智育、体育几方面都得到发展，成为有社会主义觉悟的，有文化的劳动者。"

欢乐教育的实质，欢乐教育的规律、特点及其理论依据皆出于此。

一、欢乐教育的特点

欢乐教育不是教学形式的变化，它是以教育观念、教育思想的转变为先导，以尊重、信任每一个幼儿为基础，以激发幼儿兴趣为核心，以善教乐学为特色，以提高幼儿整体素质，促进幼儿生动、活泼、主动和全面发展为目的的一种新型教育思想。欢乐教育是教育指导思想的一个突破，是科学的教育思路。

1. 欢乐教育坚持了教育的方向

欢乐教育突出强调：面向全体幼儿，促进幼儿生动、活泼、主动和全面发展。

2. 欢乐教育击中了教育的弊端

欢乐教育击中了当前学前教育的弊端，深受师幼欢迎。

3. 欢乐教育符合了教育的规律

欢乐教育符合幼儿年龄特点和教育规律。从认识论的观点看，只有符合幼儿主观需要的知识，幼儿才会喜欢和乐于去学习。认识心理学认为，好的情绪能改善智能的操作，从兴趣出发进行学习常可事半功倍。

4. 欢乐教育顺应了教改的潮流

欢乐教育顺应了教改的潮流，可提高教育质量。

5. 欢乐教育发展了教育的思想

欢乐教育继承和发展了进步教育家的教育思想和教学实践。

二、实施欢乐教育的方法

（一）创设四个优良育人环境

1. 创设愉快、合作的学习环境——欢乐中育人

这一点具体说就是建立民主平等的师幼关系。教师应关心、信任和

尊重每一个幼儿，把微笑带进活动室，激发和感染幼儿，使活动室充满和谐气氛。当代美国教育改革家罗杰斯说："如果我能设法造成一种真诚、尊重和理解的气氛，就会出现一些鼓舞人心的情形：态度会从僵化刻板转向灵活变通，生活方式会从一成不变转向寻求发展，从依赖他人转向依靠自己，从墨守成规转向富于创新精神，从谨小慎微转向接受自身的现实。"事实上，教师不仅是组织者、传播者、启发者、激励者，还是服务者。为此教师要做到三个改变：变对幼儿冷若冰霜的指责为满腔热忱的引导，变包办代替的注入为循循善诱的启发，变违背教学原则的惩罚为充满真诚的鼓励。教师还应激发幼儿的学习兴趣，为不同的幼儿创设各自成功的机会，使其体验到成功的乐趣。

2. 创设多彩、自主的活动环境——游戏中育人

组织好幼儿的户外活动，突出多样性、自主性、实践性，使幼儿在欢乐的游戏活动中获得知识。

3. 创设友爱、融洽的人际环境——真爱中育人

让幼儿学会"四知"：什么是师幼之爱？什么是同伴之爱？什么是天伦之爱？怎样对待他人之爱？从中培养幼儿成为热爱、关心他人，有正义感，能团结协作，有气度和风度的一代新人。

4. 创设优美、文明的幼儿园环境——优美中育人

苏霍姆林斯基所说"让墙壁会说话"，指的是使幼儿园处处充满教育因素，这里要求对整个幼儿园的布置要精心设计，巧妙安排，此外还可张贴园风、园训，高唱园歌，等等。

（二）提高教师素质，实施欢乐教育

提高教师素质是实施欢乐教育的关键。教师应努力学习，具有渊博知识，及时了解学前教育信息，认真钻研幼教理论、教育科学，懂得教育规律，具有审美情趣，勇于探索、改革，具有坚定正确的政治方向、高尚的道德品质，为人师表，教书育人。

（三）欢乐教育的主要渠道是活动

善教乐学，乐在活动，教师通过节奏明快、语调艺术、情景变换、形式多样、内容丰富的五大领域活动，引领幼儿积极参与，体验幸福，共享欢乐与成功。

（四）实施欢乐教育必须处理的关系

1. 处理好人才观与质量评价的关系

欢乐教育是素质教育，重视发展幼儿的智力因素，亦重视培养幼儿的非智力因素。因此，必须牢固树立全面、长远的观点，要有全新的人才观："天生我材必有用""行行出状元"。人才是多种多样的，苏霍姆林斯基曾说"教育家要有望远镜，而不是以近视镜看人"，幼儿是有独立人格、巨大潜力和个性差异的人。评价幼儿质量的唯一标准，是幼儿的道德品质、智力水平、学习热情、健康体魄和心理素质。质量评价的出发点和归宿是教师教得轻松得体，幼儿学得幸福愉悦，有利于幼儿主动、活泼、和谐和全面发展。

2. 处理好实施欢乐教育与严格管理的关系

欢乐教育内涵之一：主导与主体的和谐统一。

欢乐教育既要求幼儿在学习中发挥主体作用，又要求教师发挥主导作用，而不是一提主体，就放松严格要求，也不是一说主导，又想到包办代替。

欢乐教育内涵之二：苦与乐的完美统一。

欢乐教育同样要求幼儿刻苦学习，勤奋努力。苏联《合作教育学》的实验者提出，幼儿的成绩等于才能与勤奋两者的乘积，若勤奋等于零，其积也等于零。所以，苦为乐之前提，乐是苦之必然。

欢乐教育内涵之三：热烈与冷静的高度统一。

欢乐教育要求幼儿在活动中踊跃发言，气氛异常热烈，同时强调冷静思考、独立尝试和动手操作。

欢乐教育内涵之四：活泼与严肃的完美统一。

欢乐教育既有明确的培养目标：培养生动活泼、主动和谐、全面发展的新人，又有严而有度的管理目标：要求每个幼儿注意集中、思维专注，课堂气氛秩序井然、严肃活泼。

3. 处理好实施欢乐教育与幼儿家长的关系

实施欢乐教育必须要有幼儿家长的大力支持和密切配合。

（1）幼儿家长应善于学习：明白幼儿的天性是玩耍，天职是学习。认知心理学告诉我们，幼儿不会玩就不会学习，玩能开发幼儿智力，玩能增强幼儿体质,玩能发挥幼儿特长,玩能陶冶幼儿情操。

(2)及时处理家长反馈信息:教师应及时处理家长的反馈信息。

(3)强化家长科学参与意识:实施欢乐教育,要求强化家长科学的参与意识,与教师协同作战,步调一致,家园定期共同对孩子进行全面考核。

(五)对幼儿实行科学的综合评价

欢乐教育的实质就是要促进幼儿活泼、主动、和谐和全面发展,而对幼儿的评价,不仅是对教学工作进行价值判断,而且是创造一个适合于幼儿全面发展的教育环境的有力措施和重要手段。质量综合评价具有很好的效果,可以提高幼儿自我完善的能力、主动参与的意识、民主的意识、明辨是非的能力等。培养幼儿诚实、表里如一、知行统一的好品质,可以促进教师综合素质、教育观、人才观、思想政治素质、业务素质、知识素质、管理水平的全面提升。

第三章　欢乐教育之美术教学

美术教学
是素质教育的重要组成部分
欢乐教育活动，在美术教学中的应用
增强了幼儿的兴趣
激发了幼儿的想象力、创造力
提高了幼儿的人文修养
成了幼儿欢乐的殿堂

在美术教学活动中，构造欢乐教育活动
让幼儿感受到美术学习
其实是一种兴趣，一种享受
一种对于美术奇境的探索与渴望

在轻松、愉悦的活动氛围中引发
幼儿学习的兴趣和积极性
发挥潜力、大胆想象
积极自信、欢乐学习

＞＞＞

美术教学是素质教育的重要组成部分，探究欢乐教育活动在美术教学中的应用，以期提高幼儿的兴趣，激发他们的想象力、创造力，提高其人文修养，从而让美术活动成为幼儿欢乐的殿堂。

在美术教学活动中应体现欢乐教育思维，让幼儿感受到美术学习是一种兴趣、一种享受、一种对于美术奇境的探索与渴望。幼儿学习的兴趣和积极性往往在轻松、愉悦的活动氛围中产生。幼儿在自主地位被尊重的基础上，才会有好的心情，才能敢于想象，潜力才能得到充分发挥。在美术教育活动中，应让幼儿积极、自信、欢乐地参与其中。

一、轻松愉悦，激发学习兴趣

美术教育是以愉悦幼儿感受和使其积极体验、参与为出发点的。幼儿只有对美术感兴趣，才能主动吸收美术知识和技能，才能全神贯注地积极思考，才能尽情地去想象和创造，才能信心十足地大胆表现。在教学中，教师可以采用多种方法，让幼儿感受事物并对事物产生充分的想象和创造力。如在教学《可爱的小动物》一课时，播放音乐《动物圆舞曲》，让幼儿闭上眼睛聆听优美的旋律，这样能瞬间吸引其注意力，加上小动物栩栩如生的叫声，让幼儿有一种身临其境的感觉。此时，对幼儿说："今天，在美丽的大森林里要举行一场盛大的舞会，特邀请小动物们来参加。大家想一下会有哪些小动物呢？请小朋友们来画一画吧！"这时，幼儿激动的心情溢于言表，迫不及待地要把自己心中的小动物都画下来。幼儿兴致勃勃地画出一幅幅动态不一、可爱有趣的动物作品。最后评价总结时，把幼儿画的小动物剪下来粘在头饰上，佩戴在头上，并播放美妙的音乐，让他们手拉手舞动起来，开心快乐、身临其境地感受小动物们在森林王国的欢乐。幼儿要感受美术的美，就必须展开丰富的想象，投入美术创作中，动之以情，积极参与，欢乐地学习。幼儿常常创作出感性的形象以展现思维过程，教师应当按照他们的心理年龄特点，激发其学习兴趣，使其全神贯注、开心欢乐地参与其中。

二、创设情境，张开想象翅膀

爱因斯坦说过："想象力比知识更重要。因为知识是有限的，而想象力概括着世界上的一切，推动着进步，并且是知识进化的源泉。"教师应当引导幼儿在绘画时大胆想象，充分发挥充满幻想的天性，天真淳朴地表现其内心世界。正如"一千个读者,就有一千个哈姆雷特"一样,尽管每位幼儿最后的作品风格、表现手法不同,但只要符合艺术创作的基本规律,教师就应该给予其肯定和鼓励。在教授《梦中的远航》时,实际生活中大部分幼儿没有坐过大船,对大海是陌生的,更谈不上远航,教师首先要给幼儿展示一些情景,如浩瀚的大海,惊涛拍岸、巨浪翻滚的情景以及海浪声,以拉近幼儿与大海的距离。其次,通过讲述前人的航海经历,使幼儿感受远航与人类的关系,感受途中的美景、美妙、欢乐、困难以及艰辛,以此激发幼儿对航海的兴趣和向往。可以让幼儿了解《格列佛游记》的故事情节,主人公乘坐"羚羊号"漂到小人国,到达巨人国、圣乔治要塞、岛国日本等,所到之处充满奇幻,使幼儿感叹作家丰富的想象力和创造力,让幼儿回味无穷。教师带领幼儿展开穿越时空的无尽想象,犹如同在一条船上,闭上眼睛在阵阵海浪声中做了个远航之梦。诱发和促使梦的生成,远航的潮汐便在幼儿内心涌动,梦中的远航才会带给幼儿内心的自由、愉悦,释放出其天真烂漫的幻想。教师首先要丰富幼儿的想象空间,使其展开联想,发挥想象的创造活力,幼儿才能积极开动脑筋进行创作。

三、敞开心扉,展现人文情怀

德国著名教授卡尔·威特曾说:"绘画可以使孩子一生更加富于色彩,使孩子更能发现生活中美的东西,并使孩子具有积极乐观的人生态度。"在美术教学中,让幼儿收集整理当地的人文景观和自然美景素材,并在课堂上进行介绍赏析。通过美术课堂,教师在陶冶幼儿健康审美情趣的同时培养幼儿的人文情怀,从而提升幼儿的人文素养。对于水墨游戏教学,通过让幼儿欣赏艺术大师吴冠中早期画的江南水乡作品,使幼儿初步了解水墨画中的白墙黑瓦、小桥流水、垂柳飞燕、流水人家,给乡村增添了无限生机,让幼儿领略到充满诗意的乡村美景。艺术来源于生活,生活通过艺术来表现。美术教学活动应当成为沟通幼儿现实生活和理想生活的桥梁。

总之,只要教师用心融合幼儿的心灵,为他们创造艺术表现平台,让他们乐于思考、敢于创作、善于表现,相信这朵朵朴实之花定会开遍四方,芳香四溢。

第四章　欢乐教育之健康教育

　　欢乐教育
　　在健康领域教育活动中的运用
　　培养幼儿爱好体育运动
　　主动参加体育活动和锻炼身体

　　欢乐教育
　　立足于幼儿的主体性地位
　　通过在教师的正确指导下
　　培养幼儿学习的兴趣性、积极性和主动性
　　充分发挥幼儿学习的主观能动性

　　欢乐教育
　　在健康教育活动中的应用
　　要求教师在教学过程中
　　要尊重幼儿的主体性地位
　　选择科学的方式，正确指导幼儿
　　进行身体锻炼，学习各项运动技能
　　从中体验到学习和运动锻炼的各种乐趣
　　培养幼儿终身乐于参加体育活动的兴趣和爱好

　　欢乐教育，有利于培养幼儿学习体育的热情和兴趣
　　欢乐教育，有利于教师更新教学的方式方法
　　欢乐教育，有利于提高教育活动的教学效果

>>>

欢乐教育作为一种新型的教育理念，当前在许多课程教学中已经得以运用并取得了显著的成效。欢乐教育在健康领域教育活动中的运用，对培养幼儿对体育运动的爱好和兴趣以及主动参加体育活动和锻炼身体具有巨大的作用。

欢乐教育是一种比较受推崇的教育理念，欢乐教育立足于幼儿的主体性地位，通过教师的正确指导，培养幼儿学习的兴趣、积极性和主动性，充分发挥幼儿学习的主观能动性。

一、欢乐教育内涵

欢乐教育是当前学前教育中比较受教师青睐的一种教育理念。欢乐教育是在充分尊重幼儿学习主体性地位的基础上，通过教师的正确指导，在幼儿学习兴趣和学习积极性、主动性的基础上，积极主动地参与到整个教学活动中的一种新型的教育理念。欢乐教育在健康教育活动中的应用要求教师在教学过程中要尊重幼儿的主体性地位，教师要选择科学的方式正确指导，让幼儿在进行身体锻炼和学习各项运动技能的同时，能够从中体验到学习和运动锻炼的各种乐趣，并通过在体育学习过程中对各种乐趣的亲自体验，逐步培养幼儿终身乐于参加体育活动的兴趣和爱好。

二、欢乐教育作用

1. 有利于培养幼儿学习体育的热情和兴趣

学习兴趣在幼儿学习过程中起着至关重要的作用，兴趣是学习的先导，如果在健康领域教育活动过程中幼儿没有学习的热情和兴趣，整个教学活动就起不到良好的教学效果。

课堂教学的实践已经证明，幼儿的学习兴趣是整个教学活动中最活跃和最关键的因素，它是其他一切学习因素的前提和基础，如果幼儿没有学习兴趣，其他的有利学习因素再多，最终的成绩也会归为零。由此可见，学习兴趣对于教学活动效果起着至关重要的作用，因此，在健康领域教育活动过程中，教师需要培养幼儿学习体育的兴趣和热情。

欢乐教育作为一种新型的教育理念，它要求教师根据幼儿的身心特点，结合大纲要求，多设计一些有利于激发幼儿学习热情和兴趣的教学情境，从而带动幼儿参与到教学活动过程中来，逐步培养幼儿学习体育的热情和兴趣。

2. 有利于教师更新教学的方式方法

科学有效的教学方式对于取得良好的课堂教学效果具有重要的作用，欢乐教育充分尊重幼儿的学习主体性地位，教师应该根据《3～6岁儿童学习与发展指南》和教材内容设计一些幼儿感兴趣的教学情境，让幼儿在进行身体锻炼和学习各项运动技能的同时能够从中体验到学习和运动锻炼的各种乐趣，通过对各种乐趣的亲自体验，使幼儿逐步喜欢和乐于参加体育活动。

3. 有利于提高教育活动的教学效果

在健康领域教育活动过程中，教师要能够根据幼儿的身心特点灵活采用正确的教学方式，活跃课堂氛围，调动幼儿学习的主动性和积极性。教学方法的多样化，是活跃活动氛围，培养幼儿学习热情、兴趣、主动性和积极性的重要因素。幼儿对学习感兴趣和主动参与教学活动，有利于良好教学效果的实现。

三、欢乐教育应用途径

欢乐教育在健康领域教育活动中的运用，对于培养幼儿对体育运动的爱好和兴趣以及主动参加体育活动和身体锻炼具有巨大的作用。

1. 构建和谐的师幼关系

教师应该懂得情感先行，构建起和谐的师幼关系。这对于幼儿是否乐于参加体育活动并认真学习各项锻炼技能具有重要的作用。教师是整个教学活动的组织者和实施者，必须要具有健康良好的教学品质。教师在健康领域教育活动过程中，应该不断提高自己的素质和道德品质，要时刻关心爱护幼儿，要能够与幼儿打成一片。

2. 采用多样化的教学方法

教师在教学过程中应该采用多样化的教学方法，一方面设计一些幼儿感兴趣的教学情境，让幼儿在进行身体锻炼和学习各项运动技能的同时，能够从中体验到学习和运动锻炼的各种乐趣，培养幼儿乐于参加体育活动的积极性、主动性；另一方面教师应该因材施教，根据不同年龄幼儿的特点，进行分层次引导，做到因材施教。

3. 合理搭配教学内容

教材内容搭配得当与否直接关系到幼儿学习任务的完成情况以及学习兴趣和主动性的培养。当幼儿能够轻松欢乐地完成学习任务时，就会激发他们的学习兴趣和主动性，相反，如果他们不开心、心情压抑地完成学习任务，就会抑制他们的学习兴趣。因此，教师应该根据不同层次结构和不同年龄特征的幼儿的实际情况，合理搭配教学内容，多设置一些富有游戏性和多样性的教学内容，从而使幼儿能够轻松欢乐地完成学习任务。

第五章　欢乐教育之欢乐发展

欢乐教育，旨在
畅想成功，期待欢乐
创造成功，寻找欢乐
体验成功，感受欢乐

欢乐教育，强调
教师乐教、幼儿乐学
师幼融洽配合
发挥幼儿学习的主动性和进取精神
培养幼儿乐学和勤学的态度
善学和会学的能力
在愉快的情境中，得到活泼健康的成长

欢乐教育，倡导
抓好开端，先入为主
直观教学，精讲多练
加强提问，布置作业
开展竞赛，激发动力

>>>

英国著名博物学家查理·达尔文曾在晚年讲过一句名言"世界上没有比欢乐一词更令人神往的词汇"。欢乐是令人神往的，那如果把欢乐和教育组合在一起，是不是更能令人神往呢？

在新时代、新思想、新征程的大背景下，教师必须从全新的角度、途径来研究欢乐教育，必须不断拓展教学目标，发挥幼儿主体地位，转变教学活动方式。

一、欢乐教育三部曲

卡耐基的成功学自创立之日，就深受世人的青睐，斯宾塞的快乐教育从诞生之时，就博得众人的喝彩。这两种学说历经百年沧桑，至今仍闪耀着哲人智慧的光芒，其深邃的育人思想，仍是当今教育理论宝库中的瑰宝，对当前学前教育有着深远的影响与深刻的启迪。

1. 畅想成功，期待欢乐

每个人都有渴求成功的原始欲望，都有渴望欢乐的心理追求，这种需求和人的成长如影随形，是人类追求自我、实现自身价值的一种原始动力，需求程度因时不同、因人而异。

就学前教育而言，教师可在不同的年龄班，根据不同年龄的幼儿特点，创设不同的教育情境，激励幼儿制定成功的近、中、远期目标，激发幼儿渴望成功、追求欢乐的原始动力。通过创设活动情境，让幼儿规划人生目标，放飞理想与希望，绘制成功蓝图。

2. 创造成功，寻找欢乐

创造成功是目标的实施阶段，是人们追求成功、寻找欢乐的过程。这一过程就好比一艘搏击风浪的船，需要用坚定的信心做舵，用艰苦的努力做桨，用科学的方法做帆，才能驶向成功的彼岸。

就学前教育而言，需要给幼儿创设一个易于成功的氛围（如良好班风、学风，和谐的家庭氛围），制订一个切实可行的成功计划，有一个与之配套的督促、检查、评价、反馈方案。在实施过程中，还要突出"低、多、快、实"原则。"低"是指降低激励标准，接近幼儿成功目标；"多"是指多做激励性活动；"快"是指激励性反馈要快；"实"是指激励性评价要贴近实际。为了更新家长的家庭教育观念，让家庭成为幼儿成长、成才的第二课堂，可以举办家园携手、共育英才的家长讲座，更新家长的教育观念，激励其争做合格家长，为幼儿成人、成才、成功构建一个和谐的家园共育平台。搭建幼儿走向成功的桥梁，坚定幼儿获得成功的信心，肯定幼儿获得成功的努力。

3. 体验成功，感受欢乐

通过成功，可以复制成功，人们只有获得了成功，才能取得更大的成功，成功是通向成功的桥梁，是连接成功的纽带。

就学前教育而言，教师应该时时播撒成功的种子，处处培育成功的果实，让幼儿时时体验到成功的价值，处处感受到成功的欢乐。欢乐教育活动中教师的激励性话语、教师认可的眼神、一个不经意的抚摸、一次及时的表扬、家园共育本上温馨的鼓励性评价等，都是播种成功之笔，都是培育成功之作。

为了让幼儿从成功走向成功，幼儿园可以定期举行"我成功，我欢乐""成功伴我行""我的成功秘诀"等各类比赛和讲座。通过举办一系列活动，激发幼儿获得成功的勇气，增强幼儿获得成功的动力，增加幼儿获得成功的砝码，积累幼儿获得成功的经验。然后，让幼儿以成功为资本，以欢乐为源泉，去创造更大的成功，去感受更大的欢乐。

成功与欢乐是当今学前教育永恒的主题，也是教师的理想教育境界。教师只有深刻理解成功教育与欢乐教育的思想内涵，才能在实际运用中驾轻就熟，取得丰硕的育人成果。

二、欢乐发展四途径

欢乐教育，其本质是调动教师乐教和幼儿乐学的双重积极主动性，使幼儿在师幼融洽配合的气氛中，充分发挥其学习主动性和进取精神，从而培养幼儿乐学和勤学的态度以及善学和能学的能力，在愉快的情境中得到活泼健康的成长。

教师在欢乐教育中有着举足轻重的作用。要调动幼儿乐学的积极性，必须以教师的乐教为前提。如果教师不热爱自己的工作，不注意建立融洽和谐的师幼关系，就不会千方百计地改进教学方法，培养调动幼儿的学习兴趣。因而，欢乐教育要建立在正确的幼儿观的基础之上，应充分肯定和尊重幼儿的主体地位，积极创设愉快的教与学的情境，激发幼儿的学习兴趣，充分发挥幼儿的学习潜能。同时，教师在主导思想上要采取积极的措施，以便在生动、活泼、宽松的活动气氛中实现欢乐教育。唯其如此，才能激发幼儿学习的内驱力，提高学习效果。

既然欢乐教育必须师幼配合共同创设愉快的情境，那么教师在教学中培养幼儿的学习兴趣，就是至关重要的。

兴趣是学习、进取的良师益友，没有兴趣，就没有学习的自觉性与主动性，更没有欢乐可言。德国教育家赫尔巴特指出："教育应当贯穿在幼儿的兴趣当中，使幼儿的兴趣在教学的每个阶段都能连贯地表现为注意、等待、探究和行动。"兴趣既是教学的手段，又是教学的目的。当学生对某种事物产生兴趣时，他便总能积极主动而且心情愉快地投入学习，且并不觉得有任何负担。

因此，教师应在教学中紧密联系教学内容，并注意激发幼儿的学习兴趣，使其在情绪高昂的心理状态下，愉快主动地学习，这对提高学习效果颇有意义。

1. 抓好开端，先入为主

教师在调动和激发幼儿的学习兴趣时，要依据幼儿好奇的心理特点，借助于幼儿心理活动的定势规律，精心设计好每节课的引入程序，如：实验引入，是以形象的东西激发兴趣；问题引入，是以幼儿关注的问题引发兴趣；趣闻引入，是以与教学内容相关的趣闻激发兴趣。在教学引入时，要从幼儿的实际出发，也要结合授课内容，做到既能吸引幼儿的注意力，又能使幼儿带着问题进入新授课的学习。

2. 直观教学，精讲多练

实行欢乐教育并不是单纯地追求课堂气氛活跃，而是要把微笑引进课堂，把爱心奉献给幼儿，同时也要完成教学大纲规定的教学任务。在教学中，利用必要的直观教具，既能吸引幼儿对学习内容的注意力和激发其学习兴趣，也能借助于教具的演示，言简意赅地讲清难点和重点。这样，既节省了讲授的时间，又留下了练习的余地。

3. 加强提问，布置作业

教师以灵活操作的训练方法，提高幼儿学习的积极性。在提问时，将提问内容设计为上中下三个档次。对能力较弱的幼儿提问容易的问题，在他们尝到成功的甜头之后，再逐步提高要求，使他们在逐次成功的喜悦中增加学习的兴趣和信心。对家庭亲子作业，应增强动手操作性，通过完成此类作业不仅增强了父母和子女的亲子关系，也锻炼了幼儿的动手能力，同时，在完成作业的过程中也有助于幼儿理解或深化所学内容，减轻幼儿的学习负担，变被动的厌学为主动的乐学。

4. 开展竞赛，激发动力

为创设一种欢乐的学习环境，教师可以适时开展竞赛活动，激发幼儿好胜心强的心理动机和高昂的学习情绪。苏霍姆林斯基曾说，教师的教学效果很大程度上取决于幼儿的内在心理状态如何。情绪高昂，则效果倍增；情绪低落，则效果微小。只有靠幼儿内在的情感动力，才能推动知识的掌握和智力的发展。欢乐教育就是通过调动幼儿的内在情感动力来强化幼儿学习时的感情投入，并培养幼儿的乐学、勤学的态度和能学、善学的能力。

第六章　欢乐教育之幼儿成长乐园

欢乐教育，以幼儿为本
以环境育人，以教师化人

环境文化、走廊文化
活动室文化、欢乐文化
融合历史与人文
形成独特的育人氛围
引导幼儿在和谐的幼儿园环境里
欢乐地成长

没有欢乐的老师
就没有欢乐的幼儿
愉悦的人文环境
有利于
园长与教师之间
教师与教师之间
幼儿与幼儿之间
教师与幼儿之间
关系和谐与融洽

做一个欢乐的教育者
践行欢乐的教育方法
努力给予幼儿乐观、自信、积极的信念
营造宽松的课堂氛围
提供广阔的认知空间

丰富多彩的信息资源
多样化的认知途径

欢乐教育，倡导自主、合作、探究的学习方式
引导幼儿自主学习，培养幼儿探究与合作的精神
师幼在民主、平等、宽松、和谐的活动氛围中
教学效率得以提高
欢乐教育得以推进

>>>

一所幼儿园不在乎地处远近，好的标准在于教育教学的质量；一所幼儿园不在乎面积大小，美的标准在于室内外环境的营造；一所幼儿园不在乎幼儿多少，优的标准在于幼儿是否能在接受教育中感受到欢乐。

一、以幼儿为本

以幼儿为本、突出特色、求实创新、持续发展的办园理念，本着欢乐教育的思想，努力攀登学前教育事业的最高峰，让每一位幼儿从欢乐式的学习中真正体会到幸福的含义。

二、以环境育人

环境是塑造人的基本条件，周围环境的好坏甚至能影响一个人的一生。高起点、高标准、高质量的花园式幼儿园环境，优美且宁静，可使师幼内心和谐而有朝气。

从宽敞开阔的运动场到宁静幽雅的古诗廊，从整洁明亮的教学楼到多彩多姿的文化墙，幼儿园的每一寸土地都为幼儿健康成长而特意设计。每一间教室的后墙，都有一幅欢乐教育图；教学楼侧墙面则印着幼儿们在蓝天白云和向日葵下的一张张灿烂的笑脸，传递着生活的欢乐。环境文化、

走廊文化、活动室文化……各式各样的欢乐文化将历史与人文融合在一起，形成一种独特的育人氛围，引导幼儿在和谐的幼儿园环境里欢乐地成长，促使老师们高质量地教书育人。

没有欢乐的老师，就没有欢乐的幼儿。愉悦的人文环境是园长与教师之间、教师与教师之间、幼儿与幼儿之间、教师与幼儿之间关系和谐与融洽的根基。加强教师队伍建设，树立良好的教师职业形象，每学期幼儿园都应认真组织全体教职工学习有关法律法规，增强依法执教的意识。同时还可以利用"请进来、走出去"的形式，开展园本教研培训与继续教育工作，提高教师的专业素养。充分利用教师队伍中学科带头人、市县优秀青年、各级骨干教师等承担教研课、示范课、培训课等活动，充分发挥名师的示范带头作用与辐射作用。

三、以教师化人

幼儿园应从实际出发，建立一支欢乐的教师队伍，在幼儿园内开展园长尊重人、关爱人、服务人的活动。园长深入教师、幼儿、教研组、班级中认真开展调查研究，使全体教师和幼儿都感到在幼儿园这个温暖的大家庭里学习、生活非常欢乐。教育教学研讨会、欢乐教学大比武、每天欢乐十分钟等系列活动，可以促进教师教学素养的提高，增强团队的凝聚力，令教师工作、生活得更有情趣。

做一个欢乐的教育者，践行欢乐的教育方法，努力给予幼儿乐观、自信、积极的信念，营造宽松的课堂氛围。教师充分利用现代教育技术的优势，将文本、图像、视频和音频信息有效整合，渗透到各学科教学、活动之中，充分挖掘教育资源，为幼儿提供广阔的认知空间、丰富多彩的信息资源和多样化的认知途径。

作为教学活动的策划者、引导者、组织者，教师是实施欢乐教育的关键所在。在教学活动中，教师应特别注重教学方式与学习方式的变革，积极倡导自主、合作、探究的学习方式，引导幼儿自主学习，培养幼儿探究与合作的精神。师幼在民主、平等、宽松、和谐的活动氛围中，教学效率定可得以提高。高效率的教学活动避免了"课内损失课外补"的情况，能把更充足的课余时间还给幼儿，让幼儿去参加自己喜欢的各种活动，从而保障欢乐教育的推进。

第七章　欢乐教育之幼儿发展

　　欢乐教育
　　是素质教育的实质体现
　　是以幼儿发展为本的教育
　　是让全体幼儿在德、智、体、美诸方面
　　得到生动、活泼、主动、和谐的发展

　　欢乐教育
　　强调幼儿要以愉悦的精神状态
　　情趣盎然地、自觉自愿地、积极主动地
　　参与幼儿园的各种教育活动
　　从而得到充分、愉快的发展

　　欢乐教育
　　通过师幼愉快合作的游戏活动
　　多彩、自主、有趣的教育活动
　　友爱、融洽的人际关系
　　优美、文明、欢乐的人文环境
　　引领幼儿发展

>>>

　　欢乐教育是素质教育的实质体现，是以幼儿发展为本的教育，欢乐教育的实质就是让全体幼儿在德、智、体、美诸方面得到生动、活泼、主动、和谐的发展。欢乐教育的实施依托教育活动这个主渠道来进行。

当前学前教育改革一定要适合幼儿的年龄特点,为幼儿创设宽松愉悦的成长环境,充分调动他们的主观能动性,激发他们的学习兴趣和学习自觉性。这样才能使幼儿由被动地学习变为主动地学习、由苦学变成乐学、由学会变成会学,并且使其拥有愉悦的情感体验,使幼儿园真正成为孩子们成长的乐园。

欢乐教育是一种具有素质教育实践特色的新的教育模式。欢乐教育强调幼儿要以愉悦的精神状态,情趣盎然地、自觉自愿地、积极主动地参与幼儿园的各种教育活动,从而得到充分、愉快的发展。

一、欢乐教育理念,引领幼儿发展

1. 师幼愉快合作的游戏活动

游戏活动是欢乐教育体系的主要要素。要使幼儿乐于学习,游戏活动必须遵循认知、情感、意志这个完整的心理过程来进行。通过师幼情感的交流和生命的碰撞,使师幼都能感到愉快。活动过程是教与学的双边活动,是教师与幼儿、幼儿与幼儿的互动过程,游戏活动应体现教师与幼儿、幼儿与幼儿的合作。因此,欢乐教育的游戏活动是愉快合作的,是师幼关系的和谐之乐,是教师的善教之乐,更是幼儿的学习之乐。

2. 多彩、自主、有趣的教育活动

教育活动是欢乐教育体系的主要部分,更是孩子们成长的需要。这是因为教育活动给予孩子们的不仅是欢乐,更能够使孩子们获取新知、参与实践、合作共事、增长才干、学习做人。要让幼儿乐于参与,教育活动必须适合孩子们的年龄特点,且是幼儿喜闻乐见的活动。因为幼儿是受教育的主体,教育活动一定要发挥他们的自主性,使他们自觉、主动地接受教育。因此,欢乐教育的教育活动是丰富多彩、自动自发的。

3. 形成友爱、融洽的人际关系

幼儿园人际关系主要指师幼关系和幼幼关系。欢乐教育一直把建立友爱融洽的人际关系作为重要环节,因为它能产生巨大的亲和力,是实施欢乐教育的最重要的情感动力。以情动人,用教师的人格魅力感染幼儿,给幼儿以人道的教育是欢乐教育所追求的目标之一。

4. 优美、文明、欢乐的人文环境

优美、文明、欢乐的幼儿园人文环境是幼儿生存发展的"阳光、空气和水",它潜移默化地影响着幼儿的感情。在欢乐教育实践中,应把幼儿园作为重要的教育资源,花大力气建设符合幼儿健康成长的幼儿园环境,把幼儿园建设成为智慧的、艺术的、童趣的、高雅的生命乐园。

二、欢乐教育活动,助推幼儿发展

欢乐教育要培养幼儿乐于学习,其核心在于一个乐字。幼儿若能够在学习中真正乐起来,便会把学习作为自身成长的需求,进而自觉积极主动地学习,同时还可培养刻苦学习的态度和坚强的意志,并通过艰苦的努力,在学习过程中获得积极的情感体验,真正做学习的主人。

1. 创设轻松愉悦的学习环境

师幼关系的和谐之乐,说明了情感因素在幼儿学习过程中的重要性。教师本身首先是一团火,并把自身的一团火化为对幼儿的情和爱。把情和爱带进教育活动中,尊重、理解、信任幼儿,以此来点燃幼儿心灵的火花,让他们在愉悦的心情中接受教育。

教师应该做到:以满意的情绪对待幼儿每一点微小的进步,以愉悦的情绪激发幼儿的学习兴趣,以宽容的情绪对待幼儿的差错,以兴奋的情绪激励幼儿投入学习。一句鼓励的话语、一个信任的眼神、一次理解的微笑、一次亲切的抚摸,这"四个一"都会使幼儿在教师的热情服务、关心与尊重中体会到温暖与期望、激励与鼓舞,进而感到老师的可亲可信,让师幼彼此的心在情感交流中共融互通。教师要给幼儿创造更多的小组讨论、合作的机会,使幼儿能够从小伙伴们的不同学习兴趣、学习意志、思维方法中获取力量,从而提高自己乐学的自觉性,使课堂上洋溢出和谐的气氛。

在欢乐教育活动中,教师应以发展幼儿的主体性为中心,使教育过程成为幼儿主动学习、主动思考、主动发展的过程,让幼儿在积极的情绪状态中学会、会学,让幼儿在参与中激活思维,做学习的主人。教师应充分发挥幼儿在教育过程中的能动作用,使他们成为自主活动和自我教育的主体,提高幼儿学习质量,使幼儿的学习经常处于兴奋积极的状态,在寻根究底中锻炼思维能力,在求异思维中培养创造思维。教师在教育活动中应给幼儿留有独立思考和质疑的时间，充分激活幼儿的思维，遇到疑难问题要给幼儿共同探究的时间，使幼儿在与同伴和老师的思维碰撞中增长智慧，引导幼儿不断进行分析、归纳和总结，以增强幼儿思维的深刻性，为培养创造性思维奠定基础。

欢乐教育给每一个幼儿都创造成功的机会，成功会使幼儿建立信心，有了自信心，就会产生新的追求，从而获得更大的发展。幼儿之间有个性差异，基础不同，接受能力也不同，为使每个幼儿都获得成功，教师就应为他们的成功创造不一样的机会和条件。

2. 愉快地做真正的学习小主人

在教育活动中尊重幼儿的主体地位，使幼儿成为知识的发现者和创造者，成为教学过程的真正中心，让他们在动脑想、动口说、动手做中满足求知欲，并经过自己的努力获得成功，在成功中得到欢乐，真正做学习的小主人。同时，要非常注重让幼儿行使学习的自主权，如选择和谁一起探讨问题，自己决定向大家汇报的方式，自己总结学习的方法、收获及体会，自己可以发表独到见解。

欢乐教育是以幼儿发展为本的教育，让幼儿乐于学习，在学习中成为积极的求知者、主动的参与者，是幼儿教师的责任，只有担起这份责任，才能把欢乐教育落实在教育活动中。

人的发展是终身进行的持续过程，它需要有持续发展的能力与动力。我们应引导幼儿产生主动发展的内驱力，明确努力的方向，变要我学好为我要学好；引导幼儿主动征求老师、同伴的意见，鼓励幼儿不断给自己提出新的目标。目标是前进的方向，幼儿有了明确的目标，就会产生前进的动力，就会促进自身主动地发展，因此要鼓励幼儿不断树立新的奋斗目标，并通过艰苦的努力去实现。这些做法能极大地调动幼儿的内驱力，促进他们主动发展。

三、欢乐教育情境，带动幼儿发展

欢乐教育在教育的培养目标问题上，强调愉快发展，在发展中求愉快，在愉快中求发展。实施欢乐教育的重点在教育活动，而搞好教育活动的关键是师幼双方各自对教育活动的情感、态度，师幼双方的人际关系和相互作用以及教学的方法。教师应充分尊重幼儿的个体差异，把幼儿看作发展中的人。要实现幼儿创造性地学习，教育活动就必须是充满创新活力的教学。

1. 创设良好的学习情境

教师的善教是幼儿乐学的前提，善教必须在善于学习、善钻教材、善研教法上下功夫。教师必须精心创设教学情境，有效地调动幼儿主动参与教学活动，使其学习的内部动机从好奇逐步升华为兴趣、志趣、理想以及自我价值的实现。教师就教学内容设计出富有趣味性、探索性、适应性和开放性的情境性问题，并为幼儿提供适当的指导，通过精心设置支架，巧妙地将学习目标任务置于幼儿的最近发展区，让幼儿产生认知困惑，引起反思，形成必要的认知冲突，从而促成其对新知识意义的建构。因此，在创造性的学习中，教师若能善于从实际出发，巧妙地设置富有弹性的活动情境，将幼儿置身于问题解决中去，就可以使幼儿产生好奇心，吸引幼儿，从而激发幼儿的学习动机，使幼儿积极主动参与知识的发现过程，这对培养幼儿的创新意识和创新能力有着十分重要的意义。

2. 鼓励自主探索与合作

幼儿的乐学是教师善教的结果。幼儿的学习之乐，是欢乐教育追求的乐学效果。幼儿的学习只有通过自身的探索活动才可能是有效的，而有效的学习过程不能单纯地依赖模仿与记忆。建构主义学习理论认为，学习是一个以幼儿已有知识和经验为基础，通过个体与环境的相互作用主动建构意义的过程。创造性教学不在于把知识的结构告诉幼儿，而在于引导幼儿探究结论，在于帮助幼儿在走向结论的过程中发现问题，探索规律，习得方法。教师应引导幼儿主动地从事观察、实验、猜测、验证、推理与合作交流等活动，从而使幼儿形成自己对知识的理解和掌握有效的学习策略。

3. 尊重幼儿的个体差异

教师要做到客观地把握幼儿的层次水平，就必须深入地了解幼儿，研究幼儿，根据幼儿不同的个性、特点、心理倾向、知识基础、接受能力分层设组，用动态、发展的观点对待幼儿，随时注意幼儿的发展变化，做必要的层次调整。然后规定不同层次的教学目标，运用不同的方法进行教学，使各类幼儿均有所获，使幼儿的兴趣和自信心都得到提高，在各自的最近发展区域内得到充分的发展，使每一次学习后都有一种成功感在激励着自己，在不断获取成功和递进中得到一种轻松、愉悦、满足的心理体验，激发其再次成功的欲望，最终，圆满地完成学习任务，不断提高知识技能。

教师及时了解并尊重幼儿的个体差异，积极评价幼儿的创新思维，从而建立一种平等、信任、理解和相互尊重的和谐师幼关系，营造民主的教学环境，幼儿才会在此环境中大胆发表自己的见解，展示自己的个性特征，特别是对于有困难的幼儿，教师要给予及时的关照与帮助，要鼓励他们主动参与教学活动，尝试用自己的方式去解决问题，发表自己的看法。教师要及时地肯定他们的点滴进步，对出现的错误要耐心地引导他们分析其产生的原因，并鼓励他们自己去改正，从而增强学习的兴趣和信心，使每一位幼儿均能变苦学为乐学，变要我学为我要学，从而获得成功的喜悦，并充分地调动幼儿学习的积极性，进而更主动、更积极地参与多项教育活动。

在教育活动中，教师如能运用培养幼儿主动发展、实践探索、分层合作、品质培养的教学方式，让幼儿通过自主探索与合作交流，引导幼儿在活动过程中感悟知识的发生、发展与变化，不仅能更好地激发幼儿的学习兴趣，而且能有效地实现欢乐教育，从而培养幼儿的创新能力，促进其个性发展。

第八章　欢乐教育之欢乐英语教学

欢乐教育
用愉快的教育环境
教育内容、教育方式
激活幼儿的求知欲望
让幼儿在学习过程中得到享受、满足
在享受学习的欢乐中
学会做人、学会求知

教师
要想有效地教育幼儿
就要努力做一个积极、乐观、欢乐的教师
努力为幼儿营造活泼、欢乐、和谐的学习氛围
让幼儿有实现感和成就感

教师
要做好教育活动的准备
要钻研、机智、忍耐
在观察幼儿时
看到他们身上的优点和闪光点
注重培养他们自主学习和自我教育的能力

教师
在教育活动中
要以兴趣来为幼儿的求知引路
鼓励幼儿自我发展，引导幼儿自己去探讨、推论

> 兴趣和满足，能够给幼儿带来欢乐
> 欢乐是幼儿学习的真谛
> 是每一个幼儿应有的权利

〉〉〉

欢乐教育是一种教育理念，把它应用在幼儿英语教学领域，符合幼儿的心理特点。

一、欢乐教育思想

欢乐教育就是要用愉快的教育环境、教育内容和教育方式去激活幼儿的求知欲望，让他们在学习过程中得到享受，得到满足，并在享受学习的欢乐中逐渐学会做人、学会求知。

教师要想有效地教育幼儿，就要努力做一个积极、乐观、欢乐的教师，努力为幼儿营造活泼、欢乐、和谐的学习氛围，让幼儿有实现感和成就感。教师还必须做好教育活动的准备，要钻研、机智、忍耐，在观察幼儿时，要看到他们身上的优点和闪光点，注重培养幼儿的自主学习和自我教育的能力。

在教育活动中，教师要以兴趣来为幼儿的求知引路，尽量鼓励幼儿自我发展，引导幼儿自己去探讨，自己去推论。兴趣和满足能够给幼儿带来欢乐。欢乐应该是幼儿学习的真谛，是每一个幼儿应有的权利。

二、欢乐教育应用

欢乐教育主张激发幼儿的学习兴趣，唤起幼儿的自觉性、主动性、创造性，并且使其体验成功的欢乐。欢乐教育中的幼儿感到学习是件欢乐的事情。欢乐教育符合幼儿阶段的英语学习特点。幼儿阶段的英语学习幼儿是没有考试压力的，教师可以采取灵活多样的教学方式，幼儿也可以轻轻松松地学习。

从幼儿的年龄特点来看,欢乐教育更顺应幼儿的心理特点和生理成长规律。幼儿生性活泼、好动,喜欢玩,喜欢唱,把幼儿的这些特点和英语语言学习结合起来,可以创编很多有趣的英语游戏、歌曲和体育竞赛活动,进而大大提高幼儿学习英语的兴趣。这种教学形式符合了幼儿英语在"玩中学、乐中学"的欢乐学习理念,因此在这个阶段,进行欢乐英语教学是非常适合的。

三、欢乐教育形式

欢乐教育就是要引导幼儿得到有目的的欢乐,幼儿的快乐是多种多样的,在幼儿英语教学中,要让幼儿对英语产生兴趣,并欢乐地学习,可以采取以下几种形式来进行。

1. 游戏教学——寓教于玩

欢乐教育"玩中学、乐中学"的特点,使其成为深受幼儿喜欢的一种活动形式。从教育意义上讲,游戏不仅仅是玩,更重要的是它使幼儿有更多的机会去得到自己生活所应有的品质,有更多的机会去发挥自己的才能,使个性得到充分发展。在幼儿英语教学活动中,利用游戏可以把枯燥的教学内容转化为好玩的活动,让幼儿在无意识中自然习得英语。

幼儿英语游戏设计要考虑幼儿的生理和心理特点,结合他们的生活经验和兴趣取向,还可辅以多种直观教具,如图片、头饰、面具、手偶等,灵活运用体态语言,制造让幼儿玩的动机。比如游戏"Old wolf, old wolf, what time is it?(老狼,老狼,几点了?)",到了"It's 12 o'clock!(12点了!)"时,老狼就凶神恶煞地扑向小羊,小朋友们在恐惧中逃散开去,然后大笑。这个游戏充满惊险和刺激,深受幼儿喜爱。同时因为多次重复"what time is it?""It's…",幼儿自然而然地就学会了时间的询问和表达方式。

再比如,幼儿都有去超市购物的生活体验,用"Going shop"的游戏来操练"Can I help you?""I want…""Here you are""How much is it?"等句型,幼儿就会感到很新奇和兴奋。幼儿游戏要么与他们的生活经验相联系,要么是他们所熟悉的童话故事,充满想象的空间,这样就能充分调动他们的兴趣,让他们在欢乐的玩耍中学会英语。

2. 儿歌教学——寓教于乐

英语儿歌歌词简单、节奏明快、充满童趣、富于动作性,十分符合幼儿好动爱唱的特点,极易引发幼儿的欢乐情绪,因而受到幼儿的喜爱。教师把单调乏味的纯语言学习材料编成儿歌,气氛顿时活泼生动,妙趣横生,幼儿在玩玩唱唱中不知不觉便达到学习语言的目的。课前吟唱儿歌可以很好地调动幼儿的兴趣,帮助他们把注意力从课堂外转移到课堂上特定的教学任务中。如:在课前2分钟播放一些Action Songs "If You Are Happy" "Bingo"等,幼儿在乐曲声中,一边唱一边根据歌词做出相应的动作。教师也可以和幼儿一起演唱,并给予他们亲切和鼓励性的微笑,让幼儿获得满足,体验愉悦。

课堂活动中,利用儿歌不但可以活跃气氛,还能让幼儿更好地理解和记忆所学内容。如:在学习星期几时,如果只是单调地重复读星期日到星期六这几个单词,时间一久幼儿一定会厌烦,不但难于记好这几个单词,次序也容易混淆。"Days of the Week"的歌词就可以解决这一难题,当幼儿一唱起这首歌就记起了从星期日到星期六的英语单词,顺序也不会搞错。

结束部分,也可以唱儿歌,用来巩固知识,总结内容,并使活动中的欢乐情绪得到延续和升华。儿歌教学在幼儿英语教学中可以广泛地使用在各个环节,只要需要,都可以用。

3. 故事教学——寓教于事

故事教学法以故事的人物、情节、悬念为支柱,把英语词句安插在生动的故事里,通过反复出现,让幼儿在听故事的过程中学习英语,自然地吸收使用并掌握,同时又为幼儿创设出轻松、愉快的学习气氛。

"独木桥怪兽"抓住幼儿喜欢动物的兴趣特点,围绕"独木桥怪兽"由不劳而获、欺负弱小动物到热爱劳动、帮助小动物战胜大蛇,反复出现"bear(熊)""goat(山羊)""cat(猫)""dog(狗)""donkey(驴)""monkey(猴)""pig(猪)""snake(蛇)"等单词,让幼儿在听故事和感知悬念中学单词,通常老师故事讲完了,故事中的英语词句也同时学会了。

再比如"三只熊和金发女孩"的故事,讲述了三只熊吃完早饭,出去散步,这时金发女孩来了,她又饿又累,偷吃完粥以后,便爬到熊宝宝的床上睡觉,三只熊回来后发现了正在熟睡的金发女孩,吃惊地大叫,金发女孩被惊醒,也惊叫着爬起来,冲出房去……故事发展到高潮,孩子们的情绪也随着情节的起伏被充分地激活。故事中反复出现"hot(热)""cold(冷)""hard(硬)""soft(软)"四个词,幼儿在深刻记忆故事情节中得以理解并记忆。此外,可以请幼儿来表演这个故事,模仿故事中的角色,这样既活跃了课堂气氛,又让幼儿在亲身体验中更好地理解和掌握了英语。

四、欢乐教育思考

真正有效的欢乐教育不是一个简单的概念,而是一系列完整的教育方法和观念。仅仅在教学手段、方法上欢乐起来是远远不够的,还应在观念上予以更新。教师素质也需提高,从而把握好欢乐的尺度。

1. 更新传统的教育观念

在中国传统的家庭里,父母关心孩子的问题是"你在学校学习成绩如何?",而在西方发达国家,父母常问的是"你在学校欢乐吗?"。传统应试教育是以牺牲童年的天真,甚至损害身心健康为代价的。目前,一些幼儿园由于社会发展和人才培养的需求应运而生了英语教学,虽然强调注重幼儿的听说能力,重在培养兴趣和环境熏陶。但大多数家长甚至一些教师的内心还是希望幼儿能多认识几个单词,以单纯的词汇量作为评价幼儿在幼儿园学习英语好坏的标准。说到底,他们还是希望幼儿期的英语教育可以为以后小学及中学期间学好英语打好基础,最终还是为了能在高考中考出好成绩。这种教育观念在一定程度上束缚着幼儿英语教师们的创新和教学方法的改革。

2. 提高幼儿英语教师素质

实施欢乐教育,教师的素质是关键。欢乐教育要求幼儿英语教师要有扎实的英语语言基础,对英语国家文化背景知识有较熟悉的了解;要熟知幼教的相关理论,即心理学、教育学、卫生学、组织管理学、幼教技能和方法(弹、唱、说、跳、做、画、写等);要掌握幼儿英语教学法,明确幼儿英语教学的目的和任务,教材的内容和组织、安排,语音、语法、词汇的教学方法,课堂教学和课外活动的组织形式,教具的种类和使用,等等;要有富有感染力的性格,既要像演员一样能用丰富的语言、体态、表情、道具创造和扮演各种角色,也要像导演一样善于调度幼儿参与各种活动。

欢乐教育对教师素质还有一个重要的要求,那就是对孩子们的爱,要全身心地投入对孩子们的教育之中,要爱每一个孩子,并能根据孩子们的不同情况采取不同的方法。实施欢乐教育,教师需要具备很强的知识水平、教学能力,良好的师德修养和职业道德。

3. 欢乐教育活动不是娱乐

欢乐教育首先是教育而不是娱乐,实现的是教育功能而不是娱乐功能。如果能在娱乐的同时高效地达到应有的学习效果,那是教育的理想状态;但一味追求教学的娱乐功能,则有"舍本逐末"之虞。教育需要欢乐,但欢乐绝不是教育的最终目的。教育的最终目的应是幼儿的全面、和谐发展,若离开发展,也就使欢乐失去了真正的价值,所寻求的所谓欢乐就只能成为虚浮的欢乐。

在幼儿英语的教学实践活动中,我们发现如果不注意就很容易超越欢乐的尺度。比如前面提到的游戏"Old wolf, old wolf, what time is it?",一部分幼儿只图体验游戏中的惊险感和刺激感,在哈哈大笑之后往往将学习内容抛在脑后,甚至有的幼儿并没有真正听懂"几点了",只是盲目随从其他幼儿的行动,结果游戏是做完了,但教学目标并没有达到,所以教师要善于把玩和学有机地结合起来,避免光玩不学。

第九章　欢乐教育之表演游戏

欢乐教育
通过教师带领幼儿一起选择和改编剧本
创设和丰富环境进入游戏

在表演游戏的时候
幼儿往往处于被动的地位
教师往往显得非常忙碌
喜欢场上、场下管控他们
幼儿就只能跟着老师的统一指挥进行表演
要想让孩子们提起精气神来做游戏
就应该让他们参与到剧本选择、剧本修改
幼儿园区角环境创设中来

选择剧本，是表演游戏中非常重要的一个环节
选择
在思想上健康活泼
在情节上跌宕起伏
在动作上容易表现
幼儿喜欢、故事内容熟悉的剧本

>>>

通过教师带领幼儿一起选择和改编剧本、创设和丰富环境、进入游戏

三个方面针对幼儿的欢乐教育进行分析与思考。

一、表演游戏活动实录

幼儿在表演《狼和小羊》的游戏过程中，教师发现有的幼儿兴趣不高，于是就介入他们的游戏中去，"小动物们，你们都在家干吗呢"？孩子们看到老师来了，都露出了比较恐惧的表情，这时，班里很活跃、很有主见的一个名叫小光的孩子，站起来跟教师讲："老师，我玩这个游戏一点也感觉不到欢乐，很无聊。"

小光的回答震住了教师，于是，教师就接着问："为什么你玩这个游戏不欢乐呢？"小光："我们待在家里就只能玩你教我们的几个游戏，讲的话也都是你教我们的那几句话，我们都玩腻了，没意思！"小光的回答，让教师明白了幼儿在游戏过程中提不起兴致的根本原因。

二、思考欢乐表演游戏

在表演游戏的时候，幼儿往往处于被动的地位，教师往往显得非常忙碌，喜欢场上、场下管控他们，孩子们就只能跟着老师的统一指挥进行表演。要想让孩子们提起精气神来做游戏，就应该让他们参与到剧本选择、剧本修改以及幼儿园区角环境创设中来！

（一）师幼一起选择和改编剧本

1. 有准备地选择剧本

选择剧本是表演游戏中非常重要的一个环节，首先，教师选择几个幼儿喜欢而且熟悉的故事内容。其次，所选童话故事的内容在思想上必须要健康活泼，故事的情节要跌宕起伏，动作要容易表现。最后，教师可以把备选的几个剧本展示给幼儿看，让幼儿挑选出最喜欢的剧本。如：教师先选出《狼和小羊》《三只小猪》《小兔子乖乖》等几个幼儿比较熟悉并且喜欢的童话故事，然后让他们进行投票，最后，投票最多的童话故事就选为表演剧本。

2. 有策略地改编剧本

剧本定下来后，就需要教师带领幼儿进一步熟悉故事内容，并根据当今的新时代、新思想、欢乐教育理念，与幼儿一起讨论、改编相关的故事情节，或者扩充故事内容，从而让整个故事变得更为丰满、更符合现实国情需要。如：在《狼和小羊》的改编中，可以增加大灰狼的一家，增加一些小动物来小羊家做客……只有让幼儿也参与到剧本改编的过程中来，整个剧本才能更加贴合孩子的心灵。教师需要做的事情就是要及时捕捉、记录他们所说的话，然后串联在一起改编成另外一个孩子们喜欢且生动有趣的剧本。

（二）师幼一起创设和丰富环境

1. 创设有意境的游戏环境

在进行环境创设时，教师经常是一手包办，幼儿根本就没有权利参与，导致教师惧怕创设环境，因为这需要教师花费大量的时间和材料才能够创设出在成人眼里非常完美的环境。

其实，教师不妨放下自己的架子，聆听幼儿的想法，走进他们的心灵世界，此时，教师就会发现幼儿特别乐意协助教师动手创设简单的环境，他们还会根据游戏的需要摆放场景和道具。

如：在表演游戏《白雪公主》中，教师提出："白雪公主在哪里看到了小矮人的家？怎样可以变得更加像森林？……"最后，教师和孩子们共同确立了一个方案，开始共同创设游戏场景，教师负责难度较大的工序，幼儿可以负责画、剪、贴等简单的工序。

2. 投放丰富、有角色特点的材料

大的游戏背景创设好后，师幼就要根据一些角色的特点增加相关的辅助道具，道具的增添可以进一步提高幼儿的表演欲望，而且能够让角色的特点表现得更为生动，为此，可以让幼儿尝试根据角色、故事情节等确定需要哪些道具，并让他们开动小脑筋去想这些道具可以用什么物体来代替，或者可以用什么材料来制作。如：在表演《狼和小羊》之前，教师问："我们还需要增加哪些道具呀？"有的孩子说："给小羊家里准备些烧饭的东西。"有的孩子说："给大灰狼准备望远镜，这样它就可以看到小羊在家里做什么了。"……幼儿的想法不禁令人赞叹，而这些道具也确实可以起到助推游戏表演走向高潮的强化作用。

（三）师幼一起融入表演游戏

1. 以伙伴的身份进入游戏

在游戏活动进行的过程中，教师要放低自己的姿态，与孩子们友好、平等、和谐相处，努力成为孩子们的游戏伙伴，让每一个孩子都能积极参与到游戏中去。当看到有的孩子的表现和自己的想法不同时，不要责骂和强迫他们，要学会站在幼儿的角度去观察他们游戏，并以伙伴的身份深入他们的游戏中去。如果有的幼儿未能参与到游戏之中，教师就可以用游戏角色的语言或行为暗示幼儿行动起来。如：在表演《白雪公主》的游戏时，当七个小矮人忘记回家的时候，教师以角色的身份参与游戏问道："小矮人们，你们工作得怎么样了？什么时候回家去呀？"小矮人们一听就明白了，游戏也能得以继续。

2. 以导演的身份进入游戏

幼儿的游戏不是任由他们去玩，教师要学会在游戏中观察他们的行为，在指导中要有的放矢，做到因人施教，使每个幼儿都能在原有水平上得到发展和提高。当看到有的孩子性格内向，不善于表现时，教师就要鼓励幼儿大胆表现，并以导演的身份进入游戏中去指导他如何表现这个角色，适当做出示范。如：在表演《白雪公主》的游戏中，有的孩子虽然选择了皇后这个角色，但是皇后那种语调和动作都未能很好地表现出来，这个时候，教师就要及时出来示范，然后再让孩子们进行表演。

游戏是孩子们的一种正常需要，教师往往能够看到他们在模仿成人活动、模仿故事或动画片中的角色……而且我们也往往发现孩子们在没有教师指指点点的情况下，他们会表现得非常自在。要想真正还给孩子们欢乐的游戏，教师最好能够深入孩子们的心灵世界，去洞察和发现孩子们的心声与渴求，师幼一起共同探讨、分享，这样才能够让幼儿真正感受到游戏所带给他们的欢乐。

第十章　欢乐教育之儿歌教学

儿歌
是适合幼儿吟唱的歌谣
是幼儿的启蒙文学

儿歌
浅显易懂、押韵且有节奏
品味儿歌，欣赏儿歌，享受儿歌

教师
从事儿歌教学时，应善于寻找欢乐
品味欢乐情感，传达欢乐
把握儿歌的美
在欢乐中，促进幼儿成长

教师
在实际的教学中用心揣摩
采用丰富多变的方式去教学
运用幼儿的眼光去欣赏
从幼儿的角度去感受、体会儿歌的魅力

≫≫≫

儿歌是指适合幼儿吟唱的歌谣，属于幼儿文学的七种基本文体之一，是幼儿的启蒙文学。儿歌浅显易懂,押韵且有节奏。品味儿歌,欣赏儿歌,享受儿歌带给幼儿的独特美感。现代意义上的儿歌,范围更广,可以有音乐伴奏,也可以无音乐伴奏,包括了民间流传的童谣和作家创作的儿歌两部分。玩具是幼儿的天使,游戏是幼儿的生命,欢乐是幼儿的天性,在欢乐的环境下成长的幼儿心智更健全,心理更健康。

教师从事儿歌教学时应善于寻找欢乐,品味欢乐情感,并将欢乐传达出去,进一步把握儿歌的美,在欢乐中促进幼儿成长。

一、让幼儿在游戏中体验欢乐

游戏是幼儿生活的一部分。最早的儿歌产生于"母与儿戏,歌以侑之""儿童自戏自歌"的游戏环境之中。儿歌中的"游戏歌"让幼儿在欢乐的游戏中愉悦身心,既锻炼了幼儿的语言表达能力,又发展了幼儿的动作协调能力。儿歌的学习是体验性学习,教师不仅要自己会表演儿歌,将儿歌与游戏相结合,还要能够运用多种方式将儿歌生动活泼地呈现给幼儿,使幼儿易于和乐于接受。儿歌是教学的关键,因此,抓住儿歌中透露出的欢乐,运用多媒体、多种方式进行儿歌的传播也就显得尤为重要。只有将知识巧妙地融入视听媒体中,并辅以教师启发式的语言引导,才能够在幼儿的生命之初抓住幼儿学习的兴趣和激情。

二、想象是幼儿美妙的欢乐

对于幼儿来说,现实世界和幻想世界之间并没有严格的界线,他们是同时生活在这两个世界中的。幼儿会和玩具做朋友、聊天、讲故事、过家家等。在幼儿的心中,那些神奇的幻想正契合了他们想象的思维方式。比如长着鱼尾巴的小公主,拇指大小的美丽姑娘,大树说话,等等,对他们来说都是自然而真实的。

如郑春华的《吃饼干》:饼干圆圆,圆圆饼干,用手掰开,变成小船。你吃一半,我吃一半,啊呜一口,小船真甜。"小船"恰恰体现了孩子天真烂漫的眼光和童稚可爱的想象。"啊呜"一词生动形象地表现了幼儿吃饼干时的声音、动作以及欢乐的心情,这些都离不开想象的作用。

在儿歌教学中，教师可以引导幼儿收集一些容易引发联想的图片或实物，在教学时调动幼儿多种感官参与，大胆想象，自由表达，激励幼儿敢想且乐于创作。教师可以从童话和幼儿故事入手，将幼儿所熟悉的童话、寓言、散文、看图说话等，与幼儿一同改编成儿歌，如此不仅可以扩大儿歌学习的范围，同时也能大大提高幼儿的儿歌赏析与创编能力。

三、动感是幼儿无尽的欢乐

幼儿天性好动，要让一个幼儿不做任何事情，安静地坐上五分钟，几乎是不可能的。婴儿在妈妈肚子里时，就已经是迫不及待地挥舞着手脚，出生后更是一刻不停地忙碌着，让人惊讶于他们的精力是何等充沛。在学习儿歌时，幼儿总会跟着生动形象的词语一起手舞足蹈，或被儿歌中所展现的动作逗得哈哈大笑。

如儿歌《抓痒》："外婆年纪大，背痒没办法。我用小手指，轻轻给她抓。从左抓到右，从上抓到下。抓到胳肢窝，外婆笑哈哈。"整篇儿歌围绕"抓"这个动词，写出了幼儿生活中出现的场景，动感极强，尤其是最后两句，着实引人发笑。挠痒痒是幼儿既乐又怕的一个有趣动作，读了儿歌，他们更加愿意与长辈互动，体验和感受这轻松简单的欢乐。

儿歌《如果我能飞》："如果我能飞，我要飞到蓝天上，变成一颗小星星，闪闪发光。如果我能飞，我要飞到大海上，变成一朵小浪花，翩翩起舞。如果我能飞，我要飞到森林里，变成一只小鸟儿，快乐歌唱。"儿歌从"飞"字着眼，结合翅膀、蓝天、海洋、森林等场景道具，让幼儿感受飞翔的美好，想象自己乘着风在自由飞舞，在表演飞翔中指引幼儿的发散思维，同时培养幼儿的语言表达和运用能力。

有些儿歌如摇篮曲，追求的则是静谧祥和的意境。教师应尽力在每一首儿歌当中都找到欢乐和兴奋点。游戏中编配儿歌则能够让幼儿边玩边学，问答式儿歌互动性很强，不同的儿歌学习方式，学习效果就会不同。教师在实际的教学中要用心揣摩，采用丰富多变的方式去教学，运用幼儿的眼光去欣赏，从幼儿的角度去感受，体会儿歌的魅力。

第十一章　欢乐教育之音乐教学

在幼儿音乐活动中
教师应贯彻欢乐教育的理念
运用生动有趣、灵活多样的教学方法
激发幼儿参与音乐活动的兴趣
给幼儿创设活跃、和谐、美好的学习情境
通过活动去体验、感知、表现音乐
让幼儿在轻松欢乐的氛围中
学习音乐知识和技能
从而获取音乐学习的成功

幼儿音乐活动,是一种有声音、有情趣的艺术活动
让幼儿在唱一唱、跳一跳、玩一玩的过程中
参与、体验和感知音乐
在音乐艺术活动中
会唱、会跳、会欣赏、会创造、会表现音乐
接受美的熏陶,萌发感受和表现美的情趣

用生动、形象的语言走进活动
创造性表现
体验欢乐的情感
直观道具吸引幼儿欢乐求知
师幼共享创意与成功的喜悦

欢乐教育
提倡音乐活动中的欢乐教学

>   使幼儿全面、和谐、活泼、主动地发展
> 在充满童真童趣的、和谐幸福的、平等自由的音乐活动中
>   幼儿一定会爱上音乐
>   使音乐教学充满欢乐
>   实现乐教与乐学的统一
>   获得成功的教学效果

\>\>\>

在幼儿音乐活动中教师应贯彻欢乐教育的理念，运用生动有趣、灵活多样的教学方法，激发幼儿参与音乐活动的兴趣，给幼儿创设活跃、和谐、美好的学习情境，通过活动去体验、感知、表现音乐，让幼儿在轻松欢乐的氛围中学习音乐知识和技能，从而获取音乐学习的成功。

幼儿音乐活动是一种有声音、有情趣的艺术活动。通过让幼儿在唱一唱、跳一跳、玩一玩的过程中，参与、体验和感知音乐，在音乐艺术活动中会唱、会跳、会欣赏、会创造、会表现音乐，接受美的熏陶，萌发幼儿感受和表现美的情趣。

兴趣是最好的老师，幼儿活动带有明显的情绪性，他们常常在兴趣的驱使下自发地进行多种活动。只有激发幼儿的兴趣，才能搞好幼儿的音乐活动。

一、用生动、形象的语言走进活动

1. 编儿歌

幼儿十分喜欢优美、有韵律、节奏感强的顺口溜、童谣、小快板等，读起来朗朗上口，好听也容易记住。因此，在教幼儿学习基本动作时，可以将动作编成儿歌，让孩子们一边说一边做动作，如此既加强了节奏感，又使动作准确。

如：教屈膝动作时，可以用"弹簧短，弹簧长，一短一长真漂亮……"

的儿歌来增强幼儿的形象和节奏感。教"踏点步"看似简单，但幼儿学起来比较困难，做出来的动作也不协调，在教幼儿踏点步时，可以用形象的比喻"咚、咚、咚，开小门，客人客人请进来"，引导幼儿学习并步、踏步、点步的动作流程，幼儿会觉得很有意思，也就乐意去学习，在步法练习中获得知识技能，更感受到了欢乐。

2.讲故事

听老师讲故事是幼儿最感兴趣的事情。在音乐活动中，可以因势利导，将其主要内容编成小故事讲给幼儿听，作为教授新歌的导语，或者以故事情节贯穿整个活动，用生动的语言向幼儿讲解，让他们从小故事中理解音乐活动的内容。这样，他们就能够在强烈兴趣的支配下，积极参与音乐活动。

如在教授《春天来了》这首歌时，教师先绘声绘色地讲述"春天来了，外面的世界真美啊！瞧，有谁在迎接春天的到来？听！是谁在为春天歌唱？美丽的花儿，嫩绿的草儿，可爱的布谷鸟……"，帮助幼儿快速地理解歌曲所要表达的情感，幼儿学习起来就会投入，也就能收到很好的教育效果。

如歌曲《勤快人和懒惰人》，可以将歌曲融入故事情节当中，在讲述故事的过程中，将歌曲表现的情境再现出来，这样，幼儿在听故事的同时，就会情不自禁地对歌曲产生浓厚的兴趣，学习的积极性也会随之高涨，最终在轻松欢乐的氛围中掌握新知识。

二、创造性表现，体验欢乐的情感

幼儿心理学研究表明，游戏是促进幼儿心理发展的最好的活动形式，游戏是幼儿最基本的活动，它是能够满足幼儿需要和愿望的、自发的、不同寻常的、能让幼儿获得欢乐的一种行为。喜欢玩游戏是幼儿的天性，在音乐活动中多用游戏的形式，让幼儿在玩中学、学中玩，这是一种激发幼儿学习兴趣的好方法。

比如：在音乐游戏"狐狸和兔子"教学活动中，可以采用"狼来了"这一游戏，让幼儿在熟悉游戏中情绪逐渐升温，进而敏捷地随着音乐节奏掌握歌曲和动作。在舞蹈《扭秧歌》的教学活动中，可以玩"坐花轿"的游戏，幼儿兴趣定会很高，进而跳出《扭秧歌》的感觉。

三、直观道具，吸引幼儿欢乐求知

幼儿生活经验贫乏，其思维以直观形象思维为主。教师应该开动脑筋制作一些形象直观的图画、头饰等，如此幼儿便会很快地被形象直观、精美漂亮的图画所吸引，从而增强学习歌曲的兴趣。

如：音乐欣赏活动"小小蛋儿把门开"，可以做一个精美的立体蛋，再把小鸡放在蛋里，以夸张的表情加上敲门的形式，"开"出一只小鸡。这样幼儿就会一下子被这个有趣的情景所吸引，再通过看精美的图片了解歌曲的内容，对唱歌产生浓厚的兴趣，自动自发地跟着唱起来。

又如歌曲《青铜神树》，在播放课件幼儿认识了青铜神树的基础上，教师出示制作精美的神树图片，引导幼儿进一步观察，吸引幼儿积极踊跃地说出神树的基本特征。然后，请幼儿上台，在图片上摸一摸，找一找，找出龙和鸟，为学习歌曲打下好的基础。

四、师幼共享创意与成功的喜悦

教师选择具有地方特色、幼儿喜闻乐见又富有动感的教材，孩子们会很喜欢，如果在音乐活动中再适时引导幼儿自由创编歌词、创编舞蹈动作，并及时捕捉和发现幼儿的创新和发展，一下子就会提起他们的兴趣，使得音乐活动开展得有声有色。

在舞蹈《扭秧歌》教学活动中，由于幼儿亲眼看到过成年人扭秧歌的欢庆场面，他们会很快地投入这个活动中，双手自然摆动，慢慢做出带有弹跳的感觉。接下来，可以让幼儿在听音乐时想到什么，自己就随着音乐节奏创编出动作来。幼儿可以自由讨论，共同创编出各种不同的动作造型，教师对幼儿所创编的动作加以赞扬，也可以请幼儿彼此模仿学习。

创造性活动是幼儿最欢乐的活动，是最能促进幼儿全面发展的活动。教师鼓励幼儿发掘自己潜在的创造能力，把自己掌握的音调、节奏、动作等重新加以编排、组织，形成新的表演形式和内容。教师用充满爱意的眼神与幼儿一起进行心灵的沟通，握手、跳跃，共享成功。

在音乐游戏"狐狸和兔子"的教学活动中，可以给幼儿一些音乐创造的空间，让他们自己创编兔子和狐狸走路的节奏和动作，启发他们根据狐狸饥饿的程度创编出吃兔子动作的快慢程度等，激发、调动幼儿的主体地位，让他们在最大的空间展开想象，发挥他们巨大的创造潜能。

在音乐活动"过家家"的教学中，可以让幼儿用自己设计的爸爸、妈妈在切菜、切肉、翻炒、做饭时的动作，跟随音乐的节奏进行表现，也可引导幼儿自由创编歌词，填充到歌曲里，从而使整个教学活动呈现出一个幸福欢乐的和谐氛围。

总之，欢乐教育是一种全新的教育观念，提倡音乐活动中的欢乐教学，旨在使幼儿全面、和谐、活泼、主动地发展，这是幼儿身心健康和谐发展的需要，也是时代和社会和谐发展的需要。在充满童真童趣的、和谐幸福的、平等自由的音乐活动中，幼儿一定会爱上音乐，也会使音乐教学充满欢乐，实现乐教与乐学的统一，获得成功的教学效果。

第十二章　欢乐教育之赏识教育

赏识，是热爱生命，善待生命
是孩子无形生命的阳光、空气和水
赏识，是沟通，是平等
是生命之间交往的桥梁

赏识教育，让教师和家长走出教育的误区
走进幼儿的心灵世界
让家长和幼儿生命和谐
成为朋友，共同成长

赏识教育，是教师在享受中教
幼儿在欢乐中学的教育
是让幼儿天天欢乐
教师和家长日日赞叹的教育

赏识教育，是一种激励教育
任何幼儿都需要不断地被激励
可以说没有激励，就没有教育

赏识教育，培养幼儿的综合能力
使幼儿学会学习、学会生存、学会做人

赏识教育，帮助幼儿找回自信和发展
重建精神世界的大厦
找回自我教育的能力

>>>

　　赏识是热爱生命，善待生命，是孩子无形生命的阳光、空气和水。赏识是沟通，是平等，是生命之间交往的桥梁。赏识教育是让教师和家长走出教育的误区，走进幼儿的心灵世界；是让家长和幼儿生命和谐，两代人成为朋友，共同成长的教育；是教师在享受中教，幼儿在欢乐中学的教育；是让幼儿天天欢乐，教师和家长日日赞叹的教育。赏识从本质上说是一种激励教育，任何幼儿都需要不断地被激励，可以说，没有激励，就没有教育。

　　赏识教育能培养幼儿的综合能力，使幼儿学会学习、学会生存、学会做人。赏识教育可以帮助幼儿找回自信和发展，重建精神世界的大厦，找回自我教育的能力。

　　教师在平时的教学工作中，应主要采用鼓励幼儿的方法，激发幼儿的学习热情，用欣赏的眼光去审视幼儿的每一幅习作，注重培养幼儿的学习兴趣与参与意识，引导每个幼儿都发现自己的长处，如表演、绘画、讲故事、唱歌、跳舞、手工制作等，力求达到师幼在教学活动中的协调统一，所以只有尊重和激励幼儿，才能取得最佳的教学效果。教师应以赏识教育思想为指针，不断优化主题教学活动、班级管理，以教幼儿学会做人为导向，以信任、尊重、理解、激励、宽容、提醒为原则，以树立幼儿的自信心、提高幼儿的综合素质为目标，以自我赏识、赏识他人、他人赏识为主要内容，大胆探索，勇于开拓。

一、以主题教学为主，实施赏识教育

　　主题教学的各个环节，要求教师做到正确认识和评价幼儿，并逐渐形成以赏识教育理论为指导的教学模式。在教学过程中，教师可采用多种教学方法、多个领域渗透、探索发现、多元评价、审美心理发现等方法实施赏识教育。同时，增强幼儿的主体地位，充分调动幼儿学习的积极性，引导幼儿主动参与学习、积极思考、主动探究、自觉实践，让幼儿始终保持一种欢乐的情感，使幼儿自觉、主动地投入学习和游戏的过程中，形成轻松和谐的欢乐学习气氛。

1. 真诚、包容、打动幼儿

教师对待每一位幼儿都应真诚、包容，在学习和游戏活动的过程中，没有厉声训斥、唠叨说教，有的只是灿烂的微笑、亲切的话语，进而触动幼儿的心灵，改正幼儿的错误。教师的包容，可以缓解师幼之间紧张的局面，转变幼儿的逆反心理，防止幼儿抵触情绪的产生。教师应以宽容大度作为自己的教学工作艺术，用生命的激情去打造一个又一个美好的生命，把自己的全部生命都投入欢乐教育中。

2. 鼓励、表扬、赏识幼儿

幼儿在活动中可能因自卑、害怕、懒惰、等待、从众等诸多心理因素，不敢发言，不敢大胆地参与整个活动过程，会使活动气氛沉闷，学习效率低下，更谈不上在欢乐中求知。因此，需要教师把微笑带进活动过程，以微笑服务于全部幼儿。在教师的眼里幼儿没有分别，只有一个个拥有巨大发展潜力，有待持续进步的幼儿。在活动中应经常鼓励、赏识幼儿的表现，表扬的话语无处不在，承认幼儿发展的个体差异，甚至欣赏差异，允许失败，哪怕孩子一千次跌倒，也坚信孩子会第一千零一次地站起来。活动中教师一次又一次的赞赏，会使幼儿在教师及小朋友们的赏识中看到自己的力量，挖掘出自己的潜能，不断地朝着既定的目标前进。

二、以表扬为契机，给予幼儿自信

自信，是幼儿成功的基石。那么如何树立幼儿的自信呢？表扬和鼓励对于树立幼儿的自信心尤为重要。首先，我们应该坚信每个幼儿身上都有优点和闪光点，这是一个最基本性的评价。其次，要善于发现幼儿身上的独特才能，不说伤害幼儿自尊的话语，不给幼儿贴标签，诸如"真蠢""真没用""笨死了"等。教师应学会动态地观察幼儿的进步和成长。赏识教育的奥秘就是让孩子觉醒，推掉压在无形生命上自卑的巨石，于是幼儿的潜能就会像火山一样爆发，排山倒海，势不可当。所有的学习障碍在幼儿巨大的潜能面前，都是微不足道的。

三、以活动为载体，践行赏识教育

丰富多彩的活动能培养幼儿的各种能力，有利于幼儿集体观念的形成，也有利于培养幼儿奋发向上的品质。以活动为契机，让幼儿增强热爱班集体的良好情感，把赏识的力量转化为幼儿学习的动力，让幼儿体验到成功的喜悦，激发幼儿的自信心，激励他们向着更高的目标前进。教师应坚持不懈地努力，积极为幼儿创造一个鼓励性的环境，坚信每个幼儿都有他自身的优点和闪光点，持续用真心真诚去浇灌，给予每一位幼儿一份赏识，一份真爱，热爱和善待每一个快速成长的生命。

第十三章　欢乐教育之家庭教育

欢乐教育，用欢乐的学习环境
唤醒幼儿的学习经验
激活幼儿的情感
使幼儿主动地获取知识

欢乐教育，是家庭教育取得成功的一个重要影响因素

在家庭教育中，欢乐作为一种生活状态和方式
集中体现在家长与孩子
积极的行为状态、愉悦的心理需求上
家庭教育成败与否
主要关乎家长的教养方式
欢乐教育在家庭中的实施
关乎家长怎样在亲子教育的过程中
调整已有的教育心态和方法

家庭中的欢乐教育，是一系列完整的教育方法和理念
是家长对幼儿实施家庭教育的一个过程
体现了家长在一定阶段
采取何种教养方式时的一种心态
展现了一种家庭生活状态

欢乐教育，主张家长
从道德、意志品质、自信心、智力
身体、心理、情感等各方面因素

考虑幼儿的全方面发展
提倡让幼儿
在学习中享受欢乐
在欢乐中学会做人
学会做事、学会求知、学会与人共处

〉〉〉

欢乐教育在美国被称为"have fun",是一种用欢乐的学习环境去唤醒幼儿的学习经验,激活幼儿的情感,使幼儿主动地获取知识的教育。欢乐教育是家庭教育取得成功的一个重要影响因素。

在家庭教育中,欢乐作为一种生活状态和方式,集中体现在家长与孩子的积极的行为状态和愉悦的心理需求上。家庭教育成败与否,主要关乎家长的教养方式,而欢乐教育在家庭中的实施,则关乎家长怎样在亲子教育的过程中调整已有的教育心态和方法。

家庭中的欢乐教育不是一个简单的概念,而是一系列完整的教育方法和理念。它是家长对幼儿实施家庭教育的一个过程,体现了家长在一定阶段采取何种教养方式时的一种心态,同时,也展现了一种家庭生活状态。欢乐教育主张家长从道德、意志品质、自信心、智力、身体、心理、情感等各方面因素考虑幼儿的全方面发展,提倡让幼儿在学习中享受欢乐,在欢乐中学会做人、学会做事、学会求知、学会与人共处。欢乐教育的思想内涵及其内在的教育规则符合、适应了人的发展,也在一定程度上很好地促进了人各方面素质的全面发展。

我国家庭教育中父母最常用的教养方式有八种:放任、虐待、严格、期待、干涉、不安、溺爱、盲从。八种不同的生活方式呈现出八种各异的生活状态,父母的教养方式在很大程度上决定了孩子的主观欢乐感和心理健康发展水平。掺杂了期待、溺爱、盲从、严格、干涉等各种因素的教养方式,会造成孩子在接受教育的过程中主观欢乐感淡薄,导致其出现不合群、无他人支持、社会参与不积极、无自由感、极少体验到欢乐等现象,而在心理健康发展方面，则会出现强迫学习、人际关系欠缺、容易焦虑和偏执的心理缺陷。孩子的生活方式不受约束，会使生活变得无理想和原则可言，在心理发展方面，孩子容易产生抑郁、焦虑、敌对、偏执等情况。

从根本上说，一个人的真正欢乐、幸福，是以其全面发展为必要条件的，舍此则无欢乐、幸福可言。欢乐教育重视关照孩子的理性方面，培养孩子的学习兴趣和探究精神，引导孩子从复杂的认知活动中体验理性思维的乐趣。教育需要欢乐，但欢乐绝不是教育的最终目的。教育的最终目的应是孩子的全面、和谐发展，因此，欢乐可衍生为一种能够促进个体全面发展的情感追求和生活追求。欢乐教育作为欢乐追求的承载体，提倡让孩子在学习中享受欢乐，在欢乐中学会做人、学会求知、学会做事、学会与人共处。

一、欢乐教育以促进人的自主发展为核心

欢乐教育的本质就是让幼儿生动、活泼、主动地发展。欢乐教育的关键在于主动，主动是幼儿发展的内部动力。在家庭教育中实现欢乐教育，最根本的就是强调幼儿的主观能动性和自主学习，幼儿应该成为学习过程中的积极参与者。

二、欢乐教育以发展人的情感素质为动力

情感是人们心理活动的一大特点，欢乐教育以调动人的积极情感为基础引起幼儿的认知活动，并以此为动力在良好的状态下维持和延伸这个认知活动，使幼儿从苦学、厌学走向乐学、爱学。在家庭教育中，幼儿有了欢乐的心情和浓厚的兴趣，才会产生强烈的求知欲，维持和推动学习活动的进行。另一方面，长期的欢乐心情的调动，会促进幼儿情感素质的发展，更会提高幼儿的学习劲头。

三、欢乐教育以促进人的身心健康发展为目标

幼儿的身心发展包括幼儿的身体素质和心理素质的形成和完善过程，这个过程应该是健康、合理的，这亦为欢乐教育要达到的目标。欢乐教育

更多关注幼儿的健康发展，努力寻找幼儿的兴趣与社会价值的结合点，而不是用社会价值来强迫压制幼儿的发展。欢乐教育尊重幼儿作为生命体的自然发展规律，尊重其发展的顺序性、阶段性和持续性，也给幼儿在社会群体中的生存发展提供了有利的条件和空间，满足幼儿的个性发展需求，帮助、引导、促进幼儿最终趋向全面发展。

四、在家庭中实施欢乐教育的五条原则

1. 成才教育与成人教育并举

现代教育的目标和功能集中体现在两个服务上：一是培养现代化建设人才，为社会的可持续发展服务；二是培养健康和谐的人格，为人本身的全面发展和可持续发展服务。

家长应持成才教育和成人教育并举的教育理念，为孩子的健康成长努力营造美好的家庭教育环境，使孩子掌握作为新时代的人所必须具备的基本道德和行为规范以及基本的知识和技能，自觉养成适应社会需要的基本能力和心理素质。家长在社会中表现出来的一些积极的品质和处理事情的态度与能力，将对孩子的身心发展起到潜移默化的影响作用，也会为孩子获得终身学习的能力、创造能力以及生存发展的能力奠定坚实的基础。

2. 尊重爱护与严格要求互动

要使家长的爱真正变成强大的教育力量，使家庭教育发挥最大的效率，就要求家长做到尊重爱护与严格要求并重，这两方面是相互依存、相互促进、辩证统一的。家长尊重爱护子女，从而使子女从中体验到家长的殷切期望与要求，变得更加自尊、自重、自爱、自信，从感情上亦愿意接受家长的严格要求、严格训练和严格教育。

3. 潜移默化与言传身教同行

任何一个孩子的变好、变坏都不是一天的事，这是由家庭教育的重要特点所决定的，其必然经历了一个由量变到质变的潜移默化的过程。对孩子来说，家长的言传身教、有意无意间的榜样教育，在孩子耳濡目染中均发挥着潜移默化的强大作用。家长要想取得理想的教育功效，收获家庭教育的丰厚硕果，一方面，家长应时刻严格要求自己，为孩子树立榜样；另一方面，家长应注意到，在日常生活中越是无意的言行，越是自身人格品

质的真实暴露，对孩子身心的震撼力和感染力越强。因此，家长必须从根本上加强自身修养，检点自己的言行。

4. 强化教育和因材施教并举

现代社会需要全面发展的人才，家长应意识到德、智、体、美诸方面是相互联系、相互制约的，其中某一方面的发展，在一定程度上会带动其他方面的发展，而某一方面的滞后，也可能在一定程度上阻碍其他方面的发展。家长应正确区分强化教育与强迫教育的本质区别，从生活的实际出发，全面深入地了解子女个性的不同，因材施教，并给予科学的教育引导。

5. 祖辈与父辈之间要求一致

在家庭的欢乐教育中，所有的成年人都是未成年孩子的教育者，要形成一个教育集体，要有一致的要求。由于中国家庭教育的特殊性，父辈之间与祖辈之间的教育仍存在很大分歧，为了达到预期的教育目的，所有的家庭成员必须对孩子的教育态度保持一致、要求一致，教育内容和方法要统一，做到劲往一处使，从而形成强有力的教育合力，促使孩子身心健康、全面和谐发展。

欢乐是人在需要得到满足之后，所表现出来的心理和行为方面积极的情绪体验。就欢乐教育的纬度来看，孩子在家庭教育中所体验到的主观欢乐感，多数来源于父母给予的一些正向情感体验，如关心、尊重、理解、信任、期望等。在家庭中，家长应该努力为孩子营造一个欢乐的学习氛围，让孩子体验到学习的开心与欢乐。

【探索篇】

第一章　欢乐教育探索

第二章　欢乐教育探究

第三章　欢乐教育促幼儿欢乐成长

第四章　欢乐型生命教育

第五章　欢乐教育者的幸福人生

第一章　欢乐教育探索

欢乐教育
是指幼儿欢乐地学、教师欢乐地教
师幼欢乐地进行教学互动

欢乐教育
不是游戏教育
不是团体训练
不是放任教育

欢乐教育，情绪体验丰富
欢乐是主流、主导，是过程
是幼儿人格培养的终极方向

推进欢乐教育，不断创设欢乐情境
以促进教学
不断拓展欢乐教育的实践领域
不断完善欢乐教育的个性化方案

欢乐教育的原始触发源在于自得其乐
包括游戏辅助教学
互动教学、情境教学
欢乐教育的个体化实施途径
需要紧密结合幼儿的兴趣爱好与职业倾向
结合个体的需要、成长背景以及个性特征
用科学的方法引领幼儿尽早地选择

适合自身潜力开发的职业倾向
为个体化欢乐教育奠定基础

〉〉〉

欢乐教育探索,即从欢乐情绪体验的概念剖析和欢乐教育理念的形成与发展状况分析入手,结合当前主流教育中的教、学以及教学互动三个环节,对欢乐教育理念的要素进行理性分析,对欢乐教育进行解读,探索欢乐教育的具体实施路径。

要想真正了解欢乐教育的内涵,需要围绕教师、幼儿、课堂、教材、教法、学法等基本要素进行展开分析。现实教育中有诸多观念与苦相伴,譬如"书山有路勤为径,学海无涯苦作舟""吃得苦中苦,方为人上人""十年寒窗苦读,一日金榜题名"等。无形中,这就在幼儿幼小的心灵中种下了学习是艰辛和痛苦的种子。除了从幼儿的视角,从教师的角度而言,也有不少与苦相随、教育艰辛的概念表述,譬如俗语中的"家有三斗粮,不做孩子王"就是对教师职位清贫艰辛的概述。

虽然近几十年来,教师的经济和社会地位都已经有了显著改善和提高,但是要转变传统的教育观念,从艰辛教育转为欢乐教育,需要大家去认真总结当前实施欢乐教育的各项经验,全面建构好欢乐教育的理念,并有条不紊地开展欢乐教育的实践探索。最终,让幼儿在欢乐体验中获取各项科学知识,实现个体健康而欢乐的成长。

一、欢乐教育理念三大要素分析

欢乐教育理论体系的建构可从三大要素入手:欢乐地学(幼儿)、欢乐地教(教师)、欢乐地教学互动(师幼)。欢乐教育的一系列方法和理念需要渗透在教学过程的各个环节中。

（一）欢乐地学

剖析欢乐地学的内涵，需要回答：何为学？学什么？向谁学？何时学？何地学？为何学？学习的本质就是变化，是一种发生在个体知识或行为上相对持久的变化。人们每天都在遭遇各种事情，参与各种活动，由此而获取新的行为、新的信息以及新的概念等，这些个体的变化正是学习的真谛所在。

欢乐地学，就是要在个体身上有目的地使之欢乐地发生变化。在欢乐教育理论中，学什么是欢乐教育十分重视的主题。幼儿需要欢乐，教师可以每天和幼儿一起唱歌、一起游戏、一起运动等，引导幼儿用积极认真的态度去面对身边的一切事情。也就是说，学会欢乐认知、健身、健心、积极应对事情等，都是欢乐教育所强调的学习内容。

向谁学，应该说每一个人身上都有幼儿可以学习与领悟之处，除此之外，还有无数国内外已经逝去并成为历史人物的社会各界人士，他们的人生经历及其创造所遗留下的大量精神财富，事实上也是幼儿学习的对象。欢乐教育注重学习对象的科学选择，选择向谁学不能偏离幼儿的兴趣倾向。但现实生活中，我们实际能接触并学习到的榜样是非常有限的，随着信息化社会的形成与发展，应考虑网络教育与欢乐教育的关系，这里特别需要注意的是向网络虚拟个体或群体学习的问题，这构成了现代欢乐教育的新内容，也是对何时学与何地学的新补充。

欢乐教育也需要回答为何学的关键问题。如果说学习是为了促进我们对环境的适应并提升对环境的竞争力，那么欢乐学习就是为了降低惩罚的概率，增加幸福与欢乐的概率，提升主观幸福感，促进个体积极态度习惯的形成。

（二）欢乐地教

要欢乐地教，需要从教师的角色行为分析入手，根据教师的认知、情感以及行为规律来调整并指导教师的教学活动。教师的情绪状态具有极强的传染性，教师的欢乐施教能给幼儿创设轻松欢快的环境，产生潜移默化的效果，使受教育者形成积极的心理品质。相反，教师对自己的悲伤、恐惧、愤怒等负性情绪处理不当，也会形成明显的暗示作用，直接或间接地导致幼儿消极心理品质的萌生。

剖析欢乐地教的内涵，需要回答：何为教？教什么？向谁教？何时教？何地教？为何教？与欢乐地学的六个基本问题形成对应关系。所谓教，其本质就是传道、授业、解惑。但道为何道？业为何业？惑为何惑？作为教师首先就要做到心知肚明，这样才能科学地为欢乐地教奠定基础。因为对道、对业以及对惑的了解正是教授目标清晰的表现，而目标清晰与目标实现正是幸福与欢乐形成的客观基础。教什么是对"何为教"这个问题的进一步深化。在现代教育中，强调的是教书育人，核心内容有两项：教书与育人，两者不能偏废。

教师应让幼儿最初的学习基于内在兴趣，并在学习中体会欢乐，而不是无穷无尽的孤独、寂寞与痛苦。向谁教？何时教？何地教？这是任何教育理念都必须正视的问题。教育不仅是培育社会年轻一代的活动，也是对社会成员实施终身教育的过程。其中"向谁教"强调的是教育的对象问题，教育的对象应是社会的全体成员，但此时的重点为幼儿。以上正是教学相长的事实总结。

向谁教？何时教？何地教？三者结合起来，实质上就构成了欢乐教育所特别强调的欢乐教育环境的营造问题，而只有创造出欢乐的教育时空，才能更好地提高教学效果。另外，为何教？为何学？实际上是同一个问题的两个方面，其实质是一样的，都是为了幼儿的幸福与人类的进步。在强调以幼儿为本的社会中，教育尤其要注重提升幼儿的幸福感与欢乐度。

（三）欢乐地教学互动

学与教并不是单一的各自孤立的活动形式，两者相比较而存在，并在彼此互动中形成完整的教学活动，实现欢乐教育的最终目的。欢乐教育，综合起来就是解决欢乐地教学互动的问题。欢乐地教学互动，不能纯粹地讨论互动过程，还需要把影响欢乐互动的多要素进行多维度、多层面的分析。譬如说需要分析幼儿家庭经济状况与欢乐学习的关系，特别是贫困幼儿的欢乐学习问题；教师个体经济状况与欢乐地教的关系；教师个人情绪情感问题处理与其欢乐地教的关系问题；教育相关的多重角色对欢乐教育的影响问题，等等。此外，还有其他问题，如：家长能让幼儿欢乐吗？教师能让幼儿欢乐吗？欢乐到什么程度？欢乐与以苦为乐的关系？幼儿园开展主流课程外的特色项目与兴趣项目就是欢乐教育吗？

现代心理科学所取得的新进展，为欢乐教育的理念与实施提供了较好基础，其中尤其是积极心理学的形成和发展与欢乐教育关系密切。积极心理学提倡从优势出发，从兴趣培养出发，这也正是欢乐教育的核心内容。

欢乐教育要在全社会得以实施，还和很多要素相关，其中关联最密切的要素还是升学率与教学评价指标，这个教学指挥棒客观上制约着欢乐教育的实施。当前一系列教育改革的新举措，正是在朝着欢乐教育的方向发展。如：清华大学的"怪才招生"与"偏才招生"、南方科技大学的自主招生与自发文凭等，反映的都是对这一发展方向的支持。所谓的"怪才"与"偏才"，大都是在做自己感兴趣的事，学习中能更多地体验到欢乐的情感。南方科技大学的学生联名拒绝参加高考则是重兴趣教育与重能力教育的一次历史性重大变革事件，是欢乐教育发展的新导向之一。

二、欢乐教育理念的内涵解读

为了更好地理解欢乐教育与实施欢乐教育，有必要对欢乐教育的内涵进行解读。在诠释欢乐教育的内涵时，需要澄清欢乐教育与非欢乐教育的概念，也就是要明确哪些内容不属于欢乐教育。

（一）欢乐教育不是游戏教育

欢乐教育强调在教育的过程中增强受教育者的参与热情，提高教育的实际效果。为此，在教学活动中，常常会引入一些游戏活动，以增加教学的活泼性、趣味性以及幼儿的参与性，这是切实可行的，尤其是在幼儿园五大领域教育活动中，游戏活动的引入，会使得教学效果更加明显。但是教师不能忽视个体心理与行为发展的年龄特征而过分追求教育活动的游戏化与娱乐化。

（二）欢乐教育不是团体训练

欢乐教育是一种教育理念，而团体训练是根据一定教学理论设计的分小组参与的教学活动，团体心理行为训练则是根据一定心理学理论指导设计的具体教学活动。团体训练具有相对明显的系列要求，如对象适应、年龄匹配、同质异质、主题项目以及时间频率等。教学实践证明，在教学活动中，科学合理地安排选用一定的团体训练方式有助于促进群体中成员间的合作，增进幼儿的参与意识与欢乐体验，并最终提高个体以及群体的学习效果。

（三）欢乐教育不是放任教育

欢乐教育强调个性化发展、自主性学习，但绝不是不加约束的放任教育，也不是毫无纪律的自由化发展。恰恰相反，欢乐教育是在目标内隐式、内容暗示式的背景下，兼纳开放、自由之优势，充分尊重幼儿优良个性特质，使其在欢乐体验之中开放地吸纳各项知识，自由地发展优良品格。欢乐教育属于兴趣教育，但此兴趣是指符合社会要求与个性特征的兴趣，而不是不加节制与限制的完全个性化的兴趣。

（四）欢乐教育情绪体验丰富

幼儿的情绪是多元的，不能只懂欢乐，而应是欢乐体验与多种情感体验的融合。欢乐是主导，是过程，是幼儿人格培养的终极方向。欢乐情绪的对立面是痛苦，事实上社会的真实个体几乎每天都是摇摆于欢乐与痛苦之间。教师正确理解人生旅途中的挫折，用心体验所遭遇的痛苦经历，形成欢乐与痛苦相比较存在的哲学思考，从而最终构筑出体系完整的欢乐教育观。

三、欢乐教育的实质性推进

教育界曾一度引发过"钱学森之问"的讨论，要回答这个问题，需要全社会的思考，更重要的是需要依靠教育实践。欢乐教育的实施是对"钱学森之问"的部分回答，也是可实施路径之一。

（一）不断创设欢乐情境以促进教学

有效的教育活动，其条件之一就是要强调创造欢乐情境，实质为寓教于乐。在教学实践中要注重在不同层面开展欢乐教育的嵌入。在现代欢乐教育环境创设方面，可以结合知识经济化、经济全球化、全球信息化、信息多元化等大背景，以视频教学、多媒体辅助、欢乐教具、欢乐主题活动等来推进欢乐教育。

（二）不断拓展欢乐教育的实践领域

在各个实践领域中，以欢乐教育为核心，采用适宜的教学理念，遵循教育规律，利用幼儿天性，科学地安排幼儿的学习与生活，让孩子们在欢乐的氛围中获取知识、完善个性，最终实现身心健康成长。

（三）不断完善欢乐教育的个性化方案

欢乐教育需要不断地研究，逐步地深化，渐渐地完善，且特别强调要注重因材施教。欢乐教育必须结合对具体幼儿的分析，设置跳起来摸得着的可实现目标，让幼儿在自己的学习水平、交往水平等方面获取必要的欢乐。欢乐教育的个体化实施途径的创造，也就是要发现个体的优势与特征，并因势利导地开展教学与培养工作。

像数学家陈景润的成长与培养之路，可以说本质上就是欢乐教育。欢乐教育的原始触发源就在于自得其乐，比如当下广泛使用的游戏辅助教学、互动教学、情境教学等。任何教育者都不希望教育是冷冰冰的过程，培养出冷冰冰的人才。欢乐教育的个体化实施途径，还需要紧密结合幼儿的兴趣爱好与职业倾向，结合个体的需要、成长背景以及个性特征等，用科学的方法引领幼儿尽早地选择适合自身潜力开发的方向，为个体化欢乐教育奠定基础。

第二章　欢乐教育探究

欢乐教育，是指教师在教育教学中
通过一系列方法、技能或技巧
潜移默化地施加影响
使幼儿愉快地接受与完成学习任务的过程
在这个过程中，教师教育艺术水平的高低
综合地体现了教师的教育机智、思想境界
人格力量、知识魅力
教师在激励、唤醒、鼓舞幼儿
摄取精神营养、充实和完善自我中
发挥着巨大的主导作用

教育艺术的精髓在于欢乐教育
欢乐教育的最高境界
是真、善、美的和谐统一
真即科学性，善即伦理性，美即审美性

实施欢乐教育，共享幸福人生
打造和谐团队，激发教师职业幸福感
开发欢乐课程
唤起幼儿欢乐情绪体验
调动幼儿学习积极性
让幼儿幸福欢乐地度过每一天

欢乐教育是指教师在教育教学中，通过一系列方法、技能或技巧潜移默化地施加影响，使幼儿愉快地接受与完成学习任务的过程。在这个过程中，教师教育艺术水平的高低，综合地体现了教师的教育机智、思想境界、人格力量和知识魅力。教师在激励、唤醒与鼓舞幼儿摄取精神营养、充实和完善自我中，发挥着巨大的主导作用。

教育艺术的精髓在于欢乐教育，欢乐教育的最高境界是真、善、美的统一，真即科学性，善即伦理性，美即审美性。教育教学过程始终表现着人类社会真、善、美的力量与假、恶、丑力量抗争的特点。教师的天职就是向幼儿传播真、善、美的福音，揭露和鞭笞假、恶、丑的劣迹恶行，引导幼儿追求正义、真理和进步。从本质上说，教育艺术就是科学地、人道地、艺术地雕塑年轻一代的灵魂，使之成为社会进步所需要的正直、诚实、文明、有教养和个性和谐发展的新人。

一、欢乐教育的新发展

古今中外东西方卓有成就的教育家都对欢乐教育有过精彩的论述。从孔子、孟子、苏格拉底、亚里士多德到夸美纽斯、卢梭、斯宾塞直至蔡元培、苏霍姆林斯基，在他们的论著中关于欢乐教育的观点，像缀满天空的星星，在教育史册里闪闪发光。尤其是夸美纽斯杰出的《大教学论》重点阐释了教学理论的问题，认为教学论是教学的艺术，"是把一切事物教给一切人的普遍艺术"。《大教学论》为后人提供了教育教学规范的蓝图和基础，其重要性，正如有的学者所指出的那样："倘若各时代的关于教育学的著作全给丢了，只要留得《大教学论》在，后代的人便可以把它作为基础重新建立教育的科目。"但是，前辈教育家关于欢乐教育的整体阐释，或教育艺术的总体构建在教学论中多为零碎的、片断的、不成体系的，尚有颇多可延伸之处。

当代科学和技术事业迅猛发展，庞大的信息网络要求现代教育成为开放的大教育系统，因此，对人的教育就需要探索最佳的教育方式，进而把眼光由一般教学论转向重视和研究教育艺术规律，探索教育艺术的组成因素与内部结构。一般教学论的抽象理论描述已不能满足教育工作者复杂的创造性劳动的教育实践需要，这就呼唤人们重构教育艺术体系。一般教学论为教育工作者提供了应该怎样教学的规范，但是如何教得愉快，如何教得更好、教得艺术却没有得到应有的论述，而这些恰恰是教师最迫切需要的。

在教育实践过程中，人们往往有这样的体验，观摩一堂高质量的课，从中受到的教育艺术启迪使人有茅塞顿开之感，甚至有一堂课胜过十本教育学教科书之叹。总结教育实践的经验，阐释和构建教育艺术的理论，使之升华为教育艺术的科学规律，发展为教育艺术学科，就成为当前教育科学理论研究领域新的发展趋势。在这个必然趋势的发展中，处于热点地位的则是欢乐教育理论。欢乐教育是教育艺术的精髓，这一新的教育艺术学科正在脱颖而出。

二、欢乐教育的原则

教育艺术的主体和精髓是欢乐教育论，欢乐教育的三根支柱是科学性原则、伦理性原则和审美性原则，即真、善、美的有机统一。三个原则既是欢乐教育论的主要支柱，又是欢乐教育的最高境界，还应该是教育艺术的灵魂。三原则与欢乐教育相互渗透，不可分离，共同构成教育艺术的主旋律。

（一）欢乐教育的科学性原则

其一，教师向幼儿传授知识、技能，发展能力，培养良好品德要立足于科学，依据幼儿心理年龄发展的不同阶段、不同层次和不同特征，采取适宜幼儿领会、理解和接受知识的方法、原则。

其二，教师在运用欢乐教育法时，不能为欢乐而欢乐，为趣味而趣味，不能失之于肤浅，流于庸俗。科学性要求教师对教材的处理、发掘程度、传达程度具有正确性、准确性和逻辑性。实现认识价值上的"三性"，才是欢乐教育的目的。

（二）欢乐教育的伦理性原则

通过教师理智的爱，发展幼儿和谐的个性和健全性格。教师对幼儿的爱建立在对幼儿的尊重、信任、理解和宽容的基础之上。教师要尊重幼儿的个性、价值和尊严，要富有人道的精神，努力铸造幼儿完美的人格，使之成为具有责任感、荣誉感、自豪感、尊严感、集体主义情感的新型人才。

教育是充满善意和人道主义的一种艺术劳动，教师对幼儿的每一个微小进步，有意无意间给予的鼓励、表扬、赞许和欣赏，都能促使幼儿产生热情向上的信心。教师对幼儿的不足与缺陷所进行的批评、责备、敦促和监督，都应使幼儿从中获得反省与奋起的力量。

教师的肯定与否定应该是教师崇高价值观的外化，由此必将引起爱的效应。教师期待的目标，将逐渐转变为现实。那种以专制、强制、恐吓、辱骂、讽刺、挖苦等手段对待幼儿的方法，不是真正的教育，只会造成恐惧与敌视。

因而，教师要致力于创造和谐、宽松、平等的教育教学氛围，使教育真正成为欢乐教育。教师进行欢乐教育的根本秘密在于对幼儿无私的爱，幼儿欢乐学习的根本秘密在于师幼之间的坦诚合作、交流与信赖，这正是欢乐教育伦理性原则的核心。换句话说，欢乐教育的伦理性不仅表现在教师的教育水平上，而且表现在教师的师德上。

（三）欢乐教育的审美性原则

教师应把教育教学活动视为一种审美对象，一种艺术劳动的创造过程。一方面教学传递方式要美，教师驾驭教材，传情达意的风度、风格和风范要成为一种美的形象；另一方面教学结构要美，在教学进行过程中，节奏的快慢，教学内容吸引力的张弛，教学场的聚散，都是为了增强教学效果，使教学过程更加艺术化，更加和谐与优美，使之成为幼儿精神美的享受。总之，欢乐教育的审美性原则表明：寓教于乐和寓教于美是同一过程的两个方面。

三、欢乐教育艺术的九大要素

教育艺术是一门综合性艺术,它表现为一种视觉、听觉、触觉、运动觉等感觉器官共同参与的形式,亦融合了各种艺术手段,包括教育理论与实践、线条艺术、色彩艺术、语言艺术、音响艺术、节奏艺术、造型艺术、引导艺术等。

(一)直观言语

所谓直观言语,是指教师在教学中形象化、直观化的语言描述能够引起幼儿丰富的想象。教学言语包括书面言语和口头言语,两种言语在教书育人中都起着重要的作用。直观的口头言语是教师传道、授业、解惑的主要形式,它负载大量的知识信息。教师养之有素的直观言语可以化抽象为形象,化复杂为简洁,化枯燥为新鲜,化沉闷为活泼,化腐朽为神奇。在课堂上运用直观言语抒情、评论、记叙、描写、刻画、剖析、点拨、诱导,将会再造如见其人、如闻其声、如临其境的情境,幼儿的视野由此被拓宽,思想被接通,在轻松欢乐的氛围中受到熏陶。

(二)情感共鸣

教师应追求师幼情感共鸣。情感共鸣是指教师与幼儿心理相容,教师的喜、怒、哀、乐、爱、憎,激起和影响着幼儿的喜、怒、哀、乐、爱、憎,从而达到情感交流、心灵沟通、认识一致的教学境界。

一个有威望的教师,情感纯净高尚,注重建立自身的美好形象,幼儿爱其所爱,恨其所恨,盼其所盼,怨其所怨,理想的教学效果就会油然而生。

在欢乐教育活动中,情感共鸣给幼儿留下的印象将更加突出、深刻。情感渗入整个认识过程中,可推动感知、理解、记忆、巩固、运用等活动的进行,对幼儿智力、兴趣,甚至世界观的形成所起的作用是不言而喻的。

(三)肢体语言

肢体语言是指非文字语言的信息传递手段,它包括面部表情和体态动作两种。运用肢体语言教学是欢乐教育的一个重要因素。教师恰当地运用肢体语言方式，一举一动、一颦一笑都会对幼儿产生影响力，教师的衣着打扮、风度气质等都感染和感化着幼儿的思想情操，启迪与培养着幼儿的心智发展。

（四）教育幽默

教育幽默应是教师必备的一种能力，是教育的一种特征。教育幽默可以给幼儿带来欢乐和喜悦，引导幼儿走向愉快和醒悟。教育幽默的力量是一种艺术，它所表达的魅力在精神上可增强幼儿奋发向上的信心，在智力上可提高幼儿的学习热情，在人际关系上可以消除不必要的紧张状态。教师巧妙运用格言、成语、典故、警句、比喻和联想，常常会使幼儿在微笑、大笑、含泪而笑中领悟到生活的真理、知识的乐趣。教育幽默是智慧的一种表现，有高度修养、有思想、有经验的教师才可以臻于完美。

（五）暗示教学

暗示教学的立足点在于重视问题情境的铺垫，重视教学情感的渲染，达成理智和情感的统一、有意识功能与无意识功能的统一。暗示教学法，充分调动了大脑无意识领域的潜能，不动声色地让幼儿不知不觉地接受信息。暗示教学需要含蓄，更需要机智。教师有时故入迷途，巧妙解脱；有时十面埋伏，重点突破；有时犹抱琵琶，半遮半掩；有时山重水复，柳暗花明。暗示教学的妙处在于培养幼儿的直觉思维、发散思维，旨在心有灵犀，呼之欲出。

（六）张弛有道

张弛有道是指教学进行中的节奏、韵律要恰到好处。教师要充分运用有意注意和无意注意交替进行的规律，有抑有扬，有徐有疾。有教学经验的教师在课堂中驾驭有术，质疑、激疑、解疑有法，会制造悬念，牵动人心，一番觉悟一番长进，幼儿必然有豁然开朗、欣然接受之感。张弛的分寸，依据主题、教师、幼儿的不同而产生不同的艺术之美。

(七) 引起动机

动机是激励人们行动的内驱力,是人们内在需要的转化形式之一。在教学中若教师善于引起幼儿的学习动机,激发其求知欲和好奇心,将会收到事半功倍的效果。引起动机的方法很多,简言之,有问题法、立志法、求异法、兴趣法、发现法、新奇法、意义法、竞争法等,其目的在于挖掘和激发幼儿的精神需要,使之产生自觉充实自己的愿望。幼儿在活动中引起动机,活动之外的时间,自然会去探究、求索,从而把有意注意转为有意后注意,如此既培养了幼儿的兴趣又增强了意志,从而为实现目标开辟道路。

(八) 舒展想象

想象是在已有表象的基础上重构新形象的心理过程,它包括再造想象和创造想象两种方式。教师要充分利用幼儿已有的生活经验、感性材料调动幼儿大脑中的库存量,舒展其想象力。教师在人文教学中通过舒展想象,可以化苍白为精致,化缥缈为逼真。在自然科学领域可以化平面为立体,化单调为丰富。在语言教学中通过创造想象,既能培养幼儿的文学表现力,又能进一步发展其创造思维能力。"踏花归来马蹄香"和"蛙声十里出山泉"式的想象与创造是同义语,它是立志成功者不可缺少的锻造,而这样的教学过程可在一片"风趣盎然"之中渐进。

(九) 巧置空白

巧置空白是指教学密度要相对合理,教学空间应留有足够的空白。正像国画中留白是艺术的组成部分一样,教育艺术中也有空白艺术。一节课密度太大,幼儿和教师紧张得喘不过气来,也就无从谈欢乐教育了。因此,在有张有弛中,教师根据教学需要留有一块空白,让幼儿涉猎,会促生意外的趣味和效果。如在活动的结尾设置一些疑难问题,只让幼儿静静思考;或引入有趣的材料让幼儿讨论、争论、辩论,教师不给出标准答案;或讲到精彩之处戛然而止,让幼儿动脑去弥补;或让幼儿再现故事的戏剧情节,体验作品丰富的精神内涵,通过表演进一步理解和深化。空白艺术可以点石成金,可以书写最新、最美的教育篇章,教师是这个艺术的创造者和引导者。友善的态度、宽阔的胸襟、渊博的知识和教育机智，才可以造就杰出的空白艺术家。

九大要素并没有也不可能囊括欢乐教育或者教育艺术的全部内容，需要有也应该有新的探讨和材料去补充完善它们。在具体的教学实践中一种方法或数种方法并用，教育的效果将是显著的。欢乐教育技巧达到炉火纯青的水平，则必是教育艺术大师。教师的教育艺术永远在教学过程中起主导作用，欢乐教育所具有的魅力、潜力和活力是无穷的。

四、探究欢乐教育

（一）尊重幼儿是欢乐教育的前提

开展欢乐教育必须尊重幼儿的天性，尊重幼儿的内在需求。每个幼儿在智能上都有其独特的表现，有的语言表达差，但手工精巧；有的绘画水平差，而身体活动能力非常强。这些都体现幼儿智能的多元化，因此我们要尊重幼儿个性，采用多元化的教学方法，鼓励幼儿在力所能及的前提下做出思考和努力，获得发展。

（二）幼儿游戏是欢乐教育的关键

3~6岁的幼儿正处在个性的形成与迅速发展时期，游戏是幼儿产生高级心理现象的重要源泉，是幼儿社会化的最重要的途径。因此，对3~6岁的幼儿来说，游戏应成为他们的主导活动，所以我们必须通过游戏来开展欢乐教育。首先，教师必须创设多元化游戏活动场所，让每个幼儿都能享受学习和生活的乐趣。其次，将游戏贯穿于教育的全过程之中，使幼儿在游戏中得到欢乐和成长，发挥创造的无限潜力。

（三）教师乐教是欢乐教育的根本保证

教师要永远保持一颗爱心，要用体贴入微的理解代替教诲，爱教育事业、爱每一个幼儿，要有细心、耐心。教师不能漠视、体罚、讽刺幼儿，否则会对幼儿的心灵产生伤害，严重影响幼儿的心理健康。人们常说：人需要理解，不需要教训。孩子又何尝不是？只有在理解的基础上，教师和幼儿的交谈才能自然发生，只有在理解的基础上，教师才能说该说的话，做该做的事，孩子才能接受教师的谆谆教导，并在无形中受到教师的榜样影响。

当今社会以充满丰富性和创造性为主要特征，实施欢乐教育，给每一个幼儿更多的自由，促进每一个幼儿个性和创造能力的充分发展，以满足当今社会对人才的要求并促进社会的快速发展。

五、欢乐教育中的幽默

幽默是一种优美的、健康的品质。适时地运用幽默感实现欢乐教育在当今全面推进素质教育、努力减轻幼儿过重负担、提高教育质量、促进全体幼儿全面发展的现实要求中，有着实实在在的意义。幽默可以给人以智慧、情感、力量，并收到意想不到的教育效果。

（一）幽默可以使老师更具感召力

"亲其师方能信其道！"教师通过教育幽默，可以让幼儿领略到其所具有的丰富多彩的个性和精神世界，使他们觉得站在他们面前的不只是一个可敬畏的老师，而且是一个风趣可亲的朋友。和谐幽默的气氛可使师幼关系更加密切，更有利于情感交流，进而共同步入一个相融互通且有趣的教育世界。

有位身材矮小的教师到新班上课，刚进活动室，就有幼儿失口而笑，有的还在窃窃私语。教师见状不急不躁，微笑着说："小朋友们好！我曾因为自己身体矮小而摔碎过几面镜子，今天我能够博得大家开心的一笑，这证明我们师幼之间的感情交流已经迈出了成功且可喜的第一步，在今后的教育活动中，我一定取大家之长来补自己之短，努力提高自己！"教师一席幽默调侃之言，道出了他宽阔的胸怀，更体现了师幼之间无形的亲密无间的融和力。

（二）幽默能够激发幼儿的积极性

幼儿园作为一个大的集体，除了学习，不可避免要搞一些活动，而有些活动与教育教学的联系不是幼儿当时所能立刻理解的。当幼儿不理解的时候，老师就必须要做相应的思想工作，如果我们简单地说教，很可能激起他们的逆反心理，即使幼儿不公开反对，但活动的效果也一定不会理想，这时我们可以发挥幽默的激励作用，从而激发幼儿的士气！

例如：幼儿园要求幼儿在户外体操结束回活动室的时候，齐步走并唱响国歌，刚开始幼儿都不好意思，不愿意唱，教师虽然没有当众批评，但幼儿明显感受到了教师的怒气，所以当回到活动室后，幼儿都安安静静地坐好了，好像在准备着等教师发火，看到这种情形，教师说："小朋友们，谢谢你们帮我解开了存在我内心三十多年的疑惑！今天我终于明白当年国民党装备精良的八百万军队是怎样被打败的了……"教师说话的时候，小朋友们先是一惊，接着哄堂大笑，教师赶紧趁热打铁，对他们进行思想动员："现在，我们班的歌声一定是全园最嘹亮的！"

（三）幽默能增强批评教育的效果

针对幼儿违纪现象，有的教师理直气壮，其尖刻的数落、粗暴的训斥常导致幼儿产生强烈的对立情绪，不能收到良好的教育效果。富有幽默感的教师往往能给幼儿创造一个和谐宽松的学习氛围。这类教师能够恰当地运用幽默对幼儿的错误行为进行惩戒，并避免出现尴尬的情景。这样，既保住了幼儿的面子，又达到了批评教育的目的。所以我们不妨在批评者与受批评者之间加入幽默的润滑剂，来避免良言相告反因忠言逆耳造成的摩擦和危机。

例如：以退为进——对幼儿的错误行为不急着进行正面批评，在好像不以为意的同时，通过启发诱导给他们自省的机会，让幼儿自己认清错误。一次上课时，一位幼儿在活动室里轻轻哼唱起来，教师不由地停顿下来，说道："大家都喜欢唱歌，今天我们来一场才艺表演，每个幼儿都来一句，每一句都不一样，现在就请小朋友们想一想唱什么。"然后，教师向那个哼歌的小朋友瞟了一眼，这时的他，已经低下了头，认识到了自己的错误。当然，教师也要看到幽默只是一种手段，并不是目的，如果脱离具体的教育内容和实际需要，一味搞笑逗乐，那就误入歧途了。

因此，适时地运用幽默感实现欢乐教育，在当今全面推进素质教育、提高教育质量、促进幼儿全面发展的现实要求中，有着实实在在的意义。列宁说过，幽默是一种优美的、健康的品质。我们还是把幽默请进教育过程,在幽默的欢乐教育中,给幼儿以智慧、情感和力量吧!

六、实施欢乐教育,共享幸福人生

幼儿园的各项工作都应围绕着欢乐教育有条不紊地开展,培养幼儿良好的学习和交往能力,全面提高幼儿的综合素质,让幼儿在欢乐中体验成功。

幼儿园以欢乐教育为核心,全面实施"六个一"工程,即优化一支队伍——名师队伍;深化一个特色——英汉双语五大领域教学特色;培育一个品牌——文明礼仪;浓厚一个氛围——欢乐书香幼儿园;打造一个平台——幼儿园官方网站;彰显一个活动——特色器械操活动。幼儿园一切工作的出发点和归宿点都是为了幼儿的欢乐成长,使幼儿园真正成为孩子们心中的学园、乐园和花园。

(一)打造和谐团队,激发教师职业幸福感

在实施欢乐教育时,提倡着力打造和谐教师团队,倡导高尚的师德师风,营造和谐的工作氛围,注重制度管理的人性化,注重和谐团队建设,开展名师培养工程,建立名师工作室,培养名师,建立骨干教师动态管理制度,发展骨干,实施扶一把、推一批、优一群的工作策略,推行实践+反思的专业成长模式,激发青年教师专业自主发展的意识。幼儿园教研组主要以有效课堂教学研究为重点,在幼儿园总目标的统领下,结合个人发展,制定个人专业发展规划,在名师工作室引领下,各学科教师形成了相互探讨的工作氛围,从而带动整个团队和谐发展,实现共赢。另外,幼儿园的人无我有、人有我优、人有我精的竞争机制,也将激发教师专业自主发展的内驱力。

幼儿园全体教师分成四个工会组,给不同教师提供沟通交流的平台,使整个幼儿园氛围更加和谐融洽。和谐团队不仅表现在教学工作上,也表现在教职工的各项活动上,如教师每月的文体活动、学期的读书交流活动、教师的茶话会等,这样不仅培养了教师的团队意识、团队精神,更提高了集体的归属感、凝聚力和向心力。

拥有勤劳朴实、治学严谨的教师团队,可以把幼儿园的教育教学工作

稳步推向前进；真诚热情、阳光活力的教师团队，将使幼儿园充满温馨和谐的气氛！

（二）开发欢乐课程，唤起幼儿欢乐情绪

结合幼儿园自身的实际情况，打造幼儿园办园特色，开发欢乐游戏、欢乐美工、欢乐歌舞、欢乐英语、欢乐识字、欢乐阅读、欢乐认知、欢乐思维、欢乐德育等园本特色课程，从而调动孩子们的学习积极性，并让孩子们在幼儿园幸福欢乐地度过每一天！

第三章　欢乐教育促幼儿欢乐成长

欢乐教育，让幼儿在欢乐中成长
欢乐课程引领幼儿
在良好的环境中，主动、健康、活泼、快乐地成长

在丰富的课程中
幼儿体验着探索、交往、合作、表达的欢乐
在特色活动中，强调开放、宽松的人文环境
每一名幼儿都能感受到开放和分享的气氛
运用多种方式及各种材料，去认识自己周围的世界
用自己喜欢的动作、语言，表达自己的思想和情感
感受自由选择、交流合作、探究实践的欢乐

欢乐教育，一切以幼儿发展为本
为幼儿创设
健康、丰富、动态、开放、真实的活动环境
重视幼儿的实践活动、自主探究活动
让幼儿亲近自然，走向社会
在主动活动中，获得有益于身心发展的经验

>>>

基于幼儿园实际和二十多年学前教育工作的实践经验，我将幼儿园环

境建设与打造教育品牌、促进教师的专业化发展相融合，确立"让幼儿在欢乐中成长"的办园理念，提出"引领幼儿在良好的环境中主动、健康、欢乐地成长"的发展主题，明确园本"欢乐课程"教育特色。

一、欢乐课程引领幼儿欢乐地成长

幼儿园在设计园内整体环境时，应注重以正确的办园思想与优美的视觉印象去感染家长，引发教师和家长对幼儿教育的再思考，通过环境宣传幼儿园的办园理念与教育品牌，把环境建设的过程当成促进教师的专业化发展的过程和途径，以环境教育为切入点，建设具有本园风格特色的环境。幼儿园的每一个活动室、每一面墙、每一扇门窗、每一个角落都应体现出幼儿园的欢乐教育理念和教育思想。

幼儿园开设五大领域课程，在丰富的课程中，幼儿体验着探索、交往、合作、表达的欢乐，"每周一聚"活动是欢乐课程的一个缩影。这一天是全园孩子们每周一聚的时间，他们自由地选择英语、多媒体课程、奥尔夫音乐、蒙氏、围棋、轮滑、思维游戏等活动。幼儿园为所有的孩子创造一个相互交流展示的机会和空间。特色活动中强调开放、宽松的人文环境，每一名幼儿都会感受到开放和分享的气氛，在不同的特色活动中，幼儿从不同的角度运用多种方式及各种材料去认识他们周围的世界，用自己喜欢的动作、语言等来表达自己的思想和情感，从而感受自由选择、交流合作、探究实践的欢乐。

二、全新思想打造高素质教师队伍

在园本教研制度建设工作中，以课例研究为载体，通过一个个真实的教育活动为素材进行园本教研活动，创建具有独特风格的园本教研模式。幼儿园以课程实施过程中教师所面对的各种具体问题为对象，以教师为研究的主体，强调理论指导下的实践性研究，既注重解决实际问题，又注重经验的总结、理论的提升、规律的探索和教师的专业发展。通过课例研究，幼儿园不再把外出学习当作唯一的学习方式，而是积极提倡幼儿园即研究中心，活动室即研究室，教师即研究员。充分利用幼儿园资源，发挥幼儿园教师集体的智慧，形成自我发展、自我提升、自我创新的内在机制，使教师团队成为真正意义上的学习化组织。

随着教研水平的不断提高，全园教师在教育思想及行为上就会有新突破，在各项省、市公开教学观摩中若展现出较高的教育水平，定可得到专家和同行们的认可，从而展现出全新的教育思想及教育实践能力，成为公认的高素质教师队伍。

三、为幼儿创设开放的活动环境

在贯彻教育政策、全面实施素质教育的过程中，遵循"一切以幼儿发展为本"的思想，为孩子们创设健康、丰富、动态、开放、真实的活动环境，重视幼儿的实践活动和自主探究活动，让幼儿亲近自然、走向社会，让他们在自主活动中获得有益于身心发展的经验。

幼儿园定期组织全园孩子进行远足活动：参观森林、植物园、生态园，走进军营，走进农村……孩子置身于自然之境中的时候，感受着大自然的和谐与美好，进而生成自觉保护环境的道德意识；幼儿园还可有效地利用身边的教育资源，创设符合幼儿身心发展特点和需要的体验环境、氛围，吸引幼儿参与其中。组织幼儿到超市参观、购物，参与争当低碳小卫士环保活动，带孩子到聋儿康复中心进行为期一天的体验活动，带大班幼儿参观小学……为身患白血病的小朋友，幼儿园开展大型爱心义卖活动，通过海报等形式向全园幼儿及家长宣传小朋友的故事，中小班的弟弟妹妹在爸爸妈妈的带领下踊跃购买大班哥哥姐姐捐出的各种心爱的物品，将筹来的钱款送到小朋友的手中，孩子们还可把亲手制作的小纸鹤也一并送去，共同祝愿他早日康复，孩子们在感动他人的同时也感动着自己，奉献着自己的一份爱心！

幼儿园全体教职工意气风发地将目标投向更高的层次，他们将以新"纲要"和"指南"精神为指导，以课题改革为目标，树立"以人为本、环境育人、双赢发展"的先进的办园理念，用最饱满的工作热情，用最旺盛的工作干劲，争创全国知名的品牌幼儿园！

第四章 欢乐型生命教育

欢乐型生命教育
畅享人伦亲情之乐
自我成长之乐、道德完满之乐
山水超然之乐、忧患苦难之乐

欢乐型生命教育
让生命教育在欢乐中完成
让幼儿在欢乐中体验生命的存在

欢乐型生命教育
通过师幼间建立"我与你"的、公开敞亮的平等关系
审美化的生命教育情境
以幼儿为本的价值关怀
通达教育目标

在课程的具体教学中,渗透生命教育的内容
活跃活动气氛,抒发幼儿情感
在具体的教学实践中
确保幼儿有兴趣、有感受、有思考
实现以幼儿为本、教学相长、师幼双赢同乐

欢乐教育作为一种理念同样适用于生命教育课程的教学实践。欢乐型生命教育的内容包括人伦亲情之乐、自我成长之乐、道德完满之乐、山水超然之乐以及忧患苦难之乐。欢乐型生命教育模式的具体目标：让生命教育在欢乐中完成，让幼儿在欢乐中体验生命的存在。教师可以通过师幼间建立"我与你"的、公开敞亮的平等关系，审美化的生命教育情境，以幼儿为本的价值关怀通达这一目标。

一、欢乐型生命教育的内涵

（一）人伦亲情之乐

何为"人伦"？关于"人"，《尚书·泰誓》曰："人为万物之灵。"《孝经》曰："天地之性人为贵。"故《说文解字》云："人，天地之性最贵者。"关于"伦"，《说文解字》云："伦，辈也；一曰道也。"人伦即是人与人之间的辈分、秩序。《孟子·滕文公上》曰："人之有道也，饱食、暖衣、逸居而无教，则近于禽兽。圣人有忧之，使契为司徒，教以人伦；父子有亲，君臣有义，夫妇有别，长幼有序，朋友有信。"这里孟子所讲的人伦，即人们之间最基本的五种关系，故亦称"五伦"。人不是孤立的存在，而是生活在关系中并在关系中体会欢乐的存在。父严母慈训导关怀之乐，夫妻恩爱互敬互爱之乐，儿女孝顺乖巧成长之乐，兄友弟恭长幼有序之乐，仁义为先的有朋之乐，以及推广开来的陌生人之间因大爱而生的彼此间的关照和体恤，都会让我们内心充满一种温暖真实的喜悦。

（二）自我成长之乐

幼儿个体生命存在的意义就在于成长，不仅是身高、年龄的增长，还包括知识才能的丰富，心智的日趋成熟，情商的逐步完善，意志的愈加坚定，人际关系的和谐以及人生价值的实现。在实际的教学中，教师应坚持以幼儿为本，尊重幼儿个体生命的存在，关爱幼儿生命的完整性、灵动性、超越性和独特性；以"沟通、分享、改变、成长"作为欢乐型生命教育的教学基本原则，构筑教学活动中共享、共进的生命的精神交往，力求在与幼儿平等交流的过程中走进幼儿的心灵世界，发现其不当之处予以及时修正，使幼儿"心灵上有触动、思想上有感悟、行动上有体现"，从而在今后的人生旅途中欢乐学习、敬业乐业、为国奉献、无愧生命。

（三）道德完满之乐

中国传统伦理教化人们应当成就君子人格。君子内外皆美，内有纯洁高尚的品质、宁静淡泊之心，外有得体高雅的仪表、举止和言谈；君子追求有原则的人际和谐但决不盲从，以义为行为准则；君子做人奉行忠恕之道且一以贯之；君子亲亲、仁民、爱物，止于至善。君子之道是中华民族道德理想和人格追求的凝练与升华。在教学过程中，教师可以结合古代文化经典、援引历代成仁成圣的典范，与幼儿一起重温经典，走进圣贤，学习和践行儒家文化中的君子之道，努力以善良作为立身处世的道德基石，以乐道作为理想人格的境界追求，以弘毅作为自强不息的精神支柱，在人生的舞台上奋发向上，在实现中华民族伟大复兴的大潮中奋斗不息。

（四）山水超然之乐

寄情于山水，从中感悟自然万物的盎然生意，传达自己洒脱自在的人生乐趣，是人内在的一种心理诉求。通常情况下，我们运用移情或比德这两种欣赏方式对待自然，从而完成审美体验，获得耳目之愉悦。举例言之，杜甫《春望》之"感时花溅泪，恨别鸟惊心"一句，其中花鸟之溅泪与惊心便是我们所说的移情，也就是将人之可能发生的动作和感受赋予通常我们认为并不会产生此种动作与感受（当然这只是就人类感受而言之）的花鸟。再比如，老子之"上善若水"、孔子之"仁者乐山，智者乐水"、周敦颐《爱莲说》中所言莲之"出淤泥而不染，濯清涟而不妖"，以及茅盾对白杨的礼赞，皆是比德之活脱脱之表现。凡此种种，皆是人类将自身的道德品质、道德情感移到自然对象中去，从而获得相应的审美体验。教师在具体的授课过程中，可以选取爱国主义教育的内容，通过图片、视频、诗词、美文等展示山水之美，使幼儿在有限的活动时间里领略伟大祖国山水形貌体态色彩之美和神气性情之奇，获得丰富美丽的感官享受以及怡然自适的情绪体验，进而体悟伟大神奇的天地化育之功，对自然万物油然生出敬畏、尊仰与热爱之情。

（五）忧患苦难之乐

生命追求欢乐，摒弃痛苦。然而生命本身既包括存在的自我肯定的欢乐，同时也包括非存在的痛苦、焦虑、迷惘与死亡。拥有生命的人类应当且必须正视非存在的存在这一事实，克服非存在给我们的生命造成的困扰，圆满实现生命存在的意义。生命教育本质上是人的生命的自我展现和自我教育。在生命教育中，我们有机会反观自身、他人与世界。我们会发现如下两点。

1. 个体生命具有宇宙性，世界因自我而呈现出别样的色彩

如是之你是亘古所未有，万世之后所不能再遇，这即证明如是之你，是独一无二的。你之独一无二，使你之存在有至高无上之价值。因为宇宙不能没有你，如果宇宙没有你，它将不是如是的宇宙，如是的宇宙，将不复存在。这难道不会让人兴奋又心怀感恩与敬畏吗？在这样的大境界下，个人的忧患与苦难是多么微不足道！

2. 人生的挫折，虽极痛苦仍敢于正视

用一颗强有力的心战胜生命中难以承受之重。这种克服困难与不幸的勇气和力量难道不会让我们产生一种发自内心的欢乐与欣慰吗？生命中有苦有乐，对欢乐的体验当然会让人热爱生活，充分享受生命过程，而对苦难的认同，则让人把对生命的思考与探寻引向更深处，增强自我生命意识，从而珍爱自己的生命和同情他人的生命，进一步引导个体超越自我，通达万物之大境界。

二、欢乐型生命教育的运用

生命教育兴起于20世纪60年代，迄今为止已经有相当的发展且越来越为人所关注。然而这并不意味着我们已经可以很好地解决有关生命教育的诸多问题，如生命教育始终面临着一个巨大的矛盾，即教师的价值引导与

幼儿主体的自主建构、生命"共性"与"个性"之间的矛盾。要解决这些矛盾，我们必须回归生命本身。因为生命教育本质上是人的生命的自我展现和自我教育。运用于生命教育课程教学的欢乐教育理念，并不等同于时下流行的人们对欢乐教育的理解，它有着全新的解读。

三、让生命教育在欢乐中完成

欢乐型生命教育模式的具体目标：让生命教育在欢乐中完成。我们可以通过以下方式通达这一目标。

（一）师幼间敞亮的平等关系

欢乐型生命教育模式希望构建一种和谐融洽的师幼关系。当然，现实中由于教师和幼儿在年龄、学识、阅历以及判断力等方面存在着差距，因而导致师幼间的平等不是绝对的平等，而是教师和幼儿作为独立的个体人格意义上的平等。这是一种理想的情境设置，尽管在实际操作中困难重重，但并不意味着没有实现的可能。

援引德国宗教哲学家马丁·布伯的关系论来阐释。布伯认为，"一切真实的生活就是相遇"，"我"与"你"不是彼此分离的，而是仅仅存在于我与你的关系之中。他强调"我—你"关系是一种直接的、相互的、当下的关系，具有这种关系的人和物才能处于真正的、整体性的存在中，即本真的人生中。生命教育的目的是发现生命的真谛从而活出生命的意义，这对每个人都至关重要。

在欢乐型生命教育模式下，师幼关系是一种"伙伴"关系，师幼互动就像圆桌会议，没有哪一个人是权威，没有哪一个人可以强势压人。教师所要做的是设置情境，提出问题让幼儿有所思，有所感，有所言。通过师幼间热烈的讨论，追求事件与问题的"应当"。也许有些问题经过一番争论之后仍存而未决，但这并不是问题，重要的是师幼在这个过程里进行辩论所带给自己的思维和明辨力的提升，这是幼儿亲自参与建构自己价值体系的过程。如果教师不能亲近幼儿和引导幼儿自我反思，仅仅作为一个生命教育知识的宣讲者或诸多生命现象的描述者，我们开设生命教育课程的意义就丧失殆尽了。反之，如果教师与幼儿能够建立布伯所言的"我—你"

相遇关系，通过对话方式敞开心扉，针对诸多有关生命的问题进行不同层次的探讨和分析，生命教育课程教学将会异彩纷呈。

（二）审美化的生命教育情境

生命教育的内容是多样化的。欢乐型生命教育模式在教授内容上体现审美化和情境性。审美化即生命教育力求且应当精选几千年来人类文明成果中有关生命的部分（包括诗歌、散文、故事等）与幼儿分享，努力发掘内容上的审美因素，让幼儿在了解的基础上认识生命的本质，进一步思考从而切身体会生命的真实要义，再理论联系实际推进自身现实生活和生命状态的改变。

审美化在形式上的要求更自由，比如可以通过综合运用展示图片和漫画、播放视频、表演短剧、举办演讲比赛、外出参观等多种方式完成生命教育。教师本身也可以改变先前正襟危坐的一贯姿态，适当以幽默的方式传达教学内容。此外，由于语言不是教学的唯一媒介，教师可以因时制宜给予幼儿合适的时间闭目自省，让他们享受安静的活动时光，在安静中反观内心，反思外界，体验生命的另一种本真状态。这就是所谓的安静教育，是一种深层次的学习方式。这些方式与我们传统的教学方式相比无疑更具审美性，其结果是令幼儿既可以获得感官之快，同时心灵也有所体认和升华。情境性在生命教育的内容上追求两点，一是生活化，二是趣味性。

生命教育对生命的关注、对幸福的追求、对人格的塑造都必须建立在生命教育与生活世界相融的基础上。生命教育与生活浑然一体，不可分割。生命是生活的出发点和归宿。没有生命，人无法生活，而生活作为生命教育的"基础事实"，也是生命之所以存在价值意义的根本所在。可以说，生命与生活"同呼吸，共命运"，没有生活也就无所谓生命，生活的过程也是生命不断发展完善的过程。

因此，在生命教育的内容选取上注重生活化，这是不言而喻的。其次是趣味性，在生命教育的课堂上展现生命世界的丰富多彩与生活世界的万千现象，可以从感官、认知、理性和灵性四个方面拓展个体生命对小我生命和大我生命的体验，并使之成为自己生命结构中的有机组成部分。然而这并不是完全否定理性推理在生命教育中存在的必要，相反，它应贯穿于生命教育的整个过程中。

（三）以幼儿为本的价值关怀

欢乐型生命教育模式在价值关怀上坚持以幼儿为本，努力实现幼儿自由全面的发展，具体表现在三个方面。

1. 以幼儿为本

教师具有以幼儿为本的价值关怀意识，积极通过多种方式进行自我继续教育，提升自身思想内涵、学术水平以及教学能力，并能够以从事生命教育为荣，以体会自我生命之乐以及引导幼儿体会生命之乐为乐。

2. 以个体施教

教师应当以幼儿为本，把幼儿当成一个个鲜活的生命个体因材施教，尽可能让每一名幼儿都能在生命教育活动中有切身的体悟。

3. 获取有效反馈

在课程效果评价上，要求教师通过固定的方式及时获取有效反馈信息，以利于进一步调整讲授内容、具体授课方式，并及时帮助幼儿解决实际学习和生活中遇到的现实难题。

在课程的具体教学中，根据具体情况渗透生命教育的内容，活跃活动气氛，抒发幼儿情感，在具体的教学实践中确保幼儿有兴趣、有感受、有思考，实现以幼儿为本、教学相长、师幼双赢同乐的目标。

第五章　欢乐教育者的幸福人生

欢乐，是一种积极的情感体验
欢乐的心情对幼儿未来的
心理健康、自我成长影响巨大

教师，欢乐自己，愉悦他人
做一个欢乐的使者
把欢乐的情绪传递给每一名幼儿
将欢乐的情感体验转化为幼儿发展的动力
保证幼儿获得真正的欢乐
让欢乐在幼儿的内心深处生根
让每一位幼儿都成长为
自信、乐观、豁达、积极向上的人

欢乐，是人一生的追求
欢乐教育，教给教师和幼儿
改善心态，获取欢乐，体会欢乐
提高学习和生活质量

欢乐教育的最终目的
不在于幼儿学了多少文化知识
而在于幼儿是否成了一个
全面成长与发展、拥有生存能力
在漫长的一生里
能够欢乐、从容地度过每一天的人

> 欢乐教育的根本目的
> 是全面提高幼儿的综合素质
> 教会幼儿做人、做事
> 使每个幼儿的童年都能够幸福、欢乐
> 德、智、体、美都能够得到全面发展

>>>

　　欢乐是什么？欢乐是一种积极的情感体验。欢乐的心情对幼儿未来的心理健康、自我成长等各方面都影响巨大。欢乐自己，愉悦他人。要想让孩子欢乐，教师自己首先要欢乐，做一个欢乐的使者，把欢乐的情绪传递给每一名幼儿，将欢乐的情感体验转化为幼儿发展的动力，从而保证他们获得真正的欢乐，让欢乐在幼儿的内心深处生根，让每一位幼儿都成长为自信、乐观、豁达、积极向上的人。

　　欢乐是人一生的追求。欢乐教育就是教给教师和幼儿通过改善心态来获取欢乐、体会欢乐、提高学习和生活质量的一种方式。教育的最终目的，不在于幼儿学了多少文化知识，而在于他是否成了一个全面成长与发展，拥有生存能力，在漫长的一生里能够欢乐、从容地度过每一天的人。欢乐教育的根本目的是全面提高幼儿的综合素质，教会幼儿做人、做事，使每个幼儿的童年都能够幸福、欢乐，德、智、体、美都能够得到全面发展。

　　社会现实告诉我们，一个综合能力强、阳光欢乐的孩子，或许学习成绩不一定好，但走向社会后，无论他身在何处，都会因为适应环境的能力强、生存的能力强而顺利找准自己的位置，实现自己的人生价值。

　　教育就当如此，让欢乐贯穿教育全过程的始终，陪伴孩子的一生。现行教育一个很大的误区是，一味地追寻"成功教育"，以考北大上哈佛为目标，而忽略孩子的欢乐感受。成功固然很重要，但它却不能代替欢乐。一个对事业、生活缺少乐观态度的人往往也很难取得成功。让孩子从小体验欢乐，成为一个乐观主义者，比成功更重要。

　　把阳光雨露撒给每个孩子，是天底下所有幼儿教师共同的美好愿望，正如阳光的温暖、雨露的滋润。我们要让孩子们尽情享受欢乐教育所带给他们的开心和欢乐。欢乐教育的核心是调动幼儿的学习积极性，让幼儿爱学、乐学、会学，为幼儿提供展示自我、张扬自我的舞台。通过美术节、书法节、合唱节、体育节、科技节、英语节、艺术节、读书节、巧手节等一系列兴趣活动的开展，多角度挖掘孩子的兴趣和长处，激发孩子们强烈的学习兴趣和自觉性。

欢乐教育的真谛是幼儿教师爱心的投入，采用情感教学、趣味教学、游戏教学等有效的教学方法，优化生命状态，注重幼儿需要，提高幼儿综合素质。幼儿教师们用智慧来丰富教学的内容，用机智来调节活动的氛围，用爱心来激发幼儿的情趣，用一句鼓励的话语、一个信任的眼神、一次理解的微笑、一个亲切的抚摸，让幼儿体会到温暖、期望、鼓励和鼓舞，让幼儿在和谐的氛围中获取充足的自尊和自信，从而改变过去那种定式效应、光环效应、成见效应对师幼的影响，进而达到以改"促教"的目的。

我研究欢乐教育受欢迎的程度，已远远超出了我本人的预想。在我一次又一次分享和传播欢乐时，我自己的欢乐也与日俱增。尤其当我发现，因为我的一句话语、一个眼神、一次微笑，成为人们欢乐的力量、改变命运的理由和勇气的时候，一种从未有过的成就感和幸福感便从心底油然而生。所以我下定决心，无论我将来从事何种职业，身处何种岗位，我都将是一位永不下岗、永葆激情的欢乐教育工作者，潜心研究欢乐教育的基本概念、基本关系、基本理念等。为了积极推广欢乐教育，我深入基层一线，与园长、教师座谈，收集反馈，听取意见，不断改进欢乐管理、欢乐激励和欢乐教育。

欢乐是最大的成功，分享是最大的欢乐。欢乐可以使人对这个社会有更多的包容、从容和笑容。运用欢乐学原理，对昨天的美好时光心存感激和欣赏，可增加自信。感激能够增加对生活的满意度，这是因为它将过去好的记忆放大了。

对明天多了期许。相信有美好的明天，才会有欢乐的今天。昨天的事不后悔，明天的事不害怕，今天才会有欢乐。面对明天所表现出的幸福感包括：信心、信任、自信、希望及乐观。乐观和希望可以帮助你在遭受打击时对抗沮丧，在面对有挑战性的工作时表现良好，它们还能使你更健康。从此，我们对明天更加充满信心和希望，自身因此变得更加乐观。

对今天多了感恩。昨天已经过去，明天还没到来，最重要的是现在。欢乐就是珍惜眼下，活在当下。是欢乐教育，让我真正懂得了人生幸福欢乐的道理。感恩从今天开始，让感恩成为生活习惯，是欢乐教育让我尝到了感恩的甜头。

我的体会是：每天感恩一回想，每周感恩一提示，每月感恩一封信，每季感恩一拜访，每年感恩一总结。并且，每一次的感恩，都必须是纯非功利性的，不求任何物质和感情回报。我已把"欢乐是一种权益、教育是一种福利"作为管理理念，把"提高幼儿教师收入水平，提升幼儿教师幸福指数"作为工作目标，把"时刻把广大幼儿教师的冷暖和欢乐放在心上"作为公开承诺。

一、在开展欢乐教育方面

在本行业组织开展"欢乐创建万、千、百活动"，即：万人大参与、千人大问卷、百人大征文。在网站开辟专栏，集中公布有关情况，组织广大幼儿教师积极参与。此外，我们还利用各种机会，开展不同人群的欢乐问卷，为欢乐教育研究提供了更加科学的依据。我们在一手抓好欢乐教育研究的同时，另一手广泛开展宣讲，宣讲欢乐精神和文化，宣讲欢乐的工作目标，宣讲创建欢乐型组织的重要意义和基本思路。通过多种途径、多种形式的宣讲，争取达到统一思想、营造环境、推进工作的目的。

二、在实施欢乐激励方面

1. 理想信念激励

通过多种形式的欢乐激励，不断强化广大幼儿教师的理想信念，培养其树立正确的欢乐价值观，以理想信念激励大家欢乐工作。

2. 岗位平台激励

通过有效的激励，真正将工作岗位变成广大幼儿教师重要的欢乐来源，使他们将创造奉献与自我实现、团队成功与个人成长有机统一起来，从而激发更大的工作动力，得到更多的欢乐体验。

3. 人文关怀激励

人文关怀激励主要包括信任关爱、亲情关怀、亲切关心、兴趣爱好激励等。

三、在推行欢乐管理方面

确立新的发展思路和战略目标,并将欢乐管理有关决策与要求列入发展规划。全面启动幼儿教师欢乐权益保障绩效考核和职代会职工幸福指数测评。通过建立切实可行的考评标准、考评办法和奖励制度,加大对此项工作的考评督导,建立科学的职工幸福指数测评体系,将职工幸福指数情况纳入整体工作考核范围,并将职工欢乐权益客观考核与职工幸福指数主观测评情况,作为对单位领导班子绩效考核、评先评优和职位升迁的重要依据。

四、在创建欢乐组织方面

在组织内全面推行欢乐管理,为全体组织成员创造欢乐,为他们的欢乐创造条件,维护他们的欢乐权益,提高他们的欢乐指数,有效地开展全员欢乐教育,让他们树立正确的欢乐观,加强欢乐修炼,提升欢乐素质,增强欢乐水平,全面实现欢乐学习、欢乐工作、欢乐生活、欢乐奉献、欢乐成功。

积极创建"学习型、服务型、创新型和欢乐型"组织,大力倡导"为幼儿教师谋欢乐、以奉献为欢乐、把奋斗当欢乐"的欢乐价值观,努力奉行"享受工作的乐趣、追求事业的成功、实现人生的价值"的职业愿景,共同追求"欢乐工作、欢乐学习、欢乐生活"的人生境界。

积极推行以人为本的欢乐管理,大胆探索欢乐教育的方法如下。

1. 积极推动

确立新的发展思路和战略目标,坚持教育工作与产业发展和谐共生的发展思路,逐步实现科学发展、做大做强的战略目标,从而不断提高幼儿教师收入水平,切实增强幼儿教师幸福指数,确立以人为本、和谐建设的整体发展战略,把全体幼儿教师的冷暖和欢乐时刻放在心上的欢乐管理理念,并要求以创建组织为抓手,着力推进和谐组织建设。

2. 多方联动

不断强化思想宣传,用健康向上、积极进取的文化观念引领欢乐型组织建设,为其正确发展导航,为其快速发展鼓劲。力推欢乐文化建设、欢乐管理和欢乐型组织创建工作。欢乐属于有爱的人,有爱就会有欢乐。真爱的本质,就是对他人的关怀和无私的奉献。真爱能够带来欢乐,就是源于爱的奉献价值。

附录：欢乐教育儿歌18首

1. 小 老 虎

1=C 2/4

风趣地

孙光峰 词
孙小成 曲

| 1 1 1 | 1. 2 3 | 5. 4 3 2 | 1 3 2 |
小 老 虎， 脾 气 大， 一 不 高 兴 噘 嘴 巴，

| 3 3 3 | 6 6 6 | 5. 6 5 4 | 3 — |
气 呼 呼， 叫 哇 哇， 没 人 喜 欢 她，

| 1 1 1 | 1. 2 3 | 5. 4 3 2 | 1 3 2 |
小 老 虎， 脾 气 大， 一 不 高 兴 噘 嘴 巴，

| 3 3 3 | 6 6 6 | 7. 6 5 4 | 3 4 | 5 — | 5 — |
气 呼 呼， 叫 哇 哇， 没 有 人 儿 喜 欢 她，

| 1̇ 7 | 6 — | 7. 7 7 5 | 6 — |
小 朋 友， 不 呀 不 学 她，

| 5. 4 3 2 | 1 3 2 | 5. 4 3 2 | 1 — |
有 了 话 儿 好 好 讲， 才 是 好 娃 娃，

| 5. 4 3 2 | 1 3 2 | 5. 4 3 2 | 1 — | 1 0 ‖
有 了 话 儿 好 好 讲， 才 是 好 娃 娃。

附录：欢乐教育儿歌 18 首

2. 小 小 雨 点

1=D 2/4

轻巧地

孙光峰 词
孙小成 曲

5 1 1　1 2 2 ｜ 3 5 5 ｜ 6.5 6 5 5 ｜ 1 3 2 ｜
小小的 雨点儿　打电 话，滴　答 滴答答　拨号 码，

1 3 2.3 ｜ 6 6 6 1 2 ｜ 6.5 6 5 ｜ 3 6 5.5 ｜
拨号 码 呀　滴滴滴滴 答，告诉小树　快快长呀，

6.5 3 2 ｜ 1 2 ｜ 1 — ｜ 1 0 ‖
告 诉 绿苗　开 红　花。

3. 吃饼干

1=C 4/4　　　　　　　　　　　郑春华 词
富有童趣地　　　　　　　　任苗霞 曲

3 5 5 3 5 - | 3 1 2 3 2 - |
饼 干 圆 圆，　圆 圆 饼 干，

6 1 2 6 3 5 | 2. 1 2 3 5 - |
用 手 掰 开，　变 成 小 船，

6 1 1 6 1 - | 5. 6 5 3 5 - |
你 吃 一 半，　我 吃 一 半，

2 1. 3 2. | 6 5. 5 - |
啊 呜，　啊 呜，　一 口，

2 1 2 3 5 - | 2. 1 2 3 | 1 - - 0 ||
小 船 真 甜，　小 船 真 甜。

附录：欢乐教育儿歌 18 首

4. 如果我能飞

1=D 4/4

佚 名词
孙小成曲

向往地

| 5̲ - 1. 2̲ | 3̲ 6̲ 5 - | 6̲. 6̲ 6̲5̲ 3̲ 6̲ | 5 - - - |

如　果　　我　能　飞，我　要　飞　到　蓝　天　　上，
如　果　　我　能　飞，我　要　飞　到　大　海　　上，
如　果　　我　能　飞，我　要　飞　到　森　林　　里，

| 6̲. 6̲ 1̲ 6̲ | 5̲ 5̲ 6̲ 3 - | 2̲. 1̲ 2̲.1̲ 2̲3̲ | 5 - - 6 |

变　成　一　颗　小　星　星，闪　闪　发　　　光，
变　成　一　朵　小　浪　花，翩　翩　起　　　舞，
变　成　一　只　小　小　鸟，快　乐　歌　　　唱，

| 2̲ 2̲ 1̲ 2̲ 3̲. 2̲ | 1 - - 0 ‖

闪　闪　发　　　光。
翩　翩　起　　　舞。
快　乐　歌　　　唱。

5.请你跟我这样做

1=C 2/4　　　　　　　　　　　孙光峰 词
活泼地　　　　　　　　　　　孙小成 曲

3 5 5 | 3 6 6 | 1̇·6 5 | 1̇ 1̇ 1̇ 6 5 |
小朋友，小朋友，快 快 来，快 快 快 点 来，

5·6 5 3 | 1 3 2 | X X X | X X X |
请你跟我 这样做，拍拍手，拍拍手，

X X X X | X - | 5·6 5 3 | 1 3 2 |
一起 拍拍 手，　我 就 跟你 这样做，

5·3 2 | 6̣ 1 2 | 5·3 2 3 | 1 - ‖
拍拍手，拍拍手，一 起拍拍 手。

附录：欢乐教育儿歌 18 首

6. 堆雪人

1=C 2/4

孙光峰 词
孙小成 曲

童真地

| 6· 6 5 6 | 6 - | 6· 6 5 6 | 3 - |
天　上　雪　花　飘，　　我　来　把　雪　扫，

| 5 3 3 | 3 1 2 | 5· 3 3 1 | 2 - |
堆　了　个　大　雪　人，头　戴　小　红　帽，

| 6 0 1 | 3 2 3 | 7 7 7 5 | 6 - |
安　　　上　嘴　和　眼，雪　人　对　我　笑，

| 7· 7 | 7 5 | 6 5 5 | 6 - ‖
雪　人　对　我　笑，对　我　笑。

7. 蒲公英

1=D 4/4

孙光峰 词
孙小成 曲

轻柔地

5. 3 5 — | 3. 1 3 — |
毛　茸茸，　　轻　又轻，

5. 6 1 2 3 | 5. 3 2 — |
一　群威武的小　伞兵，

5. 3 5 — | 1. 6 5 — |
飞　到东，　　飞　到西，

6 5 6 5 3 5 | 2 5 3 2 1 — ‖
到处安家乐融融。

附录：欢乐教育儿歌 18 首

8. 肥皂泡泡

1=D 2/4

童真地

孙光峰 词
孙小成 曲

3 1 2 3 | 2 2. | 3 1 2 3 | 5 - |
肥 皂 泡 泡， 轻 轻 飘 飘，

6 1 2 | 3 2 5 | 6 5 1 | 2 - |
太 阳 一 照， 红 了 绿 了，

3. 5 | 6 6 | 3 5 7 | 6 - |
又 像 樱 桃， 又 像 葡 萄，

5 3 21 | 2 - 3. 5 | 21 32 | 1 - | 1 0 ||
谁 爱 吃 它？ 风 儿 宝 宝。

9. 摇 篮 曲

1=D 3/4

陈伯吹 词
孙小成 曲

宁静、祥和地

| 5. 6 3 | 5 — — | 5. 6 1 | 2 — — |

风　　不　吹，　浪　　不　高，
风　　不　吹，　树　　不　摇，
风　　不　吹，　云　　不　飘，

| 3 2 3 | 5 — 6 | 1 — 3 6 | 5 — — |

小 小 的 船　儿　轻　轻　摇，
小 鸟 儿 不　飞　也　不　叫，
蓝 色 的 天　空　静　悄　悄，

| 5. 6 3 | 5 — — | 5. 6 1 | 2 — — |

嗯，　　　　　　嗯，

| 3 2 3 | 5 — 6 | 5 — 3 2 | 1 — — ‖

小　　宝　宝　要　睡　　觉。
小　　宝　宝　快　睡　　觉。
小 宝 宝 好　好　睡　一　觉。

附录：欢乐教育儿歌 18 首

10. 小 板 凳

1=C 2/4

轻快地

孙光峰 词
孙小成 曲

| 5 3 | 5 — | i. 3 | 5 — |
| 小 板 | 凳， | 真 听 | 话， |

| 6 6 | 5 3 | 2 3 1 | 5 — |
| 和 我 | 一 起 | 等 妈 妈， | |

| 3 3 5 | 6 6 | 5 3 | 2 — |
| 妈 妈 | 下 班 | 回 到 | 家， |

| 6. 6 6 5 | 3 2 | 1 — | 1 0 ‖
| 我 请 妈 妈 | 快 坐 | 下。 | |

11. 种 西 瓜

1=C 4/4　　　　　　　　　孙光峰 词
热烈地　　　　　　　　　孙小成 曲

5　3　5.　0　|　1　3　5.　0　|
小　小　孩，　　　上　南　洼，

6　6　5　3　5　|　2　3　2.　0　|
刨　个　坑　儿　种　西　瓜，

3　3　2.　3　|　6　1　2.　0　|
先　长　叶　来　后　开　花，

6.　6　6　5　3　|　6　-　-　5　|
结　个　西　瓜　圆　又　　　大，

6.　6　6　5　3　2　|　1　-　-　0　‖
乐　得　小　孩　笑　哈　哈。

附录：欢乐教育儿歌18首

12. 起 床 歌

1=C 4/4

孙光峰 词
孙小成 曲

可爱地

5. 6 3 5 — | 7. 3 5 — |
小　宝　宝，　起　得　早，

6 1 5. 4 | 3 4 5 — |
睁　开　眼，　眯　眯　笑，

7 6 7 6 6 — | 5 6 5 3 5 — |
咿呀咿呀呀，　　学　说　话，

4. 4 3 2 | 3 2 3 4 5 — |
伸　伸手来　要　人　抱，

7 6 7 6 6 — | 5 6 5 3 5 — |
咿呀咿呀呀，　　学　说　话，

4. 4 3 2 | 3 5 3 2 1 — ‖
伸　伸手来　要　人　抱。

307

13. 手指游戏歌

1=C 2/4　　　　　　　　　孙光峰 词
灵动地　　　　　　　　　孙小成 曲

| 3　0 2 | 1　2 | 3. 3 3 3 | 3 - |
| 一　像 小 棍 敲 敲 敲 敲 敲，

| 2　0 3 | 4. 5 4 3 | 2 - | 2 - |
| 二　像 剪 刀 剪 不 停，

| 3　0 4 | 5　3 | 5　7 | 6 - |
| 三　像 一 把 小 叉 子，

| 1. 1 1 1 | 7　6 | 5 - | 5　3 |
| 四　像 板 子 拍 得 响，

| 6. 6 6 5 | 3　2 | 1 - | 1　0 ‖
| 五　像 蝴 蝶 满 天 飞。

14. 声音歌

1=C 4/4

孙光峰 词
孙小成 曲

愉快地

| 5 3 0 0 | 5 3 0 0 | 6 6 5 6 6 5 |

小 河，　　流 水，　　哗啦啦，哗啦啦，
风 吹，　　树 叶，　　响沙沙，响沙沙，
雨 滴，　　落 下，　　滴答答，滴答答，
鸟 儿，　　唱 歌，　　叽喳喳，叽喳喳，
娃 娃，　　拍 手，　　笑哈哈，笑哈哈，

| 5. 6 5 3 2 3 | 1 - - 0 ‖

小 河 流 水 哗 啦　啦。
风 吹 树 叶 响 沙　沙。
雨 滴 落 下 滴 答　答。
鸟 儿 唱 歌 叽 喳　喳。
娃 娃 拍 手 笑 哈　哈。

15. 小 花 猫

1=C 2/4

孙光峰 词
孙小成 曲

调皮地

| 1 3 0 3 | 3 - | 5 2 | 3 - |
小 花 啊 猫， 爱 画 画，

| 6. 6 | 5 3 | 1 3 | 2 - |
先 画 一 朵 腊 梅 花，

| 3 1 | 2 - | 6 3 | 2 - |
再 画 一 个

| 3 7 | 7 5 | 6 - | 6 - |
小 喇 叭，

| 6. 6 6 5 | 6 - | 7. 7 7 5 | 6 - |
带 着 腊 梅 花， 吹 着 小 喇 叭，

| 5 3 | 3 2 1 | 2 - | 2 - |
妈 妈 见 了

| 3 5 | 2 1 2 | 1 - | 1 0 ‖
笑 哈 哈。

附录：欢乐教育儿歌 18 首

16. 看 雪 花

1=G 4/4

孙光峰 词
孙小成 曲

轻柔地

5̲ 3 3 - | 7̲· 1̲ 2 - | 1 7̲ 1 2 | 5̲ - - - |
千 朵 花， 万 朵 花， 开 在 蓝 天 下，

6̲· 7̲ 1 - | 7̲· 1̲ 2 - | 7̲ 6̲ 7̲ 1 | 3 2 - - |
飘 呀 飘， 洒 呀 洒， 飞 向 大 地 妈 妈。

4· 3̲ 2 - | 3 2 1 - | 7̲ 1̲ 2 2 | 7̲ 3 - - |
温 暖 着 地 下 许 多 嫩 嫩 春 芽，

4· 5̲ 6 - | 5̲· 6̲ 7 - | 6̲ 7̲ 3· 2̲ | 2 1 - - ‖
为 孩 子 带 来 了 无 数 冬 的 童 话。

17. 学 画 画

孙光峰 词
孙小成 曲

1=C 4/4

天真地

5 6　5 6　3　5 ｜ 6　3　5　— ｜
小　小　宝　宝，学　画　画，

3.　2　1　6 ｜ 1　3　2　— ｜
大　大　蜡　笔　手　中　拿，

1.　3　5　— ｜ 2　2　2　4　6　— ｜
画　小　鸭，　叫　呀　叫　嘎　嘎，

3.　5　7　— ｜ 4　4　4　6　1　— ｜
画　小　马，　骑　呀　骑　回　家，

1.　7　6　5　6　5 ｜ 1　—　—　0 ‖
画　只　小　马　骑　回　家。

附录：欢乐教育儿歌 18 首

18. 堆雪人

1=C 2/4

孙光峰 词
孙小成 曲

欢乐地

5. 3 | 5 3 5 | 5 6 | 5 — |
堆　呀　堆呀堆，堆　雪　人，

6. 6 5 6 | 5 1 | 2 — | 2 — |
圆　圆脸蛋　胖　墩　墩，

5. 5 | 3 5 | 7 5 | 6 — |
大　大　雪人　真　神　奇，

6. 1 2 3 | 2 1 | 5 — | 5 — |
站　在院里　笑　眯　眯，

i. 7 | 6 5 3 | 3 6 | 5 — |
不　怕冷来　不怕　冻，

4. 4 3 2 | 3 4 | 5 — | 5 — |
我　们一起　做　游　戏，

i. 7 | 6 5 3 | 3 6 | 5 — |
不　怕冷来　不怕　冻，

4. 4 3 2 | 3 5 | i — | i 0 ‖
我　们一起　做　游　戏。

参考文献

[1] 宋海娟. 浅谈幼儿园如何实施快乐教育 [J]. 课程教育研究, 2019-10-17.

[2] 王贞虎. 斯宾塞的教育理念 [J]. 辽宁教育, 2014-05-15.

[3] 夏正慧. 斯宾塞快乐教育思想及其对我国家庭教育的启示 [J]. 鄂州大学学报, 2018-09-18.

[4] 薛爱建. 快乐教育：为了儿童的幸福成长 [J]. 现代中小学教育, 2017-11-20.

[5] 李永波. 让快乐教育绽放出生命的光彩 [J]. 甘肃教育, 2017-02-01.

[6] 詹启生. 快乐教育理念的要素分析及实践探索 [J]. 教育发展研究, 2012-01-25.

[7] 郭戈. 斯宾塞：快乐教育思想的一座丰碑 [J]. 当代教育与文化, 2010-09-25.

[8] 姚树欣. 简论快乐教育及其实践模式 [J]. 当代教育科学, 2014-08-15.

[9] 施亚楠. 快乐教育促进幼儿健康发展 [J]. 科学大众（科学教育）, 2010-02-20.

[10] 王宏. 快乐教育中的幽默 [J]. 劳动保障世界（理论版）, 2013-

06-20.

[11] 奚一琴. 做快乐的教育[J]. 江苏教育研究, 2012-04-15.

[12] 李成瑶. 快乐教育的思考与实践[J]. 中小学教师培训, 2012-04-15.

[13] 张洪远. 实施快乐教育, 优化课堂教学[J]. 中国校外教育, 2012-04-10.

[14] 刘敏. 激发兴趣的少儿快乐教育[J]. 陕西青年职业学院学报, 2012-05-15.

[15] 王宇辉. 打造高效课堂, 践行快乐教育[J]. 吉林省教育学院学报（中旬）, 2012-03-15.

[16] 邹文坤. "快乐教育"还孩子幸福童年[J]. 中国德育, 2012-11-23.

[17] 崔士霞. 兴趣是幼儿快乐教育之根本[J]. 成功（教育）, 2010-10-15.

[18] 张忠萍. 快乐教育的思考与实践[J]. 北京教育学院学报, 2008-03-20.

[19] 邓永梅. 实施快乐教育, 激发学习兴趣[J]. 科技信息（科学教研）, 2008-05-20.

[20] 田蜜. 论快乐教育[J]. 科教文汇（上旬刊）, 2007-01-05.

[21] 任安良. 快乐教育 快乐成长[J]. 新湘评论, 2007-02-01.

[22] 肖晓鸿. 快乐教育方法探讨[J]. 中南民族大学学报（人文社会科学版）, 2005-12-30.

[23] 徐萍. 实施快乐教育 促进学生发展[J]. 辽宁师专学报（社会科学版）, 2003-04-22.

[24] 马玉芳. 浅谈快乐教育 [J]. 内蒙古教育学院学报, 1994-09-30.

[25] 马凤琴. 浅谈实施"快乐教育"的有效途径 [J]. 黑龙江教育学院学报, 1994-03-10.

[26] 黄淮. 快乐教育新探 [J]. 教育理论与实践, 1991-03-02.

[27] 童跃年. 快乐的来源与快乐教育的境界 [J]. 广州教育, 1993-09-28.

[28] 张勇杰. 快乐教育之我见 [J]. 基础教育理论研究论文精选（上卷一），2004-03-01.